Meurer
Wunderwaffe
Witzkanone

Essay 09

Christian Meurer

Wunderwaffe
Witzkanone

OKTOBER VERLAG
MÜNSTER IN WESTFALEN

Umschlagabbildung vorn: Museums-U-Boot U 995 in Kiel Laboe,
am Turm die »Fang-den-Hut«-Männchen, das Einheits-Emblem der
»U-Nordfront«-Reichsmarine-Streitkräfte
Umschlagabbildung hinten: Bi-Ba-Butzemännchen-Detail aus dem
Jimi-Hendrix-Gemälde »I am you« von
Monika Dannemann

Inhaltsverzeichnis

Aus dem Leben eines Taugenichts

Rudolf Heß

1. Hallowach und Dextro-Energen

Alle Details sind minutiös, wenn auch in abweichenden Lesarten bekannt: Am 10. Mai 1941, Sonnabend nachmittags, verabschiedet sich Rudolf Heß in seiner Villa in München-Harlaching von Frau Ilse und Sohn Wolf-Rüdiger. Er habe einen Anruf aus Berlin erhalten, wolle nach einem *Umweg über Augsburg nach oben fahren* und am Montag heimkehren. Frau Heß fällt nur auf, wie gut seine gelbe Krawatte zur frisch angelegten Fliegeruniform paßt.

Stunden später trifft der Heß-Mercedes auf dem Messerschmitt-Werksgelände in Augsburg-Haunstetten ein. Dort, bei Willy Messerschmitt, ist der noch kurz vorm Ende des Ersten Weltkrieges zum Flieger ausgebildete Heß seit Spätherbst 1940 Stammgast. Sein auf ein Jahr begrenztes Ehrenwort an Hitler, nicht mehr zu fliegen, ist da schon abgelaufen. Heimlich hat er den sich anfangs sträubenden Chefkonstrukteur dazu gebracht, ihm eine Maschine für *Probeflüge* bereitzuhalten.

Auch diesmal scheint es nur um einen Testflug zu gehen, als Heß gegen 17.45 die nach seinen Wünschen umgerüstete ME 110 besteigt. Adjutant Pintsch, der die Szene ausgiebig knipst, bekommt von ihm noch Briefe und ein Memorandum ausgehändigt; er soll sie Hitler persönlich auf den Obersalzberg bringen. Dann fliegt Heß davon – Richtung Schottland.

Sein Ziel ist Schloß Dungavel bei Glasgow, Wohnsitz von Lord Douglas Hamilton, des *ersten Peers von Schottland* und Mitglieds des Oberhauses, einem Sportfunktionär, erfolgreichen Amateurboxer und, seit seinem Erstflug über den Mount Everest, britischen Volkshelden. Mit ihm ist der Heß-Vertraute Albrecht Haushofer befreundet; Heß selbst ist ihm nur einmal flüchtig während der Olympiade 1936 begegnet. Schon seit einem halben Jahr hatte Heß versucht, über Haushofer einen Briefkontakt zum Herzog anzubahnen. (Statt dessen bekam er, soweit sich das heute beurteilen läßt, wohl Hamilton-Briefe vom britischen Geheimdienst, der ihn so allmählich herbeilockte: leider sind die betreffenden Akten noch bis zum Jahr 2018 unter Verschluß.)

Heß vor dem Abflug ...

Bei märchenhaft schöner Abendbeleuchtung erreicht Heß um 22 Uhr die schottische Ostküste südlich Holy Island, taucht, um eine verfolgende Spitfire abzuschütteln, in den über der Insel liegenden Nebel ab und unterläuft die britische Radarkontrolle durch Tiefflug in fünf bis zehn Meter Höhe – mit, so Heß, *750 km/h und dem Vollgasgebrüll meiner 2.000 PS zum Gruß über Bäume, Häuser, Viecher und Menschen hinweg.*

Um 23 Uhr ist er über Dungavel House, schaltet seine Propeller auf Anstellwinkel Null – und kann zu seinem Jungfern-Fallschirmsprung trotzdem nicht aussteigen, weil der Luftdruck in der geöffneten Fliegerkanzel ihn in den Sitz preßt.

Erst als er die Maschine auf den Rücken dreht, fällt er überm Dörfchen Eaglesham nach unten. Dem Farmverwalter David McClean, der ihn mit verstauchtem Knöchel auf seiner Wiese antrifft, stellt er sich auf englisch als Hauptmann *Alfred Horn* vor (bisher sein privates Urlaubs-Inkognito im Dritten Reich), während seine in den Boden gerammte ME 110 in 300 Meter Entfernung in Flammen aufgeht.

Den *Hauptmann Horn*, der umgehend den Duke of Hamilton sehen will, holt dann ein angeheiterter Beamter mit einem Trupp Home Guards von der Farm ab. In der Wachbaracke bekommt Heß ein Fläschchen warme Milch, im Gegenzug erstaunt er die Männer mit Yogaübungen und seiner umfangreichen Reiseapotheke: u.a. 4 Spritzen nebst z.T. opiumhaltigen Impfstoffen, 12 Tabletten Dextro-Energen, Kola-Koffeintabletten, dem Schmerzmittel Somnin, Abführmitteln, Pervitin-Hallowach-Tabletten, 7 homöopathischen Tinkturen, Buerlecithin, Oropax, Tabletten zur Mundspülung und einem Wundermittel für die Gallenblase, das ihm ein Tibet-Forscher aus einem Lama-Kloster mitgebracht hatte.

Herzog Hamilton, von seinem Royal-Air-Force-Kommando herbeitelefoniert, identifiziert Heß in der Glasgower Maryhill-Kaserne und ruft umgehend in Downing Street No. 10 an. Doch Premier Churchill hat sich vor der bisher schwersten deutschen Bombardierung Londons am selben Tag in der Nähe Oxfords in Sicherheit gebracht. Als Hamilton – nach endlosen Stunden im Auto – dort eintrifft, interessiert sich die festliche Abendgesellschaft jedoch kaum für seine Kunde. Eine Privatvorführung des Marx-Brothers-Films *Go west* steht unmittelbar bevor, Churchill fertigt ihn mit den Worten *Also Heß oder nicht Heß – ich sehe mir jetzt die Marx-Brothers an* unwirsch ab.

***

Auf dem Obersalzberg ist unterdes die Hölle los. Den ersten Wutanfall Hitlers, der die gesamte Heß-Umgebung hinter Gitter bringt – Adjutant Pintsch kommt nach den Stationen KZ Dachau, Frontbewährung Stalingrad und russische Kriegsgefangenschaft erst 1955 wieder heim – dämpft ein Telefonat mit Reichsluftzeugmeister Ernst Udet* ab: Heß werde abstürzen, denn Schottland sei für die ME 110 außer Reichweite. Erste Kommuniqués melden ihn deshalb *vermißt*.

Die britische Landungsmeldung müssen Hitler und Goebbels ihren erstaunten Landsleuten dann bekanntlich damit beibiegen, daß der *seit Jahren schwer Leidende Opfer von Wahnvorstellungen* geworden sei. Wie das Goebbels-Tagebuch vom 14. Mai zeigt, teilt der Propagandaminister auch privat diese Ansicht:

Ich lese die Briefe, die Heß an den Führer hinterlassen hat: ein wirres Durcheinander, primanerhafter Dilettantismus, er wolle nach England, ihm seine aussichtslose Lage klarmachen, durch Lord Hamilton in Schottland die Regierung Churchill stürzen und dann Frieden machen, bei dem London das Gesicht wahren könne. Daß Churchill ihn gleich verhaften lassen würde, hat er dabei übersehen. (...) Seine Briefe strotzen von einem unausgegorenen Okkultismus. Prof. Haushofer und seine Frau, die alte Heß, sind dabei die bösen Geister gewesen. (...) Er hat auch Gesichte gehabt, sich Horoskope stellen lassen u.ä. Schwindel. (Dem Schreiben an Hitler lagen zwei Horoskope und eine Notiz über den alten Haushofer bei, der von Heß in einem schottischen Schloß geträumt hatte.) *Sowas regiert Deutschland,* lautet Goebbels' bitteres Fazit, *das Ganze ist aus der Atmosphäre seines Gesundlebens und seiner Grasfresserei erklärbar ... Man möchte seine Frau und seine Ärzte windelweich prügeln.*

Zu einer britischen Heß-Kampagne, wie er und Hitler befürchten, kommt es freilich nicht. Im Gegenteil, London hüllt sich in ein seltsames Schweigen, das sich Goebbels mit der *seltenen Doofheit* seines britischen Propaganda-Kollegen Duff Cooper erklärt.

Der in ihre Hand geratene Mann setzt die Briten derweil in Erstaunen: Sie merken zwar nach wenigen Scheinverhandlungen, daß Heß' Friedensangebot ein Windei ist (Bestandsgarantie für das Empire gegen freie Hand für Hitler in Osteuropa); aus seinem sonstigen Verhalten werden sie aber nicht recht klug: Bei Tisch stützt er die Ellenbogen auf, setzt den Suppenteller schlürfend an die Lippen und verschlingt riesige Portionen. Noch befremdlicher seine Verhandlungstaktik: Bei der Unterredung mit Hamilton und Churchills Abgesandten Kirkpatrick verliest er eine vierstündige deutsche *Erklärung*. Während Hamilton schlicht wegratzt, fühlt sich Kirkpatrick auf die *Teeparty des verrückten Hutmachers* aus *Alice im Wunderland* versetzt.

Nach ein paar Tagen im Londoner Tower verlegt man Heß nach Mytchett Place, einer einsamen, hinter Stacheldraht liegenden Heidemoorvilla bei Aldershot, die dem britischen Geheimdienst als *Camp Z* dient. Dort faßt Heß weitschweifige Denkschriften ab, ersucht um Gesprächstermine und steigert sich allmählich in eine handfeste Psychose: Nächtlich hallende Stiefelschritte, Türenschlagen und vorbeibrausende Fahrzeuge deutet er als ausgeklügelte Geräuschfolter; aus Angst, vergiftet zu werden, tauscht er bei der Essensausgabe seinen Teller stets mit einem Bewacher. Einmal sieht er, grad vor sich in der Suppe, Hitlers Gesicht.

Aber er hat auch kapriziöse Anwandlungen: Weil seine im Garten exerzierende Wachtruppe ihm zu lasch erscheint, demonstriert er den Männern den preußischen Stechschritt. Höhepunkt dieser ersten Wochen ist allerdings sein *Selbstmordversuch* vom 14. Juni: Morgens läßt er sich ein Klistier geben, mit dem er sich hocherfreut ins Bad zurückzieht. Anschließend schreibt er Abschiedsbriefe an seinen Sohn Wolf-Rüdiger und den Führer. Gegen 4 Uhr nachts will er zunächst einen Arzt sehen, dann stürzt er sich, die Fliegeruniform über dem Pyjama, vom Geländer ins Treppenhaus: aus dem ersten Stock und *Stiefel vorneweg*, wie der herbeigeholte Dr. Dicks konstatiert. Heß' Aufprall auf dem Steinfußboden ist darum trotz einigen Gewimmers nicht allzu tragisch.

Während der Genesung von seinem *Friedensfanal* bleibt er überzeugt, daß seine Umgebung durch *jüdische Hypnosetechnik* willenlos gemacht wurde. Besteckteile läßt Heß im Essen liegen, um zu sehen, ob sie oxydieren; diverse Lebensmittelproben bewahrt er auf (die sorgfältig beschrifteten Päckchen begleiten ihn bis zum Nürnberger Prozeß). Kalk zum Einnehmen kratzt er sich von den Wänden. Als rein psychiatrischer Fall kommt er im Juni 1942 ins Maindiff Court Hospital, eine ehemalige Psychiatrie nahe dem walisischen Abergavenny, wo er sich zunächst so prächtig erholt, daß die dortigen Ärzte seine Krankenakte schließen möchten. Er zeichnet recht passable Stilleben, liest Shakespeare und deutsche Dichter: *Aus ›Dichtung und Wahrheit‹, die ich gerade las, habe ich ein ganz neues Bild von Goethes Vater bekommen*, erfährt seine Frau aus einem Rot-Kreuz-Brief vom 14. Februar 1943. *Aber dem Essen war Petroleum beigemischt.*

Nach ein paar ruhigen Monaten macht er den Briten neue Sorgen: Permanent klagt er über Gedächtnisverlust, um kurz darauf zu behaupten, er habe ihn nur simuliert. Diese Marotte behält er bei, bis die ratlosen Psychiater sich im Mai 1944 schließlich vom Kriegsministerium genehmigen lassen, ihn mit Evipan zu betäuben, um ihn in halbbewußtem Zustand zu befragen.

Es gelang mir dann, unter Aufwand allen mir zur Verfügung stehenden Willens das Bewußtsein voll zu bewahren – obwohl man sogar mehr von dem Zeug einspritzte als normal geschieht – zugleich aber mimte ich den Bewußtlosen, vvvv* prahlt Heß Jahre später in einem Brief an die Angehörigen. *Nur meines Namens entsann ich mich endlich, den ich im gleichen Ton heraushauchte. Schließlich entschloß ich mich, wieder zu ›erwachen‹, mit erstaunten Augen in die Welt zurückkehrend. Es war ein großes Theater – und ein voller Erfolg. Nun glaubte man unbedingt an mein verschwundenes Gedächtnis.*

Als Schlußakkord unternimmt er kurz vor Kriegsende, im Februar 1945, noch einen zweiten *Selbstmordversuch*. Wieder in Luftwaffenuniform, borgt er sich bei seinem Bewacher ein Küchenmesser – angeblich um Brot zu schneiden. Auf seinem Zimmer zwickt er dann etwas Haut über dem Herzen mit zwei Fingern zu einer Falte zusammen und sticht hindurch – was, als er gefunden wird, zwar grausig aussieht, aber ohne örtliche Betäubung an Ort und Stelle genäht werden kann.

2. »Wenn ich einmal eins, zwei, drei gesagt habe, kann ich meine Meinung nicht mehr ändern!«

Nein, wen sie da vor sich hatten, war den Briten durchaus nicht klar geworden, als sie ihn beim Nürnberger Tribunal abgaben. Dem Führer war es allerdings kaum anders gegangen, seit sich das *Hesserl* (Hitler) 1919 zum ersten Dutzend NSDAP-Mitglieder verirrt hatte. Denn plausibel wird der in Ägypten und einem Bad Godesberger Internat aufgewachsene, 1945 wegen Verschwörung und Verbrechen gegen die Menschlichkeit verurteilte Großkaufmannssohn und Unterzeichner der Nürnberger Rassengesetze erst als klassische Sonderlingsfigur, wie sie die deutsche humoristische Erzähltradition von Jean Paul über E.T.A. Hoffmann bis Busch und Raabe überliefert. Oder, noch pointierter, als Fleisch vom Fleische der Figuren Carl Spitzwegs vom *Hypochonder* bis zum *armen Poeten*, wunderlich verschlagen in die Führungsgremien des III. Reiches. Wenn überhaupt eine, dann sollte Heß diese Tradition vehement beanspruchen – wie das auch sein vor dem Schottlandflug hingelegter Lebenswandel unzweideutig nahelegt:

Nach dem 1. Weltkrieg und mehreren schweren Verwundungen (die Verdun-Erlebnisse schrieb er sich in langen Poemen von der Seele) geriet Heß in München zunächst an den chauvinistischen Geographieprofessor und Armeegeneral Haushofer, die Großbürgertochter Ilse Pröhl (Sie und Heß verkauften aushilfsweise in einem wenig florierenden Reform-*Möbelkunst*-Laden Kiefernholz-Konstruktionen eines Gesinnungsgenossen), an die mystisch-rassistische Thule-Bewegung und die Freikorps. Nachdem er aber Hitler am 19. Mai 1920 im Nebenzimmer des *Sterneckerbräu* reden hörte, folgte er ihm fortan durch dick und dünn. (Eine Narbe von einem eigentlich Hitler geltenden Bierkrug bei solch einer frühen Versammlung behält er am Kopf zurück). Im November 1923, nach Hitlers gescheitertem Marsch auf die

Feldherrenhalle, kann Heß fliehen und macht erst mal Skiurlaub in Österreich, bevor er sich stellt und in der Landsberger Festungshaft zu Hitlers Schreibkraft und geopolitischem Berater avanciert.

Außer mit der Niederschrift von *Mein Kampf* beschäftigen sich beide in der bei offenen Zellen stattfindenden Haft, wo es dank reichlicher Verehrerpost eher wie in einem Blumen- oder Delikatessengeschäft aussieht, auch intensiv mit Astrologie. Abends stimmt das mit Hitler einsitzende Putschistenhäufchen zur Gitarren- oder Mandolinenbegleitung seines Fahrers Emil Maurice auch gern mal ein Volkslied an.

Wohlgelitten ist Heß unter den miteinsitzenden Parteigenossen keineswegs; sein ständiges Pfeifen und Stuhlkippeln z.B. geht allen fürchterlich auf den Wecker. Hitler aber mag den teilweise heftig mit ihm debattierenden Mann (*Wenn ich einmal eins, zwei, drei gesagt habe, kann ich meine Meinung nicht mehr ändern*, pflegt Heß Diskussionen abzubrechen, *eins, zwei, drei!*) nach der Haft nicht mehr missen und ernennt ihn zu seinem *Privatsekretär*.

In einem Münchner Restaurant dringt er 1927 auch auf Heß' Verheiratung mit Ilse Pröhl, um Gerüchten in Münchner Pressekreisen entgegenzuwirken, sein Sekretär lackiere sich die Nägel. (Heß-Forscher Rainer F. Schmidt entdeckte bei Recherchen im Moskauer KGB sogar eine alte Akte mit dem Titel *Schwarze Berta* – angeblich Heß' damaliger Deckname in Münchner und Berliner Homosexuellenkreisen.) Wie auch immer: Mit Leidenschaft betreibt Heß allein die Fliegerei.

So sprengt er in Hannover 1931 im Tiefflug eine Kundgebung des ›Reichsbanners‹ und nimmt jedes Jahr am Flugwettbewerb ›Rund um die Zugspitze‹ teil. Als er 1932 den zweiten Platz belegen kann, telegrafiert *der Chef*:

TROTZ GEMISCHTER GEFÜHLE MÖCHTE ICH IHNEN DOCH MEIN LIEBER HESS ZU IHREM »TRIUMPH« HERZLICH GRATULIEREN STOP ICH HOFFE DASS NACHDEM NUNMEHR IHRE FLIEGERISCHEN FÄHIGKEITEN ENDGÜLTIG ANERKANNT SIND IHR BE-

DÜRFNIS AN WEITEREN FLIEGERISCHEN LEISTUN-
GEN NACHLASSEN WIRD STOP MIT DIESER STILLEN
ABER AUFRICHTIG GEMEINTEN HOFFNUNG NOCHMALS
MEINEN HERZLICHSTEN GLÜCKWUNSCH STOP IHR
ADOLF HITLER

Heß' ehrgeizigstes Projekt, ein Gegenstück zum Lindbergh-
Flug über den Atlantik, aber scheitert: nicht am Führer, sondern an der Unlust der Versicherungen, das Risiko zu über-
nehmen. Traurig schreibt Heß den Eltern: *Nun ist der Traum
endgültig ausgeträumt – nicht gerade zum Leidwesen des
Tribunen* (Hitler; C.M.), *der seinen Sekretarius mit nur sehr
gedämpfter Begeisterung der Gefahr des Ozeanflugs entge-
gensteuern sah.*

Als dann wenigstens der andere Traum Ende Januar 1933
wahr wird, ernennt ihn Hitler zum *Stellvertreter* und *Minister ohne Geschäftsbereich*. Beim nächsten *Zugspitzflug*
1934 wird Heß dann auch prompt erster. Als zwischen ihm
und andern NS-Dienststellen erste Kompetenzstreitigkeiten
beginnen, bestätigt ihm Hitler zwischen zwei Bayreuther
Wagner-Akten in einem Revers *an die Herrn Reichsmini-
ster*, daß Heß' Stab als Parteiaufsicht sich rechtmäßig in alle
Gesetzesvorhaben einmischen dürfe. Dies veranlaßt Heß zur
Gründung eines weit verzweigten Behördennetzes, das außer der Gesetzgebung auch die Beamtenernennung und die
Kommunalpolitik parteiamtlich überwacht.

Breiten Raum in diesen Gremien, die im Jahre 1936 noch
172, 1938 bereits 468 Mitarbeiter haben, gibt Heß privaten
Vorlieben: Seinen *astrologischen Berater* Schulte-Strathaus
macht er zum Reichsamtsleiter für *Schrifttum und Wissen*,
Astrologie-Fan Hederich steht der *Parteiamtlichen Prüfungs-
kommission zum Schutze des NS-Schrifttums* vor und sorgt
dafür, daß esoterische Literatur ungehindert erscheinen und
der *Kosmobiologe* Dr. Kittler im Parteiauftrag forschen kann.
Als offizieller Schirmherr hält Heß 1937 die Eröffnungsrede
beim 12. Internationalen Homöopathenkongreß. Sein späte-

rer Englandflug ist nebenbei auch eine Katastrophe für die von ihm beschützten Waldorfschulen, die daraufhin sofort geschlossen werden – traumatisches Erlebnis für den Waldorf-Schüler Otto Schily.

Den Dichter Gottfried Benn verfolgt er im Spätsommer 1936 mit seinen Aktivitäten sogar bis in dessen Urlaubsort Malente-Gremsmühlen. *Die Angriffe gegen mich gehen wieder los!* beschwert sich Benn bei seinem Bremer Dauer-Briefpartner F. W. Oelze am 13. August.

Vor einigen Wochen schon in zwei Zeitungen gleichartige Artikel, der eine überschrieben »Was wir restlos ablehnen«, der andere »Was uns keine Freude macht« (…) Nun bekomme ich heute aus Berlin vom Verlag neue Sachen. Der Stellvertreter d. F., Überwachung des Schrifttums hat einen infamen Brief an den Verlag geschrieben u. um Aufklärung ersucht, Höhe der Auflage des Gedichtbands u. Drohungen gegen mich ausgesprochen, die sowohl KZ sein können als auch anderes. Einen Tag später muß er ergänzend melden: *Der Stellvertr. d. F. fordert meinen Verlag auf, unverzüglich aus der Propagandaschrift zu streichen: »warnender Seher und Führer in eine neue Gemeinschaft.« Hinsichtlich meiner Person: »Glaubt er wirklich im Ernst, einen Beitrag zur deutschen Kultur geleistet zu haben? Das müßte dann als ein bedenkliches Zeichen von Mißverstehen ausgelegt werden … «*

Am Ende geht die Sache zumindest für Benn noch glimpflich ab: Am 13. Oktober kann er, längst in seine Hannoveraner Wehrmachtkaserne zurückgekehrt, seine besorgte Freundin Tilly Wedekind halbwegs beruhigen: *Von bestimmter Stelle ist jetzt ein schriftlicher Bescheid an meinen Verlag gekommen. 4 Gedichte müssen entfernt werden, nämlich »D-Zug« – »Untergrundbahn« – »O, Nacht« – »Synthese«. Dann kann das Buch ohne Propaganda (!) vertrieben werden.*

Parteibonzen nervt Heß hingegen mit moralischen Appellen. Ihre *auffallenden Wagen* parken ihm viel zu oft *mit Hoheitszeichen und Dienstflagge an belebten Plätzen vor den teuersten Gaststätten*, er hält sie *zur Ehrlichkeit bei der Steu-*

ererklärung an, verfettete Funktionäre will er mit Zwangs-gymnastik schlank machen, und innerparteilichen Zwist, so regt er auf dem 1936er Parteitag an, möge man bei Reichs-parteitagen durch das *Gottesurteil* sportlicher Wettkämpfe *in der Arena* austragen.

Zur Mitte der 30er Jahre geht es mit seiner Gesundheit plötzlich bergab: Seine Schlaflosigkeit versucht er zu be-kämpfen, indem er gegen 17 Uhr zu Bett geht, um dann um 3 Uhr nachts aufzustehen und auf ausgedehnten Spazier-gängen durch das nächtliche München Atemübungen zu machen. Ständig hat er Gallenkoliken, Magenschmerzen, Herzstiche und diffuse Symptome, teilt sich mit dem ähnlich neurasthenischen Himmler den Masseur und eilt von einem Scharlatan zum andern.

Dienstlich läßt er dabei so die Zügel schleifen, daß sein Tri-bun ihm die Leviten liest: *Disput des Führers mit R. H. über Heilkunde und Magnetopathen*, notiert Heß' Stabschef. *Mit Heß*, vernimmt auch Speer von Hitler, *wird jedes Gespräch zu einer unerträglichen Anstrengung. Immer kommt er mit unangenehmen Sachen und läßt nicht nach.* Nur noch alle 14 Tage darf Heß an Hitlers Mittagstisch (dem *Krug zum fröh-lichen Reichskanzler*, wie Hitler das nennt) erscheinen, *ihm folgte*, so Augenzeuge Albert Speer, *in einem recht kuriosen Aufzug ein Adjutant, der ein Blechgefäß mit sich trug, in dem in verschiedenen Einsätzen ein speziell zubereitetes Essen in die Reichskanzlei gebracht wurde, um in der Küche aufge-wärmt zu werden.* »Ich habe hier eine erstklassige Diätkö-chin!« braust Hitler ihn deshalb an. »Wenn Ihr Arzt etwas Besonderes für Sie verordnet hat, dann kann sie es gerne zu-bereiten. Aber Ihr Essen können Sie nicht mitbringen.«

Wortlos schließlich verläßt Hitler die *Namensweihe* für Heß' Sohn Wolf-Rüdiger, als ihm der zweite Pate, Professor Haushofer, vehement vom Bündnis mit Italien abrät. Und nach den Judenpogromen der *Reichskristallnacht* taucht, wie der spätere Widerstandskämpfer Ullrich von Hassell in seinem Tagebuch vermerkt, bei der ebenfalls entsetzten Altparteige-

nossin und Verlegersgattin Bruckmann ein restlos zerknirsch-
ter Heß auf: Er, der Ernst Röhm noch mit ans Messer lieferte,
sich Hitler sogar erbot, den SA-Chef selbst zu erschießen, läßt
nun einen Tag vor Weihnachten 1938 keinen Zweifel daran,
*daß er die Judenaktion völlig mißbillige, er habe das auch in
energischer Form dem Führer vorgetragen, und ihn angefleht,
die Sache zu unterlassen, aber leider völlig vergeblich.*

Heß und sein Stab haben also fast nur noch symbolisches
Gewicht, als er über persönliche Bekannte seine Kontakte nach
England zu knüpfen versucht. Noch einige Wochen vor dem
Abflug gerät er mit dem englandfeindlichen Reichsaußenminister v. Ribbentrop derart aneinander, daß er ihm – von einem Minister zum andern – mitteilt, sein letzter Brief zeige
*offenbar infolge nervöser Überreizung einen solchen Geistes-
zustand, daß er es vorziehe, den Briefwechsel erst weiterzu-
führen, wenn er, Ribbentrop, wieder bei Trost* sei.

Als Hitler am 4. Mai seine Reichtagsrede zum Abschluß des
Balkanfeldzugs hält, sitzen sie dann wieder artig nebeneinander. Knapp eine Woche später ist Heß in Großbritannien.

Das letzte großdeutsche Wort in Sachen Heß behält sich
sein bisheriger Stellvertreter Martin Bormann vor, der in
oberen Parteikreisen bald eine auch Goebbels sehr einleuch-
tende Erklärung für das Husarenstück lanciert: Heß habe sich
seit Jahren immer wieder wegen Impotenz behandeln lassen,
schreibt er Heinrich Himmler am 19. Juni 1941, just an dem
Tag, als der *Selbstmörder* Heß sich in Mytchett Place übers
Treppengeländer schwingt. *Auch während der Zeit, in welcher
der ›Buz‹ genannte Sohn gezeugt wurde, war dies der Fall.
Frau Heß befand sich während dieser Zeit in Hindelang, wo
sie ein sehr intimes Verhältnis mit einem der Assistenzärzte
des Dr. Gerl unterhielt; dieser Assistenzarzt ist als Vater des
Kindes anzusehen ... Im übrigen wird angenommen, daß Frau
Heß früher schon anderweitige Verhältnisse unterhielt ... Was
für andere Familienglück bedeutet – Frau und Kind – mußte
für R. H. eine Quelle steter Besorgnis und Depression sein. R.
H. mußte die Befürchtung hegen, es könne bekannt werden,*

daß die Frau des Mannes, die als Hort der Sauberkeit gelten wollte und auch weiterhin galt, zwangsläufig andere natürliche Befriedigung suchte. Heß habe, so Bormann, durch den Flug zeigen wollen, *daß er trotz dieser physischen Impotenz ein Kerl, ein Mannsbild war.*

Bormanns »Quelle der Besorgnis« sollte Heß erst 1969 wiedersehen.

3. »Ich hab' nicht hingehört!«

Am Abend des 10. Oktober 1945 halten vor dem Nürnberger Gefängnisgebäude ein Krankenwagen und zwei Jeeps: Via Fürth eingeflogen, wird Rudolf Heß aus seinem Hospital im walisischen Abergavenny der Gerichtsbarkeit der Alliierten überstellt. Noch sind nicht alle vierundzwanzig Angeklagten – Mitglieder von Dönitz' letzter Flensburger Reichsregierung, anderweitig Aufgegriffene und der unauffindbare Bormann – für den anstehenden Kriegsverbrecherprozeß im Haus; Reichsmarschall Göring aber, der den Amerikanern zuletzt mit Koffern voller Paracodein-Tabletten zu *Sonderverhandlungen* entgegenfuhr, ist bereits eingetroffen. Nach einem halben Jahr Gefangenschaft wieder drogenfrei, läuft er Heß, als der zu medizinischen Routineuntersuchungen gebracht wird, auf dem Gefängniskorridor prompt über den Weg. Genauso prompt hebt Heß den Arm zum Hitlergruß. Während ihn seine Bewacher streng verwarnen, geht Göring grinsend vorüber.

Um den von Heß behaupteten Gedächtnisverlust zu prüfen, konfrontiert ihn eine Psychologenkommission dann mit Personen seines Vorlebens: abermals mit Göring, aber auch mit dem alten Geopolitik-Professor Haushofer, den die Amerikaner aus dem KZ Dachau befreiten. (Sippenhaft infolge Verwicklungen von Sohn Albrecht in den 20. Juli; Albrecht selbst ist kurz vor Kriegsende von der SS auf einem Trümmergrundstück beim Lehrter Bahnhof in Berlin erschossen worden.)

Heß besteht darauf, weder Göring noch seinen alten Mentor zu kennen; in der Zelle, im penibel über Amnesie-Symptome, angebotene Insulin-Spritzen, ausgebliebenen Stuhlgang etc. geführten Tagebuch nennt er ihn aber durchweg *Göring*. Der amerikanische Armeepsychologe J.M. Gilbert konstatiert Apathie und Begriffsstutzigkeit. Filmaufnahmen eigener Reden scheinen Heß nichts zu sagen; als er seine langjährige Sekretärin Hildegard Faht fragt, wer sie sei, bricht die Arme in Tränen aus – immerhin hatte sie, vor Heß' Englandflug, über Monate hinweg hunderte geheimer Wettermeldungen für ihn auswerten müssen.

Während dieser Verhöre trägt Heß nach seinen – wenn auch eher komischen – Suizidversuchen in England meist Handschellen. Aber nicht er, sondern der Arbeitsfrontführer Ley verabschiedet sich am 25. Oktober auf diese Art; das *Internationale Militär-Tribunal* kann seinen Prozeß am 20. November also nurmehr gegen 21 Repräsentanten des *Dritten Reiches* eröffnen. Zehn Verhandlungstage simuliert Heß noch seinen Gedächtnisverlust, liest, neben Göring sitzend, den bayrischen Bauernroman *Der Loisl* und die Jugendbiographie des Flamen Felix Timmermans. Erst als auf Betreiben seines verhaßten Pflichtverteidigers von Rohrscheidt eine Sonderverhandlung angesetzt wird, um ihn wegen Unzurechnungsfähigkeit vom Prozeß auszuschließen, reicht er einen Zettel nach vorn, bemächtigt sich, als sein Anwalt diesen ignoriert, eines Mikrophons und erklärt, sein Gedächtnisverlust sei rein taktischer Natur gewesen, ab sofort stehe sein Erinnerungsvermögen wieder voll zur Verfügung.

Auszug aus dem *Nürnberger Tagebuch* des US-Gerichtspsychologen beim Nürnberger Prozeß, G. M. Gilbert, S.57: *Am frühen Nachmittag trat das Gericht zu einer Sonderverhandlung zusammen, um zu beraten, ob Heß in der Lage sei, sich selbst zu verteidigen. Als die anderen Gefangenen den Gerichtssaal verließen, begann ich eine Unterhaltung mit Heß. Ich erklärte ihm, daß er wahrscheinlich für unzurechnungsfähig erklärt und von den Verhandlungen ausgeschlossen werden würde. Trotzdem würde ich ihn aber von Zeit zu Zeit in seiner Zelle aufsuchen. Er schien ziemlich bestürzt hierüber und meinte, er könne sich selber verteidigen. Dr. Rohrscheidt, der Anwalt von Heß, begann dem Gerichtshof zu beweisen,*

daß Heß wegen seines Gedächtnisschwundes nicht
in der Lage sei, sich selber zu verteidigen. Plötzlich
schrieb Heß einen Zettel und gab ihn dem Posten, da-
mit dieser ihn seinem Anwalt brächte, doch letzterer
ignorierte ihn. Die Anklagebehörde wandte ein, Heß
sei zur Verteidigung imstande, da ihn die Psychiater
nicht für geisteskrank erklärt hätten. Nach ungefähr
eineinhalb Stunden derartiger Erörterungen ließ Heß
eine Bombe in die Verhandlung fallen mit der Erklä-
rung: »Ab nunmehr steht mein Gedächtnis auch nach
außen hin wieder zur Verfügung. Die Gründe für das
Vortäuschen von Gedächtnisverlust sind taktischer
Art. Tatsächlich ist lediglich meine Konzentrationsfä-
higkeit etwas herabgesetzt. (...) Ich habe bisher auch
meinem Offizialverteidiger gegenüber den Gedächt-
nisverlust aufrechterhalten. Er hat ihn daher guten
Glaubens vertreten.« Der Gerichtshof vertagte die
Sitzung unter Höllenlärm. 1. Dezember (nächster
Verhandlungstag): Vor der Verhandlung suchte ich
einige der Angeklagten auf, um ihnen zu erzählen,
daß Heß plötzlich sein Gedächtnis wiedergewonnen
hatte. Göring war zunächst ungläubig, brüllte dann
aber vor Vergnügen, weil er glaubte, daß Heß damit
dem Gerichtshof und den Psychiatern einen Streich
gespielt hatte. Er war sich nicht sicher, ob die Wieder-
herstellung des Gedächtnisses echt war, doch wünschte
er, mit dabei gewesen zu sein, um dieses Schauspiel zu
genießen und die Gesichter der Richter und die der An-
klagevertretung zu sehen. Schirach war vollkommen
sprachlos über diese Neuigkeit und meinte: »Nun, das
wäre das Ende der wissenschaftlichen Psychologie.«
Wir rieten ihm abzuwarten – man könne nie wissen,
auf was für Überraschungen Heß' Hysterie als näch-
stes verfallen würde. Ribbentrop war total verblüfft.
»Sie meinen Rudolf Heß – unseren Heß – Es ist un-
glaublich.« Göring fragte in der Anklagebank Heß, ob

er wirklich simuliert hätte und ob er sich tatsächlich an alle Einzelheiten seines Fluges nach England erinnern könne. Heß berichtete die Details mit sichtlichem Genuß und rühmte sich, wie geschickt er beim Start, beim Niedrigflug, beim Blindflug und der Fallschirmlandung gewesen sei. »Von welcher Höhe sind Sie abgesprungen?« Heß prahlte, es sei ganz schön tief gewesen – ungefähr 200 Meter. Als sich Göring im Gerichtssaal umblickte und bemerkte, daß Heß jetzt im Mittelpunkt stand, hörte er allmählich auf, den Streich des simulierten Gedächtnisschwundes zu genießen. Heß fand es wundervoll.

Heß in Nürnberg ...

Die begeisterten Mitangeklagten verblüfft er hinterher mit erstaunlichen Einzelheiten. Großadmiral Dönitz erfährt z.B., daß er ihn zuletzt bei seiner Weihnachtsrede 1939 in Wilhelmshaven gesehen habe. Beim Tee im Kasino habe er rechts von ihm gesessen.

Armeepsychologe Gilbert trifft Heß später *bester Laune* in der Zelle an; *eine Wiederholung des IQ-Tests zeigte eine echte Erweiterung seiner Gedächtnisspanne und geringe Verbesserungen in anderen Testgebieten.*

Je mehr gräßliche Einzelheiten der Prozeß zutage fördert, desto mehr zieht sich Heß dann wieder zurück, sagt bis zum Prozeßende kein Wort mehr und liest sich auf der Anklagebank quer durch die eigens eingerichtete *Kriegsverbrecher-Bibliothek* – bisweilen steht er auch von seinem Platz auf und frappiert das Gericht mit Gymnastikübungen. In seiner ebenfalls mit Büchern vollgestopften Zelle tippt er emsig an Memoranden, vor allem beschäftigt ihn der *Senat* – profunde Überlegungen für eine deutsche Nachkriegsregierung unter seiner, Heß', Führung. Dabei klagt er über Magenkrämpfe, muß sich allerdings sogar von seinem Banknachbar Göring sagen lassen, das sei alles nur Hysterie.

Ein Interview seines Pflichtverteidigers mit der *New York Herald Tribune* liefert ihm 1946 den Grund, den endlich loszuwerden: Sein Anwalt habe, so Heß im Beschwerdeschreiben ans Kriegsverbrecher-Tribunal, *streng vertrauliche Anweisungen hinsichtlich der Führung meiner Verteidigung* preisgegeben. So verteidigt ihn ab Februar Bayerns nachmaliger CSU-Fraktionsvorsitzender und Innenminister Dr. Alfred Seidl, der ihm durch Initiativen bei internationalen Gerichtshöfen, UNO etc. bis zum Tode verbunden bleiben wird. Frau und Kind unter diesen *unwürdigen Umständen* zu sehen, verbittet er sich, stößt damit bei seiner Gattin aber auch auf vollstes Verständnis.

Ende August 1946 erhalten die Angeklagten Gelegenheit zu abschließenden Erklärungen. Heß' vorbereitete dreistündige Rede über die jüdische Manipulationsdroge, unter der das Gericht, die Alliierte Führung und, in Ergänzung seiner bisherigen Theorie, nun auch die deutschen KZ-Wachmannschaften stünden und gestanden hätten, bricht der US-Richter Lawrence nach zwanzig Minuten ab. Heß spricht nur noch sein berühmtes Schlußwort von Hitler als dem *größten Sohn seines Landes in seiner tausendjährigen Geschichte,* dem er immer wieder folgen würde, auch wenn am Ende seiner Folgsamkeit ein Scheiterhaufen warte.

Das am 1. Oktober gefällte Urteil – die sowjetischen Richter Woltschkov und Nikotschenko plädieren auf Todesstrafe, werden aber überstimmt – muß man Heß gesondert übermitteln: Den Kopfhörer für die Simultanübersetzung setzt er auch an diesem Tag nicht auf. Drei Angeklagte werden freigesprochen, unter ihnen Hitlers Steigbügelhalter v. Papen, gegen den Heß in seiner Eigenschaft als Chef der NS-Auslandsorganisation auch schon mal ein kleines Mordkomplott gesponnen hatte. Die Todeskandidaten bleiben im Erdgeschoß, die sieben zu Haftstrafen Verurteilten müssen *unverzüglich Zellen im 1. Stock beziehen.*

Auf der engen, eisernen Wendeltreppe begegnete ich Heß, der gerade seinen Tisch hochstemmte, erinnert sich Albert Speer. *»Was haben Sie bekommen, Herr Heß? Er sah mich abwesend an:* »*Keine Ahnung, wahrscheinlich die Todesstrafe. Ich habe nicht hingehört.«*

Einen kurzen Blick auf ihn kann auch Hitlers Chefübersetzer Paul O. Schmidt werfen, der sonst im *Zeugenflügel* des Nürnberger Justizgebäudes untergebracht ist: *Eine der Zellentüren, über denen nun nicht mehr Namen, sondern Nummern standen, war offen. In dem kleinen Raum lag ein Mann in schwarzer Gefangenenkleidung auf dem Boden. Es war Rudolf Heß. Er hatte sich diagonal zu seinem Bett ausgestreckt und las in einem Buch. Insassen des Zeugenflügels, die ihn persönlich kannten, erklärten mir, als ich ihnen von diesem sonderbaren Benehmen berichtete, daß es mit dem Glauben an die erdmagnetischen Strahlen zusammenhinge, der bei Heß stark ausgebildet sei. Er habe sich wahrscheinlich in die gleiche Richtung wie die erdmagnetischen Linien gelegt, die seiner Meinung nach unter dem Gefängnis im Erdboden entlangliefen.*

In der Nacht zum 16. Oktober werden zehn Kriegsverbrecher hingerichtet; dank einer rektal gebunkerten Zyankali-

Kapsel (eingeschmuggelt in einem Füllfederhalter von einem US-Wachmann, den ein deutsches Fräulein becircte), hat sich die Nr. 11, Hermann Göring, in der Nacht zuvor vergiften können. (Die im Bauchnabel hatte man entdeckt.) Speer hört die namentlich Aufgerufenen über den Gang tappen. Als der *Stürmer*-Herausgeber an der Reihe ist, *ruft es aus unserem Geschoß: »Bravo, Streicher!« Der Stimme nach ist es Heß.* (Der seinerseits, delikat genug, Streicher innerparteilich entmachtet hatte, weil er Görings Zeugungsfähigkeit öffentlich bestritt; wegen dessen Hodenverletzung 1923 beim Münchner Marsch auf die Feldherrnhalle). Am Morgen nach den Hinrichtungen muß er dann mit Speer und Reichsjugendführer v. Schirach die Hinrichtungsstätte fegen, eine nun wieder leere Turnhalle. Speer: *Heß nahm vor einer dunklen Stelle, die wie ein großer Blutfleck aussah, Haltung und erhob die Hand zum Parteigruß.*

In den noch folgenden Nürnberger Monaten ist er höchst aufgeregter Stimmung. Er bildet sich ein, demnächst entlassen zu werden, um seinen *Senat* zusammenstellen zu können. Unermüdlich klappert er auf der ihm belassenen Schreibmaschine herum. *Wir wissen nicht, was Heß ausbrütet*, notiert Albert Speer am 16. Februar 1947. *Bei jeder Gelegenheit fragt er uns nach Versäumnissen, bei* (Ex-Reichsbankpräsident) *Funk erkundete er neulich die Schwächen jedes einzelnen:* »Alle seine Bemerkungen deuten darauf hin«, meinte Funk, »daß er eine neue Regierung zusammenstellt. Was für ein Aberwitz! Man stelle sich vor, daß eine Regierungsliste unter seinem Strohsack gefunden wird!«

In Wahrheit lag noch mehr unterm Strohsack: Bekanntmachungen, Verordnungen, eine Ansprache zum Regierungsantritt samt einer detaillierten Anweisung an den Schneider seiner künftigen Dienstuniform: Er möge an den Nähten der Breecheshosen genügend Stoff lassen, *weil ich nach meiner Entlassung wahrscheinlich zunehmen werde.* Für sich forderte er in einem Kommuniqué Fernschreiber und Telefon, einen eigenen Rundfunksender und einen Wagenpark. Haarklein sind die künftigen Aufgaben seiner Mitgefangenen und sonstiger NS-Spitzenfunktionäre festgelegt. So sollen *Ehrenwachen an den Gräbern der 11 Märtyrer aufziehen, bis sie in einem gemeinsamen Grabmal beigesetzt werden.* (Er weiß natürlich nicht, daß sie längst unter falschem Namen in einem Münchner Krematorium verbrannt und in die Isar gestreut worden sind.) *Außerdem sollen die Gräber von Himmler, Ley, Rust usw. Ehrenwachen erhalten. Göring, Keitel und Jodl sollen ihre Auszeichnungen in den Sarg gelegt bekommen – auf jeden Fall aber Görings Großkreuz und die Ritterkreuze der beiden anderen.* Und was die überlebenden Juden angeht: *Sollten sie wünschen, bitten oder darum ansuchen, vor der Rache des deutschen Volkes verschont und darum in Schutzlager gebracht zu werden wünschen, ist dem nachzukommen. (...) Es liegt an ihnen, ihr Leben innerhalb der Schutzlager so angenehm wie möglich zu machen.*

Noch dezidierter sind seine Radiopläne: *Rundfunkprogramme sollen kein nationalistischer Rummel sein. Nicht zuviel Marschmusik, sondern gute Musik; auch fröhliche Musik, aber keine Jazz- oder Tanzmusik. Gewisse populäre Programme sollen wieder eingeführt werden – wie die Wunschkonzerte, mit geringen Veränderungen. Rudolf Heß hat sich die Programme des Berliner Senders in England angehört und festgestellt, daß wochenlang dieselben alten Programme mit abgeklapperten Stücken gesendet wurden. Von jetzt an muß das Niveau erhöht werden. Rudolf Heß wünscht keine gehässigen Kabaretts mit gehässigen Witzen, er wünscht fröhliche und zugleich würdige Unterhaltung. Er wünscht das erste Programm zu hören, bevor er es genehmigt.*

4. Jailhouse Rock mit dem Spandau Ballet

Am 18. Juli 1947 hat das Pläneschmieden ein Ende. Mit Hitlers Architekten und letztem Rüstungsminister Speer, Reichsjugendführer v. Schirach, Reichsbankpräsident Funk, Reichsaußenminister v. Neurath und den Admirälen Dönitz und Raeder wird Heß in eine Dakota verfrachtet, die am Abend in Berlin-Gatow landet. Von dort karrt ein britischer Armeebus mit schwarzgestrichenen Scheiben Hitlers letzte 7 Samurai im Konvoi zum 1876 erbauten Militärgefängnis nach Spandau. Seit November '46 haben die Alliierten es herrichten lassen, passende Kleidung aus NS-Beständen liegt bereit. *Meine Nummer ist diesmal die gute 7**, schreibt Heß nach Haus; bis zu seinem Tod wird ihn das Wachpersonal nur noch mit dieser Ziffer anreden.

Im Zellenblock werden die Gefangenen von festangestellten Wärtern bewacht, den Außenbereich sichert neben Mauern und einem meterhohen Stacheldrahtverhau auch ein 4.000-Volt-Zaun. Das Wächterkontingent wechselt monatlich: 44 Mann nebst 2 Offizieren, 2 Feldwebeln und 6 Unteroffizieren. Im Januar, Mai und September wird es von Briten gestellt, im Februar, Juni und Oktober von Franzosen; April, August und Dezember sind nahrhafte US-Monate, März, Juli und November die der russischen Hungerrationen und der Gewichtsverluste von 4-5 kg – außer bei Heß, der immer nur 1-2 kg abnimmt.

In den ersten Jahren herrschen strenge Sitten: Nachts werden alle 15 Minuten Lichtkontrollen in den Zellen durchgeführt; sprechen dürfen die Gefangenen nur mit Erlaubnis. Pro Monat ist ein 1300-Wörter-Brief gestattet, weiterer Papierbesitz verboten. Nach Speers Plänen wird auf den 6.000 qm des verwilderten Hinterhofs ein Garten angelegt; angepflanzte Erdbeeren dürfen aber ebenso wenig gegessen werden wie herabgefallene Eßkastanien. Mit Beginn des kalten Krieges lockern sich zwar nicht die Vorschriften, aber vor allem die westlichen Wärter verhalten sich zusehends kulanter. So werden im Winter 1952 Großadmiral Dönitz, Reichsjugendführer v. Schirach und der amerikanische Wärter Owens bei einer gemeinsamen Schneeballschlacht erwischt.

Unbeirrbar er selbst bleibt einzig Heß. In Briefen an die Familie berichtet er, er sei *zum Experten auf dem Gebiet der Tomatenzucht geworden,* kenne *nun den Abstand, den Karotten haben dürfen,* und *auf die neuen Beete* habe er *Winterkohl, Endivien-Salat und Rettiche gesät.* Sein Resümee freilich – *Was haben wir geschwitzt!* – entbehrt jeglicher Grundlage: Heß verfällt in umfassendes Nichtstun. Beinahe jeden Morgen muß er mit Gewalt aus dem Bett geholt werden. *Neuerdings heben die Wärter die Matratze mit dem abgemagerten Heß aus dem Bett und kippen den jammernden Mann kurzerhand auf den Fußboden,* so Speer am 20. Dezember 1950. Und lieber geht Heß in den Karzer, als daß er mit den andern Briefumschläge klebt oder im Garten arbeitet – wo man ihn einmal schlafend in einer Schubkarre findet.

Über seine ständigen simulierten Magenkrämpfe entrüsten sich vor allem die Militärs. Die Admiräle Dönitz und Raeder, sonst wegen strategischer Differenzen über die Führung des letzten Krieges heillos verzankt, sind sich hier einig: *Er muß hart angepackt werden. Wir sind schließlich nicht zum Vergnügen hier!* Aber Heß bleibt eisern, wäscht sich nicht, setzt sich an den Weihnachtstagen nicht zu den anderen, besucht auch nie die Gottesdienste in der aus zwei zusammengelegten Zellen gebildeten Kapelle (wo ein auf dem stillgelegten Klosett hockender russischer Wärter die Predigten des Geistlichen überwacht) und nimmt von den Wärtern weder Cognac noch Schokolade an.

Brieflich schwärmt er seinen Angehörigen zwar von dem für die Häftlinge 1950 für ein monatliches *Konzert* angeschafften Dual-Plattenspieler vor, nachts hört man in der alliierten Enklave aber jahraus, jahrein andere Töne.

Oft werden Anfälle von Heß durch Kleinigkeiten, die ihm zuwider sind, ausgelöst, bemerkt Albert Speer am 19. April 1952. *Die Aufforderung, in den Garten oder zum Baden zu* gehen, die Zelle zu säubern sowie überhaupt alles, was nach körperlicher Betätigung aussieht. Auch die Drohung der Korbflechterei hatte ihn zu erhöhter Aktivität gebracht. Obwohl sie vorbei ist, stöhnt und jammert Heß weiter stundenlang. Auch nachts. Durch die leere Halle klingt es schrecklich.

Die gleiche Lage anderthalb Jahr später, am 14. November 1953:

Heute nacht stöhnte er stundenlang und schrie immer wieder: »Ich halte es nicht mehr aus! Mein Gott, mein Gott! Ich werde wahnsinnig!« Er machte, als ich ihn morgens in seiner Zelle besuchte, zwar einen geistig klaren Eindruck, betonte aber, auf dem Bett liegend, nicht ohne Pathos: »Eine meiner schwersten Attacken! Es geht mit mir zu Ende! Ich habe wie ein Mann gelebt und werde wie ein Mann zu sterben wissen – wer ist übrigens Adenauer?« Dies will er, wie Speer versichert, zu jener Zeit etwa alle 8 Tage wissen.

Auch am 26. April 1955 muß Speer seinen Eintrag nur leicht abwandeln: In der Nacht auf seinen Geburtstag kam bei Heß nach einem Anlauf von etwa einer Stunde ein schwerer Anfall. Sein Jammern: »Ach, ach! Oh, oh!« steigerte sich allmählich zu: »Mein Gott! Mein Gott! Wer soll das ertragen?« Dazwischen, wie um den aufsteigenden Wahnsinn zu beschwören: »Nein, nein!« Großadmiral Raeder begleitete von seiner Zelle aus parodistisch und im gleichen Rhythmus: »Ach herrje! Ach, herrje!« Eine düstere Groteske in der Nachtstille des großen Gebäudes. Zudem eine, die regelmäßig per Injektion durch den wachhabenden Sanitäter beendet wird; wie Speer herausfindet, erlöst Heß von den Krämpfen, wie immer, eine Dosis destilliertes Wasser.

Daß er auch sonst an alten Marotten festhält, zeigt eine Szene, die sich zum Neujahr 1951 abspielt: Der britische Gefängniswärter Long, bereits festlich betrunken, hat Speer in Funks Zelle gelassen, wo man sich nun angeregt unterhält: Von unserer aufgeräumten Laune angelockt, kommt auch Heß vorbei, dessen Zellentür Long versehentlich aufgelassen hat. Mit glänzenden Augen entwickelt er eine Idee zur

Beleuchtung von Autobahnen; er habe gelesen, man habe das in Amerika eingeführt. Natürlich, wie alles in Amerika, viel zu verschwenderisch. In Deutschland, meint er, könne man die Kosten viel einfacher aufbringen, denn alle Autos führen dann ohne Scheinwerfer. Das spare Strom, meinte er, und mit den eingesparten Kosten seien Einrichtung und Betrieb der Flutleuchten ohne weiteres zu finanzieren. Meinen Einwand, daß die Lichtmaschine wegen Zündung der Kerzen doch ohnehin laufe, fertigt er mit der Bemerkung ab, die Lichtmaschine könne sich automatisch abschalten, sobald die Batterie aufgeladen sei. Dadurch werde Energie gewonnen, somit Treibstoff gespart, und diese Ersparnis könnte man zur Finanzierung der Autobahnbeleuchtung einziehen. Auf alle Autos umgerechnet, die man bald haben werde, mache das bestimmt mehr aus, als die ständige Beleuchtung je kosten kann. Wir hören sprachlos zu, bis Funk doppelsinnig meint: »Jedenfalls, Herr Heß, freut es mich, daß Sie wieder gesund sind.« Heß denkt noch einen Augenblick nach, blickt mich dann streng an und gibt mir den Auftrag, die Idee im Detail auszuarbeiten. Anschließend geht er, mit sich zufrieden, in seine Zelle zurück.

Usw., ad libitum. Vier der sieben Häftlinge werden nach und nach entlassen: im November 1954 darf der schwerkranke Mittsiebziger von Neurath nach Haus, im September 1955 Heß' ganz besonderer Liebling und Streitpartner am Tomatenfeld, Großadmiral Raeder – der denn auch, wie Reichsjugendführer v. Schirach erfährt, in seinen Memoiren *vor allem zwei Menschen angreifen will: Heß, weil es eine psychische Folter gewesen sei, mit ihm jahrelang zusammenleben zu müssen, und den britischen Direktor, wegen seiner vollkommenen Gefühllosigkeit.* Großadmiral Dönitz' zehn Jahre sind am 1. Oktober 1956 regulär abgesessen.

Funk, das *ostpreußische Unikum* (Heß), ist wegen irreparabler Harnleiterverengung ab Mai 1957 auf freiem Fuß.

So verbleiben für über neun Jahre nur noch Schirach, Speer und Heß in Spandau, ein Eremitentrio, das sich nicht eben gut verträgt. Speer leidet unter dem blasierten v. Schirach, entwickelt aber eine heimliche Schwäche für Heß' *Skurrilität*. Der wiederum verachtet Speer wegen dessen Nürnberger Schuldbekenntnis und kommandiert ihn gelegentlich herum wie einen Hausknecht.

Speer hat inzwischen lukrative Buchverträge mit dem Propyläen-Verlag und Alfred Knopf in New York abgeschlossen; Vertraute unter den Wärtern schmuggeln seine in der Unterhose aufbewahrten Aufzeichnungen wöchentlich hinaus. Baldur v. Schirach, der einst führende Lyriker NS-Deutschlands, weiß sich dem *STERN* durch einen 500.000 DM-Exklusivvertrag verpflichtet. Des Trios erfolgreichster Schriftsteller bleibt aber vorerst Heß. Seine Frau, mittlerweile Inhaberin einer Pension in Hindelang im Allgäu, gibt die Briefe an die Angehörigen in drei Sammelbänden heraus. Als v. Schirach und Speer im Jahre 1966 freikommen, ist die Gesamtausgabe (*Ein Schicksal in Briefen*) zu einer 600-Seiten-Wundertüte angeschwollen, die einen seltsamen Eindruck vermittelt: Seit dem Englandflug hat Heß seine Lieben nicht mehr gesehen, sich nie von ihnen besuchen lassen.

Beider Korrespondenz ist aber in einem davon derart unbeeindruckten nah-anheimelnden Vertrautheitston gehalten, daß, wenn man sie nicht für nachträglich frisiert, so doch in ihrer kompletten Realitätsverleugnung nur noch für ein eisern kalkuliertes Ehe-Monument zur Erbauung der Nachwelt erachten kann. Beide versichern sich zudem, miteinander in telepathischen Kontakt zu stehen, als eigentlicher Geist über den Wassern schwebt stillschweigend natürlich ein anderer. Am 11. Oktober 1954 berichtet Ilse Heß ihrem Gatten, von einem Besuch von Hitlers Chauffeur Walter Kempka, *der ihr berichtet habe, daß er kurz vor dem Ende 1945 bei einer der allerletzten Fahrten mit Hitler eine sehr merkwürdige Unterhaltung gehabt habe; dabei sei eine Äußerung gefallen – ein wenig wehmütig, ein wenig resigniert, ein wenig ironisch, aber mit unendlicher Zuneigung –, daß es wenigstens in all den Jahren gelungen sei, e i n e n Idealisten reinsten*

Wassers unauslöschbar in die Geschichte zu stellen – nun, du kannst dir denken, wer gemeint war, Du kannst dir auch denken, daß ich geweint habe. Heß' postwendende Antwort eine Woche später: *Ich habe meine ganze Männlichkeit zusammenraffen müssen, damit es mir nicht ging wie dir. Freilich ganz stimme ich dem Chef nicht zu: Es gab nicht nur einen dieser Art, sondern zumindest zwei, wenn er es auch vielleicht nicht wahrhaben wollte, oder er sich dessen nicht bewußt war – sein Ausspruch spricht ja dafür. Dann kannte ich ihn eben besser, als er sich selbst.*

Unterhalb dieses großdeutschen Abendsegens geht es in dieser Korrespondenz allerdings eigentümlich zu. Begünstigt durch die alliierte Briefzensur einerseits, die Herausgabekriterien seiner Frau andererseits fehlen in den Briefbänden alle Hinweise auf die nervigen Querelen unter den Gefangenen oder auf Heß' phantasierte Magenattacken. Als Briefschreiber markiert er einen maßvoll-abgeklärten Privatier, der seinen Studien und Hobbies nachgeht und in allerlei bildungsbürgerlichem Urväterhausrat stöbert, hauptsächlich gespeist aus jeweils neuesten Lesefrüchten* oder frisch erhaltener Klassik Marke *Deutsche Grammophon-Gesellschaft*. Er doziert über Mozarts Tod und seinen geliebten Schopenhauer ebenso wie über Stadtplanung. Nachdem er Ludwig Reiners *Stilfibel* gelesen hat, ist es ihm zeitweise sehr um Sprachschludrigkeiten zu tun; mit dort geforderten Neuschöpfungen (wie *Elkung* statt *Elektrizität*) ist er augenblicklich einverstanden. Wie seine Frau bemüht er sich auch innig ums Verständnis moderner Lyrik und Malerei, bis ihm dank einschlägiger Lektüre endlich klar wird, daß es sich bei Picasso oder dem Dadaisten Tristan Tzara *schlicht um Schizophrene handelt*. Und ohne es zu kennen, schenkt er Sohn Wolf-Rüdiger zum Geburtstag Alexander Mitscherlichs *Die Unwirtlichkeit unserer Städte* – entsprechend verdrießen ihn dessen *Haßausbrüche und diese Tatsachenverdrehungen bis zum Äußersten*, nachdem Speer ihm selbst das Suhrkamp-Bändchen geliehen hat. Hess Junior ist im Buch quasi zwischen den Zeilen herangewachsen; begleitet von Heß' zahlreichen Schul- und Erziehungstips: Vom *Buz* genannten Knirps (in dessen Spielzeug-Panzer Heß den Schlüssel zum Tresor mit seinen Abschiedsbriefen versteckte) zum Internatsschüler des Christopherus-Landschulheims auf dem Obersalzberg (2 km Luftlinie zum Domizil des Führers), weltreisenden Studenten (der sich in Südafrika eine Malaria einfängt) und schließlich Diplom-Ingenieur, Stadt- und Flugplatz-Planer. Zwischen den Exkursen finden sich so übergangs- wie planlos Reflexionen über den Schottlandflug, Reminiszenzen an seine Jugend in Ägypten mit Beschreibungen von Basaren und Nächten in der Wüste, Schilderung der Überfahrt nach Europa, Erinnerungen an die erste Kinematographenvorführung nach der Überfahrt zurück nach Europa und seinen ersten Flugzeugabsturz während des I. Weltkriegs sowie Erlebnisse als genesender Soldat (in einem Bauerntheater übernahm er die Rolle des Herzensbrechers und Studiosus *Paul Gutbier* im Schwank *Als ich noch im Flügelkleide*). Auch das dritte Tor beim Fußball-WM-Endspiel Deutschland – England 1966 wird umfassend erörtert. Immer wieder gibt es Gedanken von großer Tragweite. So erwägt er, störende Hoch- und Mittelgebirge mit schiffbaren Kanälen zu untertunneln, und entwickelt die Idee einer *Menschenrohrpost*, mit der er Ende 1965 Berichte aus US-Zeitschriften weiterspinnt: Mit 600 km/h sollen die Passagiere in Raketen-U-Bahnen von einer Stadt zur andern katapultiert werden. Zwar bringen ihn die Zweifel seines reifer werdenden Sohnes Wolf-Rüdiger kurzfristig davon ab, doch schon im übernächsten Brief versichert Heß erneut, *es wäre ein Segen, wenn der reine Nützlichkeitsverkehr unter die Erde verschwände, noch dazu bei tollen Geschwindigkeiten, in der Rohrführung sicherer als oben*. Seinen wahren Himmel wird er schließlich in der Raumfahrt und Monderforschung finden, wie es sich in dem 1966 abbrechenden Band mit ersten Sputnik- und Gemini-Kommentaren bereits vage abzeichnet. Bzw. kommt er unterschwellig dabei doch nur auf esoterisches Gedankengut seiner alten Münchner *Thule*-Gesellschaft 1921 ff. zurück, wenn Frau Hilde ihm am 29. April 1955 schreibt, sie habe kürzlich mit einem *überzarten sensiblen Pflanzenbio-logen* eine *Diskussion* gehabt: *Ich erzählte ihm, daß einmal* »jemand« *die Meinung geäußert habe, ob nicht doch der die Menschheit seit eh und je beschäftigende* »Engel-Mythos« *darauf hinweise, daß jene geisttragende Schicht von fernher kam, daß mir das im Zeitalter der Raumschiffahrt gar nicht so abwegig erscheine* – ein Erich von Däniken jedenfalls hätte unter Adolfs Regiment wohl vermutlich unvergleichlich phantastischere Ambitionen entwickeln können. Kurz: Mit diesen Briefbänden liegt ein inkommensurables Kraut-und-Rüben-Kompendium vor, durchzogen von einem so ausgeprägt alt-fränkelnden Hausvaterton, daß man, wäre nicht gelegentlich auch vom schnurrbärtigen Beelzebub selbst die gutmütige Rede, meinen könnte, Ludwig Richter habe Spandau als faschistische Kastalien-Idylle eingefangen: Mit Hans-Guck-in-die-Luft und Glasperlenspieler Heß, der vom obersten Turmfenster aus die Schwalben beobachtet, während die Mitgefangenen bei den eingenickten Schildwachen im Hof sitzen, gemütlich an Apfel, Nuß und Mandelkern knuspernd.

Doch es blieb natürlich die exterritoriale Zombie-Festung: Heß' Notizbücher, denen er den Stoff für die Briefe entnahm, wurden regelmäßig in der extra eingerichteten Reißwolfkammer kleingeschrotet. Vielleicht aus daherrührendem Verdruß zertrümmert er im November 1959 seine Brille, schneidet sich mit den Scherben eine Pulsader auf und muß kurz ambulant behandelt werden – in den Wochen vor dieser Attacke nahm er 20 kg ab, in den zwei Wochen danach 14 kg zu.

Das Verhältnis zu Speer und v. Schirach bleibt ambivalent. Viel Gefallen findet Heß an Speers *Weltmarsch*-Spiel: ein nach einem exakten Plan im Garten absolvierter Rundmarsch *einmal um die Erde*, wobei Speer stets akkurat errechnet, auf welchem Ort der Erde er gerade steht, und sich bei Wärtern oder aus Büchern über jeweilige lokale Gegebenheiten informiert. Und sicher noch mehr freut ihn, daß Speer zum Rundenzählen – rechte Tasche, linke Tasche – bis zum Schluß nach 8 Jahren immer die Kastanien verwendet, die Heß ihm am Anfang dafür gab.

Seit dem 10. Juli 1960 gibt es zwischen beiden überdies ein Abkommen: *Heute ist Sonntag*, verkündet Heß an jenem Tage. *Ich habe mich soeben entschlossen, in Zukunft jeden Sonntag eine halbe Stunde mit Ihnen unterhaltend zu verbringen.* Also sind sie von Stund an bis zu Speers Entlassung 1966 jeden Sonntag unterwegs.

Wie Speer aber zu spüren bekommt, nicht ohne böse Absicht: *Sein Lauftempo ist atemberaubend, es scheint ihm Vergnügen zu bereiten, seine Leistungsfähigkeit zu demonstrieren. Es freut ihn, als ich außer Atem komme.* »Dabei sind Sie doch rund 10 Jahre jünger, Herr Speer!« *sagt er befriedigt.*

Der amerikanische Spandau-Direktor Eugene K. Bird erwähnt in seinem Heß-Buch einen weiteren Zwischenfall, bezeugt von einem jungen Wachhauptmann: *Ich werde niemals den Tag vergessen, als Heß absichtlich in Speers Gemüsegarten herumtrampelte und dieser den Gartenschlauch nahm und ihn damit verjagte.*

Dennoch geht man relativ friedlich auseinander. Zu einer letzten Auseinandersetzung kommt es am Vorabend der Entlassung, als Speer anzweifelt, daß v. Schirach die ihm von Heß aufgetragenen Gefälligkeiten erledigen werde. (Womit er recht behielt, Heß jedoch ist entrüstet.) Nach einer letzten Aussprache am 30. September 1966 sieht Speer ihn dann verloren herumstehen: *Im Hof wurden gerade Berge von Kohlen für das Gefängnis abgeladen. Eine Weile standen wir wortlos nebeneinander. Dann sagte Heß:* »So viele Kohlen. Und von morgen an nur für mich.«

In dieser Nacht läßt Heß sich einschließen und bekommt ein starkes Schlafmittel; der 1. Oktober bricht an. Die Weltpresse hat sich vorm Gefängnis postiert, im Hof warten zwei Mercedes-Limousinen. Es kommt zu einem letzten Eklat (der angebliche Chauffeur v. Schirachs ist ein *STERN*-Reporter und wird von Wachmannschaften unsanft hinausbefördert), dann rollen die Fahrzeuge Scheinwerferlicht und laufenden Kameras entgegen. Und Heß ist endgültig allein.

5. »Der hesslichste Ort in Berlin«
(Kreuzworträtselfrage / FAZ-Magazin 889)

Obwohl Speer und v. Schirach nun frei und fort waren (*wie die Schwalben nach Süden gezogen*, nannte unser Mann das im Folgemonat im Brief an seine Frau), blieb für Heß im Spandauer Militärgefängnis zunächst fast alles wie gewohnt: Kurzen Depressionsphasen folgten Intervalle gesteigerten Appetits (zum Personal gehören jetzt auch ein spanischer und ein chinesischer Koch; Heß-Mahlzeiten à 5 Portionen waren da nicht selten.) Die von den Alliierten für Spandau gehaltenen Ausgaben von *FAZ*, *Welt*, *Kurier* und *Ost-Berliner Zeitung* bekam er sofort nach den Zensoren zu lesen (die alles Krieg und NS-Zeit Betreffende ausschneiden mußten).

Speers Garten, nunmehr ungeharkte Rabatten im Gefängnishof, interessierte ihn nicht, so wucherte der allmählich zu. Den Zellengang reinigten Putzfrauen; Leib- und Bettwäsche immerhin stopfte Heß selbst in eine noch für alle angeschaffte *Miele*. Ungern dagegen benutzt er seinen *Philips*-Trockenrasierer, üppige Koteletten trugen daher dem außerhalb Spandaus wogenden Hippie-Zeitalter Rechnung – in frappierendem Kontrast zum schon recht zahnlosen Mund, denn sein Gebiß schmeckte ihm einfach zu *sauer*. Zuweilen frönte er noch der alten Vergiftungsmacke, bestellte sich vier Portionen Nachtisch, warf einen Knopf hoch, um die richtige auszulosen, und kippte den Rest ins Klo.

Der stillschweigende Konsens seiner ansonsten tödlich verfeindeten Bewacher, einen verstockten Querulanten und gefräßigen Schrat als unveräußerliches Andenken ihrer historischen Wertegemeinschaft zu konservieren, zeitigte Haftbedingungen, die Heß' Image vom sagenumwobenen Klausner und Schmerzensmann kräftig forcierten: keine Uhr und kein Radio, keine Bilder oder Blumen in der Zelle, niemand durfte ihm die Hand geben, ein Bad pro Woche und eine halbe Stunde Hofgang mußten genügen. (Während der er Vögel und eine in den Hof verirrte Entenmutter samt Nachwuchs fütterte und seine Zelle durchwühlt wurde.) Nimmt man das monatliche Affentheater des Wachwechsels und die wöchentliche Konferenz der vier Alliierten-Direktoren hinzu (dienstlich kompromißloser Ost-West-Konflikt, anschließend internationaler Frühschoppen mit 4-Gänge-Bankett), kann man Heß nur die Palme reichen – für das Kunststück nämlich, allein kraft seiner Existenz den sich ansonsten mit x-fachem Overkill drohenden Weltmächten über 20 Jahre lang einen konkurrenzlos Beckett-reif durchexerzierten Mummenschanz abgerungen zu haben.

Außerhalb Spandaus focht derweil sein Nürnberger Verteidiger (und Vorkriegsbekannter von gemeinsamen Skifreizeiten auf dem Kreuzeck), der Münchner Anwalt Alfred Seidl, mit Anträgen und Petitionen gegen die vier Regierungen und überstaatliche Mächte – UN-Menschenrechtskommission, europäische Menschenrechtskommission, europäischer Gerichtshof in Den Haag. Aber alle Hinweise des nachmaligen bayrischen Justizministers (und geheimen juristischen Beraters von DVU-Chef Dr. Frey), Frankreich, England, USA und UdSSR hätten sich beim Suez-Abenteuer 1956, in Vietnam und Afghanistan selbst in Nürnberg inkriminierter Delikte schuldig gemacht, verfingen nicht.

Mehr als von formaljuristischer Prinzipienreiterei hatte Heß immerhin von der Neugier zu erwarten, die ihm ein unentwegter Herr im Gefängnis entgegenbrachte: Eugene K. Bird aus Montana; 1948 erstmals amerikanischer Wachoffizier und seit Oktober 1964 *Gouverneur* in Spandau. Wie andere Wärter vor und mit ihm hatte er immer Tagebücher über Heß geführt, um sie ggf. später einmal zu Geld zu machen (Paparazzi-Fotos der Nazi-Häftlinge verdankte die Wachmannschaft von jeher viel Zubrot seitens der Illustrierten).

Ein Karton mit den von Heß nach dem Nürnberger Prozeß abgefaßten Memoranden, den er verbrennen sollte (statt dessen beiseite schaffte und erst nach drei Jahren geöffnet haben will), hatte den geheimnisumwitterten England-Flieger für Bird restlos unwiderstehlich gemacht, und als Direktor stand ihm sein Forschungsobjekt jetzt nach Belieben zur Verfügung. Freundlicher Umgangston und kleine Aufmerksamkeiten wie etwa ein Bismarckhering machten Heß allmählich gewogen, bis Bird – unter Umgehung sämtlicher Dienstvorschriften – dazu überging, ihn heimlich zu interviewen, zu knipsen (sogar zu filmen!) und mit Text- und Tondokumenten zu konfrontieren. Heß äußerte sich meist sibyllinisch und schwer durchschaubar. Erst ein Akt menschlichen Entgegenkommens sollte dies ändern: Jahrzehntelange Hypochondrie hatte Heß' Organismus nun wirklich ein lebensbedrohliches Darmgeschwür beschert. (Als Bird ihn dazu brachte, sich in die eigens dafür vorhandene *Heß-Suite* im Britischen Militärhospital einliefern zu lassen, hatte es sich aber schon wieder geschlossen.)

Am 22. November verließ Heß so mit einem kleinen Militärkonvoi erstmals wieder sein Gehäuse, Autokarawanen von Pressefotografen und eine Motorradstafette der West-Berliner Polizei schlossen sich vor dem Tor an. Auch vor dem Krankenzimmer des 75jährigen standen dann mit Maschinenpistolen bewaffnete britische Militärpolizisten, die zivile Atmosphäre des Hospitals (Krankenschwestern und ein richtiges Bett) milderten den Sinn des Genesenden aber merklich.

Während die Siegermächte das leere Spandau wie selbstverständlich weiterbewachten (im turnusmäßigen Wechsel), erschien Heß' amerikanischer Eckermann täglich zum Aushorchen an der Bettkante. Heß *sprach über die amerikanische Mondlandung, die er am Radio verfolgt hatte, über den allgemeinen Tabu-Abbau (the permissive society) ... Ich habe so genau wie irgend möglich einige seiner zufälligen Gedanken auf Band gesprochen, sowie ich aus dem Krankenhaus nach Hause kam.*

Er vertraute Bird Ansichten über Schach und homöopathische Medizin, Bergwandern, Fliegen und Telepathie an – und war sogar für eine musiktheoretische Überraschung gut: *Die Beatles gefallen mir*, bekam Bird zu hören. *In ihrer Musik ist ein entschlossener Rhythmus, und in vieler Beziehung ist ihre Musik gute Musik.*

Inzwischen ging es auf Weihnachten zu; dank zunehmender Adventsstimmung konnte Bird Heß sogar zu einem bisher undenkbaren Zugeständnis bewegen: Nach 28 Jahren, 6 Monaten und 25 Tagen wünschte er am Heiligen Abend Frau und Sohn um sich zu haben und bat, ein entsprechendes Gesuch weiterzuleiten. Dem Birds 3 Kollegen zum Teil auch entsprachen, (nicht erlaubt wurde ein Abendessen im Familienkreis), so daß am Morgen des 24. 12. 1969 ein BEA-Jet mit Frau Ilse und dem jetzt 32jährigen Wolf-Rüdiger Heß, von München kommend, auf dem Flughafen Tempelhof landete. Ein Mercedes der Gefängnisdirektion (und die gesamte Lokalpresse) holten sie vom Flugplatz ab; Mr. Bird empfing sie vor dem Spital und geleitete sie mit dem nur dorthin führenden Spezial-Lift zur *Heß-Suite*, wo schon das übrige Direktorium als Empfangskomitee wartete. Die vorgelegte Besuchsordnung – die Weihnachtsgäste sollten sich filzen lassen und der Presse gegenüber Stillschweigen bewahren – wollten Mutter und Sohn zunächst nicht unterzeichnen. Nach kurzer Beratung milderte das Gremium seine Forderungen ab (Mantel ablegen genüge) und um Heß nicht länger warten zu lassen, wurde unterschrieben.

Heß saß in blau-weißem Pyjama und blau-weiß-rotem Morgenmantel im *Besucherzimmer* (einem ca. 4 x 4 qm großen Raum, der bis auf einen Tisch in der Mitte von zwei Sperrholz-Sichtblenden bis zur Decke in zwei Hälften geteilt wurde), einen Wächter hinter sich.

Küß die Hand, Mutter! rief er – jede Berührung war streng verboten – *Küß die Hand, Großer!* antwortete seine Frau, während hinter ihr die Gouverneure Platz nahmen und mitzuschreiben begannen. Er sei wegen der vielen Bluttransfusionen längst *halber Engländer* scherzte Heß, stimmte weiteren Besuchen – zumindest im Krankenhaus – zu und bat, *Freiburg* (seine Sekretärin Hildegard Faht) nachträglich um Entschuldigung zu bitten.

Trotz ihrer Tränen habe er sie bei der Gegenüberstellung in Nürnberg verleugnen müssen, um den Gedächtnisverlust glaubwürdig vorzutäuschen, das tue ihm heute noch leid. Heß hörte Neues von der Verwandtschaft (seiner Frau fiel nur seine viel tiefere Stimme auf) und gratulierte seinem Architekten-Sohn zu einem internationalen Preis für Flugplatz-Planung. Zum Schluß der bewilligten halben Stunde schilderte Wolf-Rüdiger auf Heß' Frage nach seinem Militärdienst seine Wehrdienstverweigerung, während der hinter Heß sitzende Wärter schon mit einer Art count down begann. (*Sie haben noch 5, 4, 3, 2 Minuten*) Um den offenen Rausschmiß zu vermeiden, verabschiedeten sich die Besucher, übergaben ihre Weihnachtsgeschenke (Lavendelseife, ein blaßblauer Pyjama und eine Schubert-Platte) den Direktoren zur Kontrolle, führten noch ein Gespräch mit dem behandelnden Arzt und jagten dann samt Presse-Troß zurück nach Tempelhof, um heim zu fliegen.

Am ersten Weihnachtsfeiertag kam auch der Weihnachtsmann zu Heß: Chefarzt Colonel O'Brian hatte sich extra verkleidet, um ein Rot-Kreuz-Paket zu überreichen. Gemeinsam mit Bird trank Heß danach ein Gläschen Sherry – und der hatte sich noch eine ganz besondere Weihnachtsüberraschung ausgedacht: *In der Woche darauf erlaubte ich ihm, zum ersten Mal in seinem Leben fernzusehen**, berichtet Bird. *Ich brachte ihm ein kleines tragbares Gerät und erklärte ihm, wie es funktioniert. Seine Augen leuchteten auf. Er hatte gerade Beethoven gehört, aber nun beeilte er sich, die Stecker vom Plattenspieler auszuwechseln. »Herrlich«, sagte er, als wir auf das Bild warteten. Es kam ein hübsches Mädchen, das Büstenhalter vorführte. »Phantastisch«, sagte der Mann, der seit 28 Jahren kein hübsches Mädchen mehr gesehen hatte. Dann sah er Reklamesendungen, die Salat, Seife, und Haarwuchsmittel anpriesen. Danach kamen die Berliner Nachrichten, u. a. wurden Bilder vom wiederaufgebauten Reichstag gezeigt, der in Kürze Schauplatz einer wichtigen Konferenz sein sollte. Heß' Augen verkleinerten sich, und er ballte die Fäuste, als er die Bilder sah ... Nach 2 Stunden schaltete ich den Apparat wieder aus. »Das ist ja ein fabelhaftes kleines Ding« sagte er. »Ich hätte nie gedacht, daß es so gut ist.«*

Während Heß im Hospital lag, zog Sohn Wolf-Rüdiger aus dem Wiedersehen Konsequenzen. Zornig scharte er die nach der Entlassung von Speer und v. Schirach gegründete Hilfsgemeinschaft *Freiheit für Rudolf Heß!* bei Massenveranstaltungen um sich (die Hilfsgemeinschafts-Vorsitzenden, ein Generalmajor der Wehrmacht und ein ehemaliger FDP-Justizminister starben aber weit vor Heß, genau wie Vereins-Sekretärin Schleusener). Schon vordem war Heß Junior zu PR-Tourneen nach England und in die USA eingeladen worden, hatte Parlamentarier und ehemalige Ankläger von Nürnberg besucht (Einheiliger Tenor: Sofort freilassen!), das schottische Bauernhaus am Schauplatz der Bruchlandung seines Vaters und die Wrackteile im Londner Imperial War Museum inspiziert.

Nun suchte er, massiven Druck durch prominente Unterschriften zu mobilisieren: U. a. Golo Mann, Carl Zuckmayer, Brandt, Wehner, Pastor Niemöller und Julius Kardinal Döpfner wollten Hitlers Stellvertreter a. D. unverzüglich in Freiheit wissen. Tausenden Sympathisanten wurde in den nächsten Jahren regelmäßig ein Kampfbrief zugestellt, Anzeigen wurden geschaltet, Schallplatten von Kundgebungsreden gepresst. Vergeblich. Am 13. März 1970 brachte man Heß mitsamt Büchern und Dual-Schallplattenspieler nach Spandau zurück, sein Krankenhausbett durfte er mitnehmen. Für ihn war jetzt die ehemalige *Kapelle* hergerichtet, zwei zusammengelegte Zellen, in denen sich einst Spandaus *Organist*, Ex-Reichsbankpräsident Funk, vier Tage pro Woche auf die Sonntagsandacht vorbereitete und zu Chorälen, Wagner-, Beethoven- und *Gräfin Mariza*-Potpourris die Blasebälge des Harmoniums trat. Heß' zurückgelassenes Notizbuch mit über 2500 Stichwörtern war zu seinem großem Kummer inzwischen im Reißwolf gelandet; wenigstens aber blieb ihm Gesellschafter Bird für die kommenden Jahre erhalten. Der ließ ihn seine ebenfalls eingelagerte Fliegermontur betrachten, steckte ihm neueste Heß-Literatur zu und brachte ihn so langsam dazu, gemeinschaftlich ein Buch abzufassen. Bis zu 20 Seiten des Manuskripts barg Heß nun bei Verwandten-Besuchen in der Hose, gleichzeitig wurde nämlich wie immer die Zelle auf den Kopf gestellt. Nennenswerte Enthüllungen zum Englandflug ließ sich Häftling *Nummer 7* von Bird nicht entlocken, statt dessen dokumentiert das Werk Heß' wachsende Leidenschaft für die Raumfahrt, insbesondere die Mondflüge des amerikanischen *Apollo*-Programms.* *Er verschlang jede Nachricht in den Zeitungen über dieses Thema, so Bird, und hatte seinem Brief ein Postskriptum mit 17 Fragen über den Mond angehängt, über die er Auskunft haben wollte. Wie mit dem Mond ging es ihm mit der »Pille«, und er schrieb lange Abhandlungen über ihre Auswirkungen auf die Bevölkerungsexplosion.*

Die NASA schickte Heß vier Großaufnahmen von der Oberfläche des Mondes, die er als einzigen Zimmerschmuck an der Wand anbringen durfte, *aufgeschlagen auf dem Bettisch lag jetzt meist das für 106,- Mark aus dem Gefängnisfonds angeschaffte wissenschaftliche Wörterbuch der Raumfahrt, daneben Mondlandungs-Broschüren und Zeittafeln, Interviews mit den Astronauten und ganze Stöße von Ausschnitten aus Fachzeitschriften. An seiner nun erlaubten Uhr* hatte er *tagelang mit einem Spezialwerkzeug eines Gefängnishandwerkers herumreguliert, bis sie weniger als sechs Sekunden in 24 Stunden nachging. Die NASA hatte ihm einen exakten Zeitplan für Apollo 15 geschickt, und Heß wollte diesen Flug genau verfolgen. Die Uhr hatte einen Wecker, den er genau auf die Zeit der verschiedenen Direktübertragungen aus dem Raumfahrtzentrum in Houston gestellt hatte. Ein Aufseher hatte ihm für die Dauer des Apollo 15-Programms »inoffiziell« ein kleines Transistorradio mitgebracht.*

US-Stadtkommandant Cobb war bei einem Besuch von der Szenerie so angetan, daß er Heß spontan erlaubte, im Fernsehen *den nächsten Start zum Mond und auch die olympischen Spiele zu verfolgen, dazu schickte er ein dickes Buch über »Die Geschichte der amerikanischen Raumfahrt« mit persönlicher Widmung.* (Frankreich reagierte dezenter und ernannte Monsieur Michel Planet zum neuen Spandau-Gouverneur.) Im Gegenzug überdachte Heß die Auswirkung von Langzeitflügen, (siehe unten) arbeitete Vorschläge für die NASA aus (*Betrifft: Empfehlung zur Kräftigung des Herzmuskels während des Aufenthalts im Weltraum*) und freute sich, wenn Zeitungsartikel seine Ansätze bestätigten. Genau erkundigte er sich bei Bird, ob der seine Konstruktionsidee einer *drehbaren Plattform* auch weitergeleitet habe.

Aus dem Heß-Buch des ehemaligen Spandauer
US-Kommandanten Eugene K. Bird:

Der russische Posten auf Turm 3 bewegte sich erst wieder, als Heß und ich aufstanden, um zu gehen, und das Bandgerät in meiner Aktenmappe zurückließen. Heß sagte: »Ich habe heute vom Tod der sowjetischen Kosmonauten gelesen. Da ich mich mit Hilfe der NASA jetzt schon seit einigen Monaten mit den Problemen der Raumfahrt beschäftige, habe ich mir Gedanken darüber gemacht. Vermutlich war die Kapsel nicht dicht genug verschlossen, als sie in die Erdatmosphäre zurückkehrte. Dadurch entstand ein plötzlicher Überdruck, der den Sauerstoff aus der Kapsel gedrückt hat. Andererseits kann auch die Schwerelosigkeit über eine so lange Periode Probleme verursacht haben. Bisher hat noch niemand 24 Tage im Zustand der Schwerelosigkeit gelebt. Eine so lange Zeit der Schwerelosigkeit führt zu Muskelerschlaffungen, weil sie nicht mehr trainiert werden. Auch das Herz arbeitet mit weniger Kraft; es gelangt nicht mehr Blut in die Extremitäten, wie zum Beispiel die Beine. Das Herz arbeitet ohne großen Widerstand, und dann, beim Wiedereintritt in die Atmosphäre, ist der Schock der plötzlichen Rückkehr zur Normalbelastung zu groß. Dann kommt es zu Herzversagen. Darum muß man diesem Mangel künstlich abhelfen. Ich habe darüber schon an meine Frau geschrieben – und wenn Sie wollen, können Sie eine Kopie von meinen Ideen an die NASA schicken –, wie man das Problem lösen kann. Ich würde eine drehbare Plattform von etwa 4 Meter Durchmesser in die Kapsel einbauen. Im Zustand der Schwerelosigkeit könnte ein Besatzungsmitglied darauf festgeschnallt werden, und zwar mit dem Kopf nach innen, und ein zweiter müsste dann mit einer Handkurbel die Plattform in kreisende Bewegungen versetzen. Durch die Fliehkraft würde das Blut des Mannes auf der Plattform in die Beine gepresst, wodurch sein Herz und der gesamte Kreislauf im Training bleiben. Und der Mann an der Kurbel bekäme auch sein Training. Außerdem«, setzt Heß, mit den Händen auf dem Rücken zielbewußt weitergehend hinzu, »warum schickt man nicht fanatisch besessene Wissenschaftler in den Weltraum, die bereit sind, ihr Leben für die Forschung zu opfern? Sie könnten unbegrenzte Zeit im Raum bleiben, und wenn sie genug haben, zurückkehren, um feststellen zu lassen, wie sich das auswirkt. Das wäre vielleicht Selbstmord, würde der Wissenschaft aber enorm weiterhelfen. Auch die Eroberung des Weltraums kostet Opfer an Menschenleben. Es ist absolut notwendig, den Weltraum zu erforschen. Vergessen Sie nicht«, er nickt in Richtung Wachturm, »die Sowjetunion ist jedenfalls dabei. Wenn die Amerikaner sich aus Vietnam zurückziehen, könnten sie vielleicht mehr Geld für die Raumfahrt aufbringen als bisher. Eine mächtige Nation muß mit den anderen mächtigen Nationen Schritt halten.«

Dessen Tage an des Stellvertreters Seite waren allerdings gezählt. Während Bird im Frühjahr 1972 zur Komplettierung seines Buchs in US-Archiven stöberte, wurde er von Berliner Vorgesetzten zum Rapport bestellt. Kaum angekommen, wurden ihm seine (vordem tolerierten) Buchpläne vorgehalten. Der US-Militärgeheimdienst verhörte ihn, zapfte sein Telefon an und beschattete ihn, bis er freiwillig den Dienst quittierte.

(Wofür ihn der Bucherfolg dann entschädigte; wiewohl Heß-Sohn Wolf-Rüdiger beim nächsten Treff vom Vater beschworen wurde, die von ihm nicht autorisierte Veröffentlichung zu verhindern.)

Einen gleichwertigen Intimus fand Heß in den nächsten 4 Jahren nicht, im abgedunkelten Röntgenraum des britischen Militärhospitals wurde ihm aber ein unverhoffter Mentor zuteil: In dieser schummrigen Beleuchtung sah ihn der zuvor im Kampf mit der IRA eingesetzte Militärarzt und Schußwundenspezialist Dr. Hugh Thomas bei zwei Routineuntersuchungen im September 1972. Thomas hatte sich eingehend mit Heß' Biographie beschäftigt, darum stutzte er, als er bei diesen Begegnungen auf Heß' Oberkörper (und einem von ihm geklauten Röntgenbild) keinerlei Spuren von Schußverletzungen aus dem I. Weltkrieg fand. (Die der Herzschatten tatsächlich verdeckte.) Bei der Nachuntersuchung zwei Wochen später will er Heß mit den Worten: *Was ist passiert mit den Kriegsunfälle? Nicht hauttief?* (Deutsch des englischen Originaltexts) zur Rede gestellt haben, worauf Heß – so Thomas – mit einem Kollaps und spontanem schweren Durchfall reagiert habe. Im Koblenzer Bundesarchiv verschaffte sich Thomas Heß' Weltkrieg-I-Krankenakte; diverse Photovergleiche lieferten ihm später letzte Indizien für einen Topseller des englischen Sachbuchmarkts von 1978: Der echte Heß sei unterwegs nach England aufgrund einer Göring/Himmler-Intrige von einem deutschen Flugzeug abgeschossen worden; ihm habe man einen mäßig präparierten Doppelgänger hinterhergeschickt – so erkläre sich auch das schrullige Wesen von »Nr. 7«.

Fernab von solchen Spekulationen weste Heß derweil weiter im toten Winkel der Weltgeschichte, im sozial beruhigten SPD-Jahrzehnt mitsamt Gemäuer ein mißliebiger Fremdkörper. Sohn und *Hilfsgemeinschaft* antichambrierten in der internationalen Politik, hielten Versammlungen ab und vertrauten den mitfühlenden Zusagen Helmut Schmidts. Einmal monatlich kamen Gattin Else oder Sohn Wolf-Rüdiger, manchmal auch Heß' Schwester Margarethe Rauch oder Schwägerin Inge Pröhl zu Besuch.

Heß' achtzigster Geburtstag verstrich am 26. April 1974. Steinalt waren inzwischen auch viele Wärter, einige schon unter der Erde (Bird z.B. erwähnt einen 72(!)jährigen britischen Aufseher Swan). Generationen von Wachsoldaten waren seit 1947 gekommen und gegangen, (unter ihnen auch ein Sohn des von Heß' angesteuerten Herzogs von Hamilton); auf Wachturm 3 hatte sich sogar einmal ein Franzose erschossen und spukte seitdem dort angeblich herum. Alle 120 Jobs von der Putzfrau bis zum Anstaltsgeistlichen waren bereits zum 5. bis 8. Mal vergeben und niemand, schon gar nicht der Schranzenklüngel des Direktoriums, beabsichtigte, durch Drängen auf Entlassung von Nr. 7 sein auskömmliches Dasein zu gefährden.

In dieser Lage traf ein Zeitzeuge Heß kurz nach dem vierten Suizidversuch im Februar 1977 an: Charles A. Gabel, als französischer Militärpfarrer für Berlin wie seine Vorgänger auch für Spandau zuständig. Seine nach jedem Donnerstags-Besuch angefertigten Notizen sind Heß' Schwanengesang*. Formal nach dem immer gleichen, festgelegten Schema ablaufend (ein von Heß zubereiteter Tee in der Zelle, dann Spaziergang in *Speers Garten*, eine Platte mit klassischer Musik auf dem *Dual*, abschließend Gespräch und Gebet), überliefert seine Chronik einen abgeklärten Schelm, der am Ende ganz in der uns schon vertrauteren Welt von vor 25 Jahren ankommt.

Neben alten Vorlieben – am 8. November 1978 z.B. bemerkt Gabel *Bücher und englische Zeitschriften über den Mond* in der Zelle – sieht Heß jetzt fast noch lieber Fußball und Tennis im neuerdings zugestandenen Fernsehgerät. Nachrichten sind verboten, gewünschte Sendungen in einer *HörZu* anzukreuzen, die den Direktoren zur Genehmigung vorgelegt wird.

Heß freut sich riesig über die Anfangserfolge Boris Bekkers und Steffi Grafs (wegen manchem Match muß sich sogar Pastor Gabel gedulden), über die Entmachtung Helmut

Schmidts dagegen gar nicht. Als Heß dem Pfarrer zum Sieg Mitterands gratuliert (*Ein schlauer Fuchs!*), ist der konservative Elsässer pikiert – auch Sympathien des Greises für *Greenpeace* und die 1983 in den Bundestag einziehenden Grünen gehen ihm zu weit.

Einig sind sich beide aber über Karajans letztes Wunderkind Anne-Sophie Mutter (In den letzten Jahren hören sie fast nur noch ihre Platten; zeitweilig eine Zumutung, bis Ende September 1983 endlich der alte *Dual* von 1951 ersetzt wird.)

Durch Gabel hört Heß von *Christiane F.*, sie erörtern die Hochzeit von Charles und Diana und die *Hitler-Tagebücher* (zu denen Anwalt Seidl Heß allen Ernstes als Experten hinzuziehen lassen will). Running gags liefern beiden die wachhabenden Russen, die wegen ihrer schlechten Verpflegung die Reste des Obst- und Gemüsegartens plündern, Heß' wechselnde Hüte vom Tirolerhut bis zur Prinz-Heinrich-Mütze und die FAZ – wenn der US-Zensor mal wieder geschlampt hat und so ein Leserbrief oder Fromme-Kommentar zum Thema Heß, bisweilen sogar eine ganzseitige Anzeige der *Hilfsgemeinschaft* bis in seine Zelle gelangt.

Aber was ist ein *Negro-Spiritual*, was sind Avocados und Mangos? Wie ging es draußen weiter mit Thema Nr. 1? *Die Welt von heute erzeugt nur noch Sex-Shops, die unsere großen Städte erobern und deren Armut illustrieren,* sinniert Heß am 22. November 1981. Gabel: *Jetzt bin ich selbstredend gezwungen, Heß die Sache mit den Sex-Shops zu erklären, von denen er so gut wie nichts weiß. Ich erzähle auch von Pornokinos. Er ist entsetzt.*

Noch Haarsträubenderes – Direktor Bird hatte ihm allerdings schon 1971 Albert Speers Playboy-Interview gezeigt – erfährt Heß am 25. Mai 1983: *Unser erstes Gesprächsthema: Video. Ich erkläre Heß, daß man mit Hilfe dieser Technik auch Filme ansehen kann, ohne von Kino oder Fernsehsender abhängig zu sein. Mir sind Leute bekannt, die ganze Nächte damit verbringen, sich einen Film nach dem anderen anzusehen. Wir gehen noch weiter und kommen auf die Porno-*

filme zu sprechen, die man jetzt bei sich zu Hause ansehen kann. Das veranlaßt uns, ein weiteres Mal von Sexualität und Erotik zu sprechen, zu oft werden deren Inhalte in einer zu schlimmen Weise dargestellt.

Sehr lachen muß das Duo hingegen, als nach dem Erscheinen von Hugh Thomas Doppelgänger-Buch im Bundestag die Regierungsanfrage gestellt wird, ob Heß tatsächlich Heß sei. Und bestens aufgelegt ist Nr. 7 Anfang Mai 1985, als sein Wolf-Rüdiger zur Londoner Premiere des Söldner-Schinkens *Die Wildgänse II* eingeladen wird (In dem Film-»Heß« Sir Laurence Olivier im Auftrag eines Medienkonzerns aus Spandau entführt wird.) Gabel: *Heß protestiert: »Man hätte mich auch einladen sollen!« Wir lachen herzhaft. Ein kurzer Aufenthalt in London, dann wieder ab in die Zelle ... wie im Film!!!*

Gabel erwärmt Heß sogar für seine zweite Leidenschaft, Israel. Da er alle zwei Monate hinfährt, erwarten Heß in rascher Folge Vorführungen neuer Kibbuz-Dias; Heß revanchiert sich gelegentlich mit dem aktuellen Super-8-Film mit seinen drei Enkeln. (Andere Informationen über sie gestatten die Vier Mächte ihm nicht, er hat sie nie gesehen.)

Schon rein beruflich ist Gabel natürlich an Heß' Seelenheil interessiert – u. a. versucht er ihn mit einer Brieffreundschaft mit dem fromm gewordenen Apollo-16-Astronauten Charles Duke zu ködern. Gabels Herzenswunsch, ein von ihm formuliertes Schuldbekenntnis zu unterschreiben, erfüllt Heß freilich nicht, statt dessen strapaziert er ein letztes Mal seine Vergiftungshypothese und steckt ihm Lebensmittelproben zum Testen zu.

Spandau ist zu diesem Zeitpunkt längst baufällig, intern dank Mitarbeitern aus 40 Nationen aber vorbildlich multikulturell: *Zum Beschneiden der Obstbäume wurde ein irakischer Arbeiter angestellt,* vermerkt Gabel, Verwaltungssekretäre stammen aus Polen und Zaire, den zwei exotischen Köchen geht jetzt noch ein Exil-Kroate zur Hand (er entpuppt sich später als rabiater antijugoslawischer Untergrundkämpfer, der Sprengstoff in Spandau bunkert). Und dem zusehends gebrechlicheren Heß – der jetzt einen Schwimmring als Sitzhilfe braucht, Wünsche per Stäbchen auf eine Kinder-Durchschreibetafel notiert und mit einem für 300.000 DM installierten Fahrstuhl in den Garten fährt – ist niemand treuer ergeben als sein tunesischer Pfleger Melaouhi.

Gabel verabschiedet sich am 25. Juni 1986 von Heß in die Sommerferien. Heß faßt sich in gespannter Erwartung des WM-Halbfinalspiels Deutschland-Frankreich auch kurz. (In den Wochen vorher nahm Gabels Schäfchen wegen Tschernobyl keine Milch und kein Gemüse zu sich; eine Niederlage Beckers gegen Edberg verärgerte ihn sehr) Im Urlaub in Südfrankreich hört Gabel dann im Radio, daß man Heß wegen eines Infarkts erneut in seine *Suite* einlieferte. Zurückgekehrt, wird ihm eröffnet, daß sein Spandau-Paß auf sowjetischen Wunsch eingezogen wurde. Beim Durchsuchen der Zelle sind auch an ihn gerichtete Briefentwürfe gefunden worden, außerdem hat er ein Heß-Testament herausgeschmuggelt.)

Weder Schriftwechsel noch Proteste können etwas daran ändern – von nun an muß der von Heß-Junior zusätzlich auch noch als Mossad-Agent verdächtigte Pfarrer draußen bleiben.

6. »Ich hab's gewagt«

Am 17. August 1987 wird Rudolf Heß in seinem nach einer Seite mit einer Glasfront verkleideten Gartenhäuschen tot aufgefunden. Offiziellen britischen Ermittlungen zufolge hat er sich mit einem Lampenkabel am 1,40 m hohen Fenstergriff erhängt. Wärter Jordan habe ihn bewußtlos gefunden, und während des Transports zur *Heß-Suite* sei er verstorben. Schon in den nächsten Tagen reißen Bulldozer der britischen Armee Spandau vollständig ab. Heß' Nachlaß wird verbrannt (auch die Schallplatten, Angehörigen-Fotos erhält die Familie, durch Abtupfen mit *Domestos* von allen Spandau-Stempeln befreit, seltsamerweise zurück.) Den Leichnam fliegt die US-Airforce nach der Obduktion über die DDR hinweg nach Grafenwöhr, am dortigen US-Stützpunkt übergeben die westlichen Gouverneure Sohn Wolf-Rüdiger den toten Vater. Der ist von einem Mord fest überzeugt und hat den Münchner Gerichtsmediziner Prof. Spann mit einer zweiten Obduktion beauftragt. Er läßt sich am offenen Sarg fotografieren, erleidet aber noch am selben Tag einen Herzinfarkt, von dem er sich ein halbes Jahr lang nicht erholen wird. (Prof. Spann diagnostiziert denn auch wirklich Strangulierung durch Fremdeinwirkung.) Zweifel meldet auch Ex-Direktor Bird an, der erklärt, Heß sei vermutlich ermordet worden. Doppelgänger-Theoretiker Hugh Thomas zettelt etlichen Wirbel in den angloamerikanischen Medien an und stellt die Szene sogar mit eigens geheuerten Kriminellen nach, um seine Würgemale mit denen des toten Heß zu vergleichen – wesentliche Fingerzeige für sein zweites Buch *A case of two murders*. Sohn Heß fährt den tunesischen Pfleger Melaouhi als Kronzeugen auf, der an Eides Statt versichert, in der total verwüsteten Gartenlaube den Wärter Jordan und zwei ihm fremde US-Soldaten angetroffen zu haben, die Heß offenkundig umgebracht hätten. Weil, so Heß Junior in seinem Buch *Rudolf Heß – ich bereue nichts*, Margaret Thatcher befürchtete, die von ihm schon in seiner Heß-Biographie von 1984 abgehandelten finsteren britisch-plutokratischen Machenschaften rund um seinen Vater könnten ans Licht kommen, wenn, wie zu erwarten, Gorbatschow Heß als freundliche Perestroika-Geste freigelassen hätte. Darum hätte auf ihren Befehl ein getarntes SAS-Spezialkommando Heß umgelegt. (1994 antwortet ihm darauf der letzte britische Spandau-Gouverneur mit eigenen Memoiren, einem allerdings derart scheinheiligen Dokument, daß man Wolf-Rüdiger beinahe glauben will.) Wie auch immer, irgendwann zwischen dem 20. und 23. August 1987 wird Heß bei Nacht und Nebel aus dem Pathologischen Institut in München geschafft. Mehrere Leichenwagen stieben gleichzeitig in verschiedene Richtungen auseinander, um die wartende Presse zu täuschen. Unter Aufsicht von acht Beamten des Innenministeriums und im Beisein von Heß' Schwiegertochter Andrea wird er auf einem unbekannten Dorffriedhof in Südbayern ohne Kennzeichnung gegen Mitternacht erstbestattet und erst sieben Monate später, am frühen Morgen des 17. März 1988, im Familienkreis in Wunsiedel beigesetzt. Als quasi allerletzten Gruß erreicht den Sohn ein halbes Jahr später das telefonische Angebot, die berühmte Fliegeruniform seines Vaters für 500.000 DM erwerben zu können. Zum Schein geht er darauf ein, im Hamburger Hotel *Queens* klicken bald darauf die Handschellen – tatsächlich haben die verhafteten britischen Hehler, ein Spandauer Wärter und der Sohn des Chef-Wärters den legendären Leder-Overall im Handgepäck. Seit fast 20 Jahren kämpft Heß-Junior nun ganz allein um die Wahrheit. Auch seine Mutter ist 1995 (1 Jahr älter als ihr Mann, den sie 1982 zuletzt besucht hatte) bei Verwandten in Bremen verstorben und liegt neben *Hesserl* (A. Hitler) auf dem Wunsiedeler Friedhof. Den Grabstein schmückt das bekannte Wort von Ulrich von Hutten: *Ich hab's gewagt*. Auf dem Spandauer Gelände an der Wilhelmstraße errichteten die Briten zunächst das *Britannia Centre*, ein Einkaufs- und Versorgungszentrum der Royal Army/Royal Airforce. 1994, nach dem endgültigen Abzug der Alliierten, ging diese Liegenschaft in den Besitz der Bundesvermögensanstalt über, die Gebäude und Gewerbeflächen seitdem an verschiedene Ladenketten weitervermietete: Aldi, Media-Markt, Kaisers Kaffeegeschäft. Außerdem befinden sich dort jetzt ein kleines Hotel und eine Bowling-Bahn – und drum herum noch immer ein paar Bäume aus *Speers Garten*.

Ludendorffs lustige Witwe,
Hitlers vertauschte Braut

Die wilde Mathilde

Vor dem *Hotel Post* im niedersächsischen Fallingbostel-Dorf-mark trudelte am Freitag, dem 14. April 1995 allmählich ein Kreis älterer Herrschaften aus ganz Deutschland ein. Die Angereisten freuten sich auf ein verlängertes Wochenende: Neben *geselligem Beisammensein mit Spiel, Gesang und Tanz* und manchem Plausch mit alten Bekannten erwartete sie bis Montag früh ein abwechslungsreiches Programm: Die *Oster-tagung anläßlich des 130. Geburtstages Erich Ludendorffs.*

Zum Gedenken an den Weltkrieg-I-General konnte man an den nächsten Tagen in *Hotel Post* und unweitem *Deutschen Haus* Videofilme über *Sonnenwendfeiern im Oldenburger Land* ansehen, in Vorträgen *Erich Ludendorffs Werdegang* oder der Frage *Wie wird ein General zum Religionsstifter?* nachgehen und sich bei einer Filmvorführung noch einmal den *Staatsakt in der Feldherrnhalle 1937 zum Tode Erich Lu-dendorffs* vergegenwärtigen. Montags, nach dem *Schlußwort um 11.30* wird man leichten Herzens wieder auseinanderge-rauscht sein: Eine Woche später, in Lübecks Hotel *Schwarz-bunte* oder Hamburgs *Festsaal Moccastuben* würde man sich zu Dr. Dudas Vortrag *Mozarts Ende – ein geheimreligiöser Bauopfertod* eh wieder sehen; wenn nicht, dann bestimmt in 2 Wochen bei der *Frühjahrstagung des Bundes für Gotterkennt-nis Ludendorff e.V.* im Südschwarzwald. Das Kränzchen, das da so regelmäßig vor deutschen Landgasthöfen anrollt, hält unter Vorsitz von Ludendorffs 85jährigem Schwiegersohn, Freiherr Franz Karg von Bebenburg,* die *deutsche Gotterkenntnis* (L) des Generals wach: Juden, Freimaurer, Papst und Marxisten, *die überstaatlichen Mächte*, besudeln gemeinsam in einer z.T. jahrtausendalten Geheimverschwörung Blutskraft und Erbgut der germanischen Rasse – Überlegungen, wie sie ja auch der Führer und Reichskanzler Adolf Hitler anzustellen pflegte. Von dem halten die schrulligen Vereinsmitglieder jedoch überraschenderweise gar nichts. Im Gegenteil, wegen eines *hysterischen Frauenzimmers* (Hitler) haben sie sich schon vor 80 Jahren aus seinem Anhang verabschiedet. Ihr bis heute so reges Vereinsleben ist nämlich eigentlich Souvenir einer verschmähten Liebe aus dem Jahre 1924.

Damals bekam der Führer Zeit zum Nachdenken: Nach dem gescheiterten Münchner Feldherrnhallen-Putsch im Vorjahr saß er zu fünf Jahren Haft verurteilt auf der Festung Landsberg, diktierte Rudolf Heß *Mein Kampf* in die Maschine und empfing oft Besuch. Wie er sich noch am 26. Januar 1942 beim Abendbrot erinnerte, war auch unliebsamer dabei: *1924 tauchten bei mir die politischen Weiber auf: die Frau von Treuenfels, die Mathilde von Kemnitz, sie wollten Reichstagsmitglieder werden, um die Sitten dort zu veredeln. Ich sagte Ihnen, 99% aller Beratungsgegenstände sind Männerdinge, die sie nicht beurteilen können! Die Frauen wollten aufbegehren, konnten mir aber nicht mit der gleichen Waffe begegnen, wenn ich Ihnen vorhielt: Sie werden doch nicht behaupten, daß Sie die Männer so gut kennen als ich die Frauen kenne! Ein Mann, der brüllt, das ist nicht schön, aber schlimmer ist es doch bei der Frau: Ihre Stimme wird umso piepsiger, je mehr sie schreit! Sie fangen an zu kratzen und mit Haarnadeln zu stechen!*

Dr. Mathilde von Kemnitz, von der Nervenärztin zur völkischen Esoterikerin aufgestiegen, war dem Frauenkenner noch viel aufdringlicher gekommen. Wie, das erzählte er später gelegentlich leitenden Parteifreunden, die es dann vertraulich weitergaben. Reichsleiter Buch beispielsweise, Schwiegervater Bormanns und oberster NS-Parteirichter, entsann sich Mitte Oktober 1938 am Rande eines NSDAP-Empfangs einer Unterhaltung mit Hitler aus Weimarer Tagen. Auf einem Bahnhof mit ihm auf- und abgehend, habe Hitler erzählt, *Mathilde habe ihn während der Haft in Landsberg heftig bedrängt, er möge sie heiraten. Er aber habe dieses Ansinnen schroffstens zurückgewiesen.* Aus seiner Sicht durchaus mit Fug: Dahingestellt, ob dem 35jährigen äußerliche Attribute der kompakten Endvierzigerin einfach nicht ansprachen – neben dem angehenden Retter der Nation hätte sich die dann zum dritten Mal Verheiratete mit zwei Kindern aus erster Ehe, zudem Autorin der mitten im Weltkrieg erschienenen Bücher *Das Weib und seine Bestimmung* und *Erotische Wiedergeburt,* doch etwas kokett ausgenommen.

So etwas vergißt eine Frau nicht, schloß Hitler sein Bahnhofsgespräch laut Parteirichter Buch ab. Die Abgewiesene vertiefte daraufhin eine durch Rudolf Heß angebahnte Bekanntschaft: General Ludendorff, in dessen Namen man sich, wie gesagt, bis heute da und dort versammelt, benötigte ärztliche Hilfe für seine erste, rauschgiftsüchtige Frau Margarete. Der 1923 neben Hitler beinahe zur Münchner Feldherrnhalle vorgedrungene General war Mitte der 20er Jahre zweifellos die prestigeträchtigere Partie: Zu Kriegsbeginn hatte er die in Ostpreußen eingefallenen Russen bei Tannenberg besiegt, seitdem galt er als ruhmreicher Nationalheld und genialer Stratege. Daß er auch die kriegsentscheidende Niederlage an der Westfront im März 1918 zu verantworten hatte, Lenin die Rückkehr nach Rußland ermöglichte und bei Kriegsende unter dem Decknamen *Lindström* nach Schweden floh, nahm man ihm in vaterländischen Kreisen deswegen nicht krumm. Selbst der intern längst bekannte Umstand, daß Ludendorff seit der Nervenanspannung im Generalstab an schwerem Basedow litt und infolgedessen streitsüchtig und gemütskrank bis zur Unzurechnungsfähigkeit war, hatte den jungen Hitler keinen Augenblick gehindert, ihn zum Aushängeschild seiner

Bewegung zu machen. Mathilde erkor ihn nun zum Werkzeug ihrer Rache, gab ihm ihr Buch *Triumph des Unsterblichkeitswillens* zu lesen und sparte auch sonst nicht mit Avancen. Schnell war der Heiratskandidat aus dem Häuschen: *Das herrliche Werk hat mächtig an mir gerüttelt* ließ er sie wissen. *Es ist jetzt meine Bibel, nein, weit, weit mehr!* 1925 ließ Mathilde die erste Frau als Morphinistin in eine geschlossene Entziehungsanstalt einweisen. Aufgrund profunder Kenntnisse von Anatomie und Nervensystem konnte sie, wie es Ludendorff-Biograph Wolfgang Venohr ausdrückt, dem *leidenschaftlichen Mann von 60 Jahren* in ihrem Boudoir *einen zweiten Lebensfrühling bescheren*. Damit knüpfte sie, Vehnor zufolge, an seine Nebenbeschäftigung im I. Weltkrieg an: *Er nahm sich in vier Kriegsjahren nur vier Tage Urlaub. Doch des öfteren, heimlich, bei Nacht, unternahm der General Exkursionen in die Gefilde erotischer Abenteuer ...*

Seine Adjutanten und Offiziere hatten alle Hände voll zu tun, Indiskretionen und Erpressungsversuche abzuwehren. Einmal, als er zum Kaiser mußte und ihm zum Dienstanzug der Pour le mérite fehlte, wurde die hohe Auszeichnung erst nach langem Suchen im Bett einer Dame entdeckt. Im September 1926 gaben sich Frau Dr. von Kemnitz und der inzwischen geschiedene Ludendorff das Jawort. Auf Mathildes Geheiß gründete Ludendorff als NSDAP-Konkurrenz den nach seiner besten Schlacht benannten *Tannenberg-Bund*. In Broschüren und ihrer Hauspostille *Am heiligen Quell deutscher Kraft* enthüllten sie fortan, was Mathilde zuvor *umsonnen* hatte: Haarsträubende Geheimkontakte zwischen Vatikan und Sowjet-Union. Freimaurer Goethe hatte Schiller, andere Freimaurer Lessing, Mozart und Luther ermorden lassen: das Alte Testament der Bibel entpuppte sich als eine von mittelalterlichen Juden zur Täuschung und Knechtung der arischen Lichtrasse zusammengeschmierte Fälschung. Dies buntscheckige Weltbild trichterte Mathilde dem einstigen preußischen Schlachtengott teilweise auf dem Liebeslager ein, zum Teil dachte er es sich auch selbst aus. Mathilde bestärkte den Rechtfertigungsversessenen vor allem darin, daß das ahnungslose kaiserliche Deutschland im I. Weltkrieg gegen die übermächtige Geheimverschwörung des Auslands niemals eine Chance gehabt hatte.

Frappierenden Realitätssinn bewies die Denkerin dabei in finanziellen Dingen. Durch einen windigen Rittmeister namens Rienhardt wurde Ludendorff ein Alchimist vorgestellt: *Goldmacher* Franz Tausend. Wie Autor Egon Larsen in seinem Buch *Hochstapler* schreibt, witterte das Haus Ludendorff sofort die *gute Gelegenheit, die 300.000 Mark Schulden loszuwerden, die sein Blättchen bei den Druckern und Papierlieferanten gemacht hatte.* Ludendorff schickte einen seiner Anhänger, den verkrachten Chemielaboranten Kummer, zu Tausend, dem der Alchimist bei einem *Experiment* tatsächlich etwas Gold herbeizauberte. Kummer telefonierte mit Ludendorff: *Exzellenz – die Sache stimmt!*

Das bemerkenswerteste, so Autor Larsen, *war, daß Ludendorffs Name genügte, um Dutzende von Wirtschafts- und Industriekapitänen Deutschlands in Tausends Alchimistenstübchen zu locken, darunter Koryphäen wie den Berliner Ingenieur und Stahlfabrikanten Alfred Mannesmann und den einflußreichen Bankier Leopold Osthoff. Tausend zauberte ihnen allen seine Goldmacherei vor und sobald die Herren das »Wunder« mit eigenen Augen gesehen hatten, holten sie die Scheckbücher aus der Tasche. Mannesmann investierte 100.000 und Osthoff 30.000 Mark in das Unternehmen.*

Dank solcher Zuwendungen von seiten womöglich doch nicht ganz so durchtriebener späterer Hitlerfinanziers konnte Ludendorff mit Tausend im Oktober 1925 die G.m.b.H. *Gesellschaft 164* gründen (Tausend bekam nur 5% des Gewinns, Ludendorff 75% für *vaterländische Zwecke* nach Belieben). Autor Larsen: *In Wirklichkeit zahlte Ludendorff seine Druckerschulden mit dem Geld, das ihm Tausend verschaffte – nicht aus den Gewinnen der »Golderzeugung«, die es natürlich nicht gab, sondern aus Geldern, die der »Gesellschaft 164« von seiten der Industriellen zuflossen.* Schuldenfrei löste

Ludendorff 1927 den Vertrag mit Goldmacher Tausend auf. (Der wurde 2 Jahre später in Österreich verhaftet und nach Bayern ausgeliefert, zum 4 Jahre späteren Prozeß wurde Ludendorff *mit Rücksicht auf seine Gesundheit* gar nicht erst vorgeladen). In den durch Tausends Tricks finanzierten Broschüren begannen sich jedoch schon bei Vertragsauflösung Ausfälle gegen die NSDAP zu häufen, die darin gipfelten, daß Mathildes einstiger Traummann ein verkappter *Judenknecht* sei. Was der durchaus ernst nehmen mußte: Ludendorffs Renommee hatte zwar schon gelitten – als Kandidat bei der Reichspräsidentenwahl 1925 bekam er nur 0,2% der Stimmen; außerdem hatte seine erste Gattin ein z. T in Illustrierten vorabgedrucktes Enthüllungsbuch veröffentlicht – doch um Hitler Anhänger abspenstig machen, reichte der Ruf des in völkischen Kreisen mit *Ehrwürdige Exzellenz* angeredeten Militärs noch allemal.

Hitler reagierte zunächst nur unter Parteigenossen: *Im vertrauten Kreise ahmte er damals gelegentlich andere Menschen nach* überliefert Hitlerbiograph Fest. Hitlers später abtrünniger Gefolgsmann Albert Krebs war Ende 1927 bei einem solchen Auftritt vor Hamburger Parteigenossen dabei: *Er hielt sich damals mehrere Tage in Schleswig-Holstein und Hamburg auf, hatte aber nur an einem Abend gesprochen. So konnte er sich dem Drängen der Parteigenossen auf eine Begegnung und ein Gespräch nicht mit dem Hinweis auf die notwendigen Redevorbereitungen entziehen und kam für eine Stunde aus seinem Zimmer in das Phönixrestaurant herunter. Von einer wirklichen Unterhaltung, an der sich alle Anwesenden im Wechselgespräch beteiligten, war freilich auch bei dieser Gelegenheit nicht die Rede.* Auf Bitten von Krebs entwickelte Hitler zunächst *in großen Zügen das Bild einer nationalsozialistischen Verfassungsreform* und dozierte über die englische Rechtsgeschichte.

Im Anschluß an diese politischen Ausführungen erzählte Hitler ungefähr 20 Minuten lang, wie Frau Mathilde Ludendorff vor ihrer Verheiratung mit dem General ihn, Hitler, habe zur Ehe betören wollen ... Dabei zeigte sich *die Fähigkeit Hitlers zu ebenso witzigen wie boshaft hintergründigen Formulierungen.* Hitler entblätterte sozusagen die hohe Frau ihrer priesterlichen, philosophischen, wissenschaftlichen, erotischen und sonstigen Häute, bis nur noch eine böse, beißende Zwiebel übrig blieb. Wer diese Entblätterung miterlebte, war aller Wahrscheinlichkeit nach gegen Lockungen aus dem Hause Ludendorff für alle Zukunft gefeit.

Zwei Jahre später machte er sich auch öffentlich lustig. Die Ludendorffs hatten gerade das Italien Mussolinis als *Gewerkschaftsstaat*, den Faschistenboß selbst als Oberfreimaurer entlarvt. *Die Freimaurer in Italien können eben nicht so logisch denken, wie die völkische Wunderfrau, für die der große Italiener Hochgrad-Freimaurer ist, einfach, weil er es sein muß. Punkt und Basta,* spottete Hitler im *Illustrierten Beobachter* vom 6. April 1929. *Was sind das doch für Schafsköpfe, diese italienischen Freimaurer, die gegen ihren eigenen »Hochgrad-Bruder« stimmen, wo sie doch für sage und schreibe 120 Pfennig im Monat alle seherische Weisheit vom Born des politischen Orakels zu München wöchentlich einmal beziehen könnten!*

Der Kampf mit ihm, d.h. mit seiner hysterischen Frau ist unvermeidlich, unkte auch Goebbels Anfang März 1929 in seinem Tagebuch; am Ende desselben Monats registrierte er mitfühlend: *Großer Krach im Hause Ludendorff. Die Frau Mathilde macht den General ganz kaputt; körperlich, seelisch und geistig.*

Ende Mai 1929 schließlich notiert er: *Der Chef spricht sich scharf gegen Ludendorff, vor allem gegen seine Frau aus.* Während nun SS-Störtrupps Veranstaltungen des Tannenberg-Bundes sprengten, veröffentlichte das Ehepaar immer neue Pamphlete gegen Hitler: *Heraus aus dem braunen Sumpf, Weltkrieg droht auf deutschem Boden* und *Hitlers Verrat der Deutschen an den römischen Papst.* Inhalt: **Hitler habe den Kampf gegen das jüdische Volk eingestellt** und es sei bei der NSDAP *ein Abbau des Antisemitismus festzu-*

stellen, Hitler, Goebbels, Straßer, v. Epp, Hierl und viele andere Unterführer seien bewußte Katholiken, er Ludendorff, habe Herrn Hitler seit 1925 für einen treugläubigen Katholiken gehalten, die NSDAP erkenne das Alte Testament an, die NSDAP wolle ein Teil, und zwar der treueste Teil der überstaatlichen Organisation der römischen Kirche sein, die Überstaatlichen Mächte schickten in Ausnutzung des deutschen Freiheitsdranges Nationalsozialisten in großer Zahl in den Reichstag, um das Hineinführen Deutschlands in den Krieg zu ermöglichen, Rom habe eine eigene Organisation haben wollen, die einen wirklich ernstlichen Kampf gegen die Herrschaftsansprüche des Papstes nicht führe und Hitler habe die NSDAP zu einem solchen Werkzeug ausgebildet.
Entnervt ließ Hitler seinen Chef-Ideologen Rosenberg in den *NS-Monatsheften* den *Fall Ludendorff* erläutern: Weil sich Frau Doktor von Kemnitz Hitler als *Führerin* anbot, *dafür in der NSDAP aber keine Verwendung bestand*, habe sie fortan *einen anderen Namen* umworben. Ansonsten wolle man *auf private Dinge nicht eingehen*.

Feldherr Ludendorff führte derweil einen Zank mit seinem Kollegen Hindenburg fort, in dessen Memoiren von 1928 anklang, Ludendorff habe vor der Tannenberg-Schlacht gezaudert. Wobei herauskam, daß der greise Reichspräsident sein Buch gar nicht selbst geschrieben hatte. Über solcher Kurzweil rückte das 3. Reich heran.

Die Machtergreifung kommentierte das Ludendorff-Organ *Volkswarte* erwartungsgemäß originell. Da das Paar die NSDAP nur als Terrorinstrument von Juden, Jesuiten und Freimaurern wahrnahm, waren die Opfer von SA und SS für sie natürlich Opfer der Juden und des Papstes. Hitler ließ ihre Publikationen z.T. verbieten, ansonsten war der Feldherrnmythos in der Öffentlichkeit auch für ihn unantastbar – der exzentrische Kommißkopf und seine *völkische Federwalküre* (Hitler) hatten Narrenfreiheit.

1935 feierte Ludendorff seinen 70. Geburtstag – für Hitler Anlaß genug, eine Versöhnung zu wagen. Am Tag zuvor, dem

8. April, erging ein *Befehl*, in dem er Ludendorff *als größten deutschen Feldherrn im Weltkrieg* pries und *für den 9. April die Beflaggung aller Staatsgebäude* anordnete.

Zum Fest hatte er sich eine Extra-Überraschung ausgedacht. Chirurg Ferdinand Sauerbruch, der Ludendorffs Schilddrüse mehrfach operiert hatte – Ludendorff kassierte anschließend in Uniform seine Krankenakte ein – war unter den Geburtstagsgästen in Tutzing: *Wir saßen da ganz friedlich beieinander. Es war eine ganze Menge Menschen da und alles verlief harmlos und freundlich. ... Mit einem Male fuhr draußen ein Auto vor, eine gewisse Unruhe entstand, und Hitler, eine Rolle Papier in der Hand, trat mit der ihm eigenen steifen Gliederpuppen-Grandezza ein. Wir erhoben uns alle. Hitler ging auf Ludendorff zu und sagte: »Zu ihrem heutigen Ehrentage, Herr General, gratuliere ich Ihnen. Ich habe mich entschlossen, Sie an Ihrem heutigen Ehrentage zum Generalfeldmarschall zu ernennen. Ich gratuliere Ihnen zu dieser Ernennung.« Damit hielt er Ludendorff die Papierrolle hin. Während dieses Auftritts beobachtete ich das Geburtstagskind scharf und sah, wie sein Gesicht zuckte, schon bei den ersten Worten ... Ludendorff schlug mit der Faust auf den Tisch und schrie: »Sie haben niemandem zum Generalfeldmarschall zu ernennen Herr Hitler! Ein Offizier wird zum Generalfeldmarschall auf dem Schlachtfeld ernannt! Nicht beim Geburtstagskaffee im tiefen Frieden.« Während der Worte Ludendorffs war Hitler ebenso bleich geworden, wie Ludendorff rot geworden war. Er sagte kein Wort. Die Hand mit der Papierrolle zog er zurück, drehte sich um und verließ das Haus.*

Ludendorff nutzte seine letzten 2 Lebensjahre, um einem weiteren Dunkelmann auf die Schliche zu kommen: Dem Dalai-Lama, dem seiner Meinung nach Stalin aufs Wort parierte. Das Goebbels-Tagebuch bewahrt ein paar Impressionen vom Hin und Her zwischen General und NS-Staat in diesem letzten Abschnitt auf. Im Dezember 1936 bedauert der Propagandaminister, daß sich Ludendorff *durch seine Kulturkammerrede verletzt* fühle, denn: *Ich meine nicht ihn, sondern*

seine Frau. Schade um Ludendorff: er verrennt sich in einen
heillosen Extremismus. Was würden wir aus ihm machen,
wenn er Vernunft annähme!

Ende Januar 1937 hat er wieder einmal seine Zeitschrift
beschlagnahmen lassen, wogegen *Ludendorff telegraphisch*
protestiert. Aber Goebbels sieht keinen Ausweg: *Ludendorffs*
Artikel ist unerhört ... Es ist schade um den großen General.
Seine Frau ist sein böser Geist ...

Gleichzeitig sind wohl wieder Versöhnungsbemühungen
im Gange, die Wehrmachtschef v. Blomberg für Hitler einfä-
delt, denn Ende Februar notiert Goebbels: *Blomberg besucht*
mich. Ludendorff stellt verrückte Bedingungen für sich und
seine Frau für eine Aussöhnung mit dem Führer. Damit stün-
de er außerhalb der Gesetze. Kommt nicht in Frage. Ich gebe
das nicht an den Führer weiter. Auch Blomberg weigert sich.
Also abblasen! ...

Einen Monat später, am 30. März 1937, traf man sich dann
doch im ehemaligen Bayerischen Kriegsministerium in München. Nach der formellen Aussöhnung wurde ein kurzes
Kommuniqué veröffentlicht: *Die eingehende Aussprache zur*
Beseitigung von Schwierigkeiten und Mißständen habe das
gewünschte Ergebnis erzielt. Ludendorff rückte den Text im
Hausblatt ein und fügte hinzu, der Führer habe *die Beschrän-*
kungen aufgehoben, denen bisher mein und meines Hauses
weltanschauliches Wirken begegnete. Seine Anhänger hät-
ten volle Gleichberechtigung mit anderen Volksgeschwistern.
Goebbels war die Sache mulmig: *Ludendorff gibt eine Erklä-*
rung heraus, in der er aus der Unterredung mit dem Führer
Kapital zu schlagen versucht. Das hat seine zwei Seiten. Die
Auslandspresse faselt schon von einer neuen Staatsreligion.
Ich halte diese Erklärung vorläufig mal an. Ich kann den Füh-
rer nicht erreichen, er ist auf der Landstraße von Bayreuth
nach Berlin. Weiß sicher nichts davon. ... Abends ruft der Füh-
rer an. Erzählt mir von seiner Begegnung mit Ludendorff, die
sehr herzlich verlaufen ist. Ludendorff hat dem Führer recht
gegeben. Versteht auch seine Taktik, vor allem in der kirch-

lichen Frage. Er kann da weitergehen und auch so manchen Nutzen bringen. Das eine und andere sagen, was wir nicht sagen können. Seine Frau fällt weiterhin unentwegt auf die Nerven. Ludendorff war beim Führer ganz gerührt. Es ist doch gut, daß sie sich versöhnt haben. Eventuell gab Hitler da vor Goebbels etwas an. Der ihn zu diesen Gesprächen begleitende Wehrmachts-Oberbefehlshaber v. Blomberg erinnerte sich bei einem Abendempfang Mitte 1937 vor Generalskameraden an andere Hitler-Worte: *Als ich ihn verabredungsgemäß nach einer Stunde abholte, sagte er:* »*Gut, daß sie gekommen sind: es ist schon wieder hart auf hart gegangen.*«

Überhaupt wirkt die NS-Staatsraison im letzten Ludendorffjahr zerfahren: *Der Führer hat noch keine Entscheidung darüber getroffen, ob Ludendorff Plakate ankleben darf*, grübelt Goebbels im April, *es wird ihm wohl etwas unbehaglich dabei. Ich würde es glatt verbieten.* Als sich Ludendorff jedoch Ende Mai bei Göring beschwert, daß seine Werke für Luftwaffenangehörige verboten seien, erhält er von Göring die verblüffende Auskunft, *daß einer meiner jungen Ordonanzoffiziere stets ihre Schriften gelesen hat und ein eifriger Anhänger Ihrer Geistesrichtung ist. Es ist mir niemals eingefallen, davon Abstand zu nehmen.*

Und während es in den illegal ermittelten *Meldungen aus dem Reich* des Prager SPD-Exilvorstandes Anfang August heißt, *in der Marsch, insbesondere auf den Inseln Sylt, Föhr und Amrum hat die Ludendorffbewegung sehr viele Anhänger gewonnen,* machen gleichzeitig Geheimberichte des SS-Sicherheitshauptamtes *Zerfallserscheinungen in Niederschlesien* aus und registrieren bei den Teilnehmern von Ludendorff-Veranstaltungen *kaum Begeisterung wegen der oft schwer verständlichen Ausführungen der Redner.* Erneuten Krach mit Ludendorff verbucht Goebbels Ende August, fühlt sich aber im Recht, denn *was Ludendorff da schreibt über Goethe und Schiller, ist ein Oberblödsinn ohnegleichen. Seine Frau blamiert ihn in der ganzen Welt. Die Weiber dürfen gar nicht mitreden!*

Das Ehepaar Ludendorff

Entsprechend graut ihm, als der Führer im November, zum Jubiläum des Feldherrnhallen-Putsches, *Ludendorff ein sehr herzliches Telegramm schickt, daß ebenso herzlich erwidert wurde. Jetzt wird Frau Ludendorff nur noch frecher und arroganter werden. Und ich habe das dann in der Presse auszubaden.*

Es blieb ihm erspart. Kurz darauf wurde der an Leberkrebs erkrankte Ludendorff ins Münchner Josephinum eingeliefert. 2 Wochen vor seinem Tod, am 7. Dezember 1937 kam Hitler noch einmal ans Krankenbett.

Ludendorff morgens früh gestorben. Ein ganz großer Soldat dahingegangen, redete ein bewegter Goebbels so am 21. Dezember seinem Tagebuch ein: *Er ist ein wahrer Kämpfer gewesen. Seine Wege waren manchmal unverständlich, aber sein Ziel rein und klar. Wir werden ihm alle ein ehrendes Andenken bewahren. Sein Name lebt weiter. Ich bereite mit dem Kriegsministerium das Begräbnis in München vor.*

Mathilde erreichte am selben Tag ein Telegramm, in dem ihr einstiger Wunschpartner *zu dem schweren Verlust, der Eure Exzellenz durch den Tod ihres Herrn Gemahls getroffen habe, seine herzliche Anteilnahme* aussprach. Er *selbst und die nationalsozialistische Bewegung werde ihm immer dankbar dafür bleiben, daß er in der Zeit größter nationaler Not sich unter Einsatz seiner Person mit denen verband, die zum Kampf für eine bessere deutsche Zukunft eintraten.*

Aber selbst, daß er Ludendorff einen *ehrenvollen Nachruf widmete* (Goebbels), konnte neuerliche Querelen mit Mathilde nicht verhindern. Hitlers Plan, Ludendorff, wie Hindenburg in einem deutschen Nationaldenkmal beizusetzen, stimmte sie nicht zu; der Verstorbene wurde, gemäß seinem Testament, in Tutzing bestattet. Zum großen Staatsakt vor der Feldherrnhalle am 22. Dezember bekam Hitler die Leiche nur einen Tag ausgeliehen. Am Vortag legte Goebbels *die letzten Einzelheiten zu Ludendorffs Begräbnis fest,* dann ging er den Führer trösten: *Mit dem Führer lange über Ludendorff gesprochen. Er schildert ergreifend, wie er zum ersten Male als Soldat vor ihm im Felde vorbeimarschiert sei. Und dann, wie er ihn 1922 in München wiedersah. Damals war Ludendorff noch ganz unpolitisch. Hatte gar keine politischen Vorstellungen. Die sind ihm erst von der Partei beigebracht worden.* Bei der Gelegenheit übergab Goebbels Kino-Fan Hitler gleich seine Weihnachtsgeschenke; der Führer packte sie sofort aus: Einen Kunst-Bildband sowie *30 Klassefilme der letzten 4 Jahre und 18 Micky-Maus-Filme.* Goebbels: *Er freut sich sehr darüber. Ist ganz glücklich über diesen Schatz, der ihm hoffentlich viel Freude und Erholung spenden wird.*

Zum Staatsakt am nächsten Morgen schafften Sonderzüge bei heftigem Schneesturm Würdenträger von Partei, Staat und Wehrmacht heran. Vor der Feldherrnhalle hielt Generalfeldmarschall von Blomberg *eine für die Kälte (-15°) sehr lange Rede.* (Goebbels). Danach trat Hitler zum Sarg, nahm Haltung an und rief mit lauter Stimme: *General Ludendorff! Im Namen des geeinten deutschen Volkes lege ich in tiefer Dankbarkeit diesen Kranz vor dir nieder!* Nach Kranzniederlegung und 19 Schuß Ehrensalut setzte sich der Trauerzug in Bewegung, an dem Hitler nicht mehr teilnahm. Am nächsten Tag besichtigte er in Nürnberg die Arbeit am Reichsparteitagsgelände, unterhielt sich mit den Bauarbeitern und bewies dann erneut subtilen Humor: Abends sah er sich im Nürnberger Opernhaus eine Aufführung seiner Lieblingsoperette, der *Lustigen Witwe* an, sicher erleichtert, daß das nervenauftreibende Allotria *auf der Basis sexueller Hörigkeit* (Hitler) endlich vorbei war.

Der *Ludendorff-Jugend* wurden bald alle Gedenkfeiern untersagt, Mathilde kurz vor Kriegsbeginn die Papierzuteilung gesperrt. Daß Hitler aber noch während des Krieges auf der Hut war, beweist eine Randbemerkung, die Stenograph Jochmann auffing, der in Bormanns Auftrag Hitlers Monologe in der Wolfsschanze festhielt. Am 28. Dezember 1941 erzählte Hitler zunächst vom Schicksal einiger Gegner – u.a. von ihm zugespielten Liebesbriefen des SPD-Politikers Severing, an ein Ladenmädchen, flocht dann aber nebenbei ein, daß er auch einige freizügige Fotos von Mathilde verwahrte: *Auch die Lichtbilder von der Mathilde von Kemnitz habe ich im Tresor, sie dürfen nicht veröffentlicht werden.* Was ein anderer Bormann-Ohrenzeuge, Henri Picker, ein halbes Jahr später, am 12. Mai 1942, mitschrieb, zeigt, daß Hitler die Begleitumstände der Ludendorff-Beisetzung noch nicht verwunden hatte: *Wenn auch Ludendorff seinem eigenen Wunsche entsprechend heute in Tutzing beerdigt liege, so trage er, der Chef, sich doch nach wie vor mit dem Gedanken, Frau Ludendorff zu bewegen, daß sie einer Überführung Ludendorffs in die Neue Soldatenhalle in Berlin ihre Zustimmung gebe. Diese Zustimmung sei selbstverständlich nur zu erreichen, wenn Frau Ludendorff zugesichert werde, daß sie nach ihrem Ableben neben ihrem Mann beigesetzt werde.*

Ihr möglichst rasch zu diesem Ehrenplatz zu verhelfen – dazu mochte er sich aber doch nicht entschließen.

1945 zügig entnazifiziert, veranstaltete Mathildes *Bund für Gotterkenntnis (L)* schon 1947 *Religionsphilosophische*

Feierstunden in Stuttgart und im Zoologischen Institut der Universität Kiel eine Ludendorff-*Gedenkstunde*. Auch weiterhin kamen sich Ludendorff-Gemeinde und junge Bundesrepublik selten ins Gehege, mochte Mathilde bei Vorträgen über die blauäugige Lichtrasse auch Kleider mit kecker Hakenkreuzborte tragen.

Nur 1961, nach Synagogen-Schmierereien, wurde der Bund kurz verboten; 1962 einem Kaufmann aus Heide die Wehrdienstverweigerung als Ludendorffianer nicht anerkannt.

Mathilde starb 1966, von ca. 100.000 Anhängern betrauert. Ihr Vermächtnis jedoch hält eine exklusive Gemeinde durch den Vertrieb ihrer Werke und zahlreiche Veranstaltungen bis heute springlebendig. (Bzw. versammelt sich auch auf eigenen Friedhöfen zu ihren Vätern, ein derartiges Areal in der Ortschaft Hude bei Bremen kam 1999 wieder bundesweit in die Schlagzeilen) So kann man die Unverwüstliche allen Liebhabern rigoroser Betrachtungsweisen weiterhin guten Gewissens ans Herz legen.

Nachsatz:

Das Gespenst von Halle

In einer Februarnacht des Jahres 1546 ging es mit dem Dr. Martin Luther zu Ende. In seiner Vaterstadt Eisleben hatte er sich beim Stadtschreiber Johann Albrecht einquartiert, nun stand der mit seiner Frau, Luthers Mitarbeitern Justus Jonas und Michael Coelius, Graf und Gräfin Mansfeld, dem Eislebener Apotheker und den zwei Ärzten der Stadt um das Sterbelager des Reformators herum. *Im Leben war ich dir eine Pest, im Tod werde ich dein Tod sein, Papst* hatte er in der Nacht zuvor mit Kreide an die Wand geschrieben, vier Tage vorher eine letzte Predigt – gegen die Juden – gehalten und vor allem gehofft, bei Bergbau-Streitigkeiten zwischen den Mansfelder Grafen vermitteln zu können.

Es war der 18. Februar, als er dem Tod begegnete, nachts zwischen zwei und drei Uhr. Am 22. des Monats wurde er in der Schloßkirche zu Wittenberg begraben, schrieb sein Freund und Kampfgefährte Philipp Melanchthon samt dem Wandspruch um ein Lutherbild, das ihm Luthers Famulus Reifenstein in ein Buch gezeichnet hatte.

Dahingerafft hatte den 63jährigen ein Herzleiden; angegriffen war er aber schon sehr viel länger. Neben chronischer Verstopfung hatten übel gelagerte Nierensteine ihn so geschunden, daß er, seinem Arzt Ratzeberger zufolge, zeitweise *kein Wasser lassen konnte* und sich statt dessen der Bauch aufblähte. Mit seiner Brille, dem *schlecht gemachten Stück,* konnte er *keinen Strich sehen,* auf etliche Becher *schlechten Koburger Weins* führt er häufige Kopfschmerzen mit Ohrensausen und eine unheilbare Ohrenentzündung zurück. Und in einem Bein stak immer noch das Röhrchen, mit dem ihm bei einer Schienbeinentzündung Eiter abgezapft worden war.

Bevor Luthers Leichnam aus dem pestverseuchten Eisleben geschafft wurde (Im fest verschlossenen Zinksarg, damit er nicht von fanatischen Luther-Hassern geraubt und zerstückelt werden konnte), ließ Luther-Freund Justus Jonas, der auch einen eingehenden Bericht über den Tod verfaßte, den Hallenser Maler Lukas Furtenagel kommen. Der zeichnete den Toten, nahm die Totenmaske und einen Abdruck der Hände ab und goß beides mit Wachs aus. Auf dem Wege nach Wittenberg machte der feierliche Leichenzug am 20. Februar in Halle Station, die Abgüsse wurden in der Marktkirche zurückgelassen.

Dort blieben sie verwahrt, erst 1698 holte man sie wieder hervor. In einem kleinen Seitengelaß der Marienbibliothek wurde nun eine Art Luther-Weihestätte eingerichtet, aus Werg und Latten eine lebensgroße Puppe zurechtgemacht, mit Barett und Talar bekleidet und an einen Tisch mit aufgeschlagenem Bibel-Folianten gesetzt. Für Gesicht und Hände verwandte man – Furtenagels Originalabgüsse. Sie wurde mit Hautfarbe angestrichen, dem Gesicht ein paar Falten gemalt und Glasaugen eingesetzt. Bis zum Umbau der Marienbibliothek im Jahre 1888 blieb die protestantische Reliquie dort, danach wurde die Szene in der Marktkirche neu aufgebaut. Dort stöberte sie Mitte der zwanziger Jahre Mathilde Ludendorff auf.

Der Luther-Mummenschanz kam ihr gerade recht; hier schienen die finsteren Geheimbünde, nach Frau Ludendorff vor allem der heimtückische Philipp Melanchthon, wirklich das Äußerste an Schändung gewagt zu haben.

(Bestens verstanden hätte sich Mathilde nebenbei vermutlich mit Luthers Frau; die die Juden offenbar noch pathologischer haßte als ihr Gatte, folgt man zumindest einem Brief, den Luther ihr von unterwegs ein paar Tage vor seinem Tod, über seine Erkrankung geschrieben hatte: *Liebe Käthe, ich bin zu schwach gewesen auf dem Weg hart vor Eisleben. Wärest du dabei gewesen, so hättest du gesagt, es wäre der Juden oder ihres Gottes schuld gewesen. Denn wir mußten durch ein Dorf hart vor Eisleben, darin viele Juden wohnen. Vielleicht haben sie mich so hart angeblasen – und wahr ist's, da ich bei dem Dorf war, ging mir ein solch kalter Wind hinten in den Wagen ein auf meinen Kopf, als wollte er mir das Hirn zu Eis machen.*)

Mit dem Pamphlet *Das Gespenst von Halle* prangerte die Ludendorff den ruchlosen Freimaurer-Frevel mit der Totenmaske jedenfalls unverzüglich an – und brachte die evangelische Kirche damit tatsächlich in Verlegenheit.

Am 15. Februar 1931 antwortete der spätere West-Berliner Bischof Dibelius in der Sonntagsbeilage des *Tag* auf die Vorwürfe: Davon, daß die von den Ludendorffs *bekämpften Geheimorden ihre Hand im Spiele* hätten, könne *natürlich nicht die Rede sein.* Luther habe jedoch, *wie eine moderne Wachsfigur aus dem Panoptikum vor der aufgeschlagenen Bibel am Tisch gesessen,* für unser heutiges Empfinden eine *fürchterliche Geschmacklosigkeit.* Doch *vor 200 Jahren war man offenbar davon überzeugt, damit eine besonders würdige Ehrung des Reformators zu vollziehen.*

In jüngster Zeit habe *man die Totenmaske von dieser Figur wieder entfernt* und durch einen Abguß ersetzt. *Sie zu vernichten, dazu hat man sich nicht entschließen können. Denn wenn sie auch eine Geschmacksverirrung darstellt, – sie bildet immerhin ein kulturgeschichtlich wertvolles Denkmal aus der Zeit nach dem 30jährigen Kriege.* Von der Figur würde *weiter keine Wesens* gemacht: *Wer von ihr weiß und sie sehen will, kann sie sehen.* Die Original-Maske, *das Kleinod der evangelischen Christenheit* aber ruhe jetzt in einem *wertvollen gotischen Schrein.*

Da liegt sie seit 1926 tatsächlich drin. Die Puppe ist aber – leider, leider – inzwischen verschwunden.

Udets Ernst, der Spaßpilot
Kriegsverbrecher und komischer Zeichner

1

Klar, daß dahinter eine prinzipielle Malaise waltet: welche historische Gestalt hätte ihr Nachruhm nicht bis zur Unkenntlichkeit verunstaltet? Andererseits bis zu solchen Graden wohl wenige: Gängig nämlich ist Weltkriegs-I-Fliegers Udets Andenken allenfalls noch in Zuckmayers »Teufels-General«-Version als heroisch saufender Luftwaffen-Tragöde, bzw., genauer, der komplett irreführenden Curd Jürgens-Verkörperung in Käutners fast zur Gänze umgearbeiteter Verfilmung des Stücks.

Auch biographische Bewältigungen, seien's Bücher oder Guido Knopps moleste Fernseh-Ambitionen, bedienen stereotyp immer nur die Publikumserwartung von Aeoromaniac, Kindskopf und Hasardeur. Was Udet, in Wahrheit ein kleiner, kugeliger Mann, physiognomisch irgendwo zwischen Berlins langjährigem CDU-Senator Heinrich Lummer und Hallervordens »Nonstop-Nonsens«-Adlatus Kurt Schmidtchen, natürlich alles auch war. Aber bei etwas unbefangenerer Betrachtung war dieser Zuckmayersche Unsterns-Mensch genausogut militaristischer Playboy, Reklamefuzzi und Filmstar (»Die weiße Hölle vom Piz Palü«), Ladykiller, Lobbyist und Kaskadeur, Abenteurer, Kunstschütze, Jongleur, Gelegenheitsdichter und –sänger von eigenen Liedern zur Gitarre, Sittichdompteur, Hitler-Parodist und ganz bestimmt der höchstdekorierte Cartoonist, den Deutschland je hatte.

Nur zum oft beschworenen Widerstandsmärtyrer eignet er sich wegen beständiger Allotria überhaupt nicht. Keiner sonst hat mit derart existentiellem Furor Luftkrieg, Weimar und III. Reich als Tableau für Frivolitäten aller Art benutzt, zum ewigen Sonnyboy dabei schon durch sein Herkommen aus schierer Sorglosigkeit bestimmt. 1896 in Frankfurt am Main geboren, zieht das Sonntagskind mit der Familie bald nach München, damals die urig-bürgerliche Gegen-Metropole des Kaiserreichs. Man logiert nahe der Theresienwiese, Vater Adolf betreibt eine. gutgehende Fabrik für Heiz- und Warmwasseranlagen. Die schulischen Belange darf Ernst leicht nehmen. Zwar weiß das Gymnasialzeugnis außer selbstgezeichneten Bildgeschichten nichts an ihm zu loben, sein Vater geht aber nie hin, wenn die Schulverwaltung ihn zitiert. Er beobachtet lieber, wie sich sein Söhnchen bei seinen Mitarbeitern handwerkliche Fertigkeiten abguckt.

1909 lenken Meldungen von der ersten deutschen Flugausstellung in Frankfurt den Basteldrang des Jungen dann in eine feste Richtung. Mit Freunden gründet er den »Aeroclub München«, der bei Udets auf dem Dachboden tagt und die zusammengeklebten Modelle auf den Isarauen startet.

(Und auch Menschenversuche nicht scheut: Ein kleines Mädchen, das händeklatschend die fünf *Rolloplan*-Drachen des Klubs beobachtet hat, wird kurzerhand geschnappt, und mit der Tragkraft der 5 Drachen stramm verbunden, in die Luft expediert – Club-Schriftführer Otto Bergen muß dann die Ohrfeigen der Mutter allein aushalten, während er das Flugobjekt langsam wieder an den Boden zurrt.)

Gern treiben sich die Jungen auf dem heutigen Olympia-Gelände Oberwiesenfeld herum, wo das kgl.-bayerische Heer eine »Luftschifferabteilung« mit Fesselballons und Sperrholzdoppeldeckern unterhält. Und noch lieber im nahen Milbertshofen: In dortigen Holzschuppen schraubt man die Prototypen des Ingenieurs Gustav Otto zusammen, hier lernt Udet schweißen. Die Quarta packt er nicht, in der anschließenden Sommerfrische fliegt er aber erstmals selbst, will sagen: hüpft unter einem mit 17qm Bettlaken bespannten Lattengestell derart kümmerlich den Lehmbichl-Hügel hinunter, daß er's dem Chiemgauer Landvolk mit »zu starkem Erdmagnetismus« entschuldigen muß. Wieder daheim, kriegt sein nächstes Vehikel einen kleinen Pressluftmotor, Isarauen und versammelter *Aeroclub* bekommen jetzt schon 3-4 Meter weite Sätze zu sehen.

Auch für Untertertia braucht er mehrere Anläufe. Seine maladen Französischkenntnisse helfen 1913 zwei Sprachaufenthalte in Städten auf, passend für sein kommendes Schicksal der eine in Calvados, der andere ausgerechnet in Verdun. Mit Ach und Krach kommt die Mittlere Reife zustande, vom Vater generös mit einem Motorrad belohnt.

Dies Fahrzeug bugsiert den Kriegsbegeisterten im August 1914 auf Umwegen zur Front. Das bayerische Heer mustert den nur 1,60 m großen 18jährigen aus, mitmachen kann er allein dank einer reichsweiten Intervention des ADAC, die allen Kradbesitzern ermöglicht, sich direkt bei kämpfenden Truppen zu melden. Für die 26. Württembergische Reservedivision in Straßburg kutschiert er so die nächste Zeit Post zum 50 km entfernten Gefechtsstand im elsässischen Schirmeck. Keineswegs ungefährlich: Viele sog. »Benzinhusaren« werden von Granatsplittern getötet, für Udet aber faßt sich der Weltkrieg von Anfang an zum immergleichen Witz zusammen: Vom Regimentskommandeur bis zum Stubenkameraden fällt in den nächsten vier Jahren um ihn herum so gut wie alles (auch »Aeroclub«-Kameraden), er aber verletzt sich fast nur bei selbstverschuldeten Unfällen.

So bringt ihn nach zwei Wochen Dienst ein sehr ziviler Schadensfall ins Lazarett: Er übersieht nachts einen Granattrichter auf der Fahrbahn, überschlägt sich und schiebt sein lädiertes Krad verletzt durch die Dunkelheit, bis ihn ein Pferdefuhrwerk mitnimmt. Auskuriert und mit heilem Gerät findet er Mitte September seine Einheit nicht mehr vor; sie bleibt verschwunden. Udet schiebt Bereitschaftsdienst im örtlichen »Kraftwagenpark« d.h. amüsiert sich mit Belgierinnen und trinkt mit den in seinem Hotel untergebrachten Fliegern. Dreißig preußische und drei bayrische »Feldfliegerabteilungen« à sechs Maschinen ist Deutschlands Luftwaffe zu jener Zeit stark, und nach ein paar flotten Sausen ist Udet klar, wo er den Rest des Weltkriegs verbringen will. Die Zecherrunde rät ihm, sich an ihren nächsten Garnisonsort als »Beobachter« versetzen zu lassen. Dies gelingt; doch am Tag der Überstellung löst das Heer seine ADAC-Freiwilligen-Vereinbarung auf, und der angehende Pilot sieht sich unvermutet freigesetzt.

Eine Bewerbung bei Bayerns Kampffliegern schlägt fehl. Also beknien er und noch hartnäckiger die Mutter den Vater, bis der ihm einen Flugschein finanziert. Just als Tausende seiner Altersgenossen bei Langemarck mit dem Deutschland-Lied ins feindliche MG-Feuer rennen, darf Udet in Gustav Ottos Milbertshofener Werken mit üppigem Lohn auf dort fabrizierten »Schulflugzeugen« üben. Nach einem halben Jahr inkl. Verlobung mit seiner Freundin Lo wedelt er im April 1915 mit dem Zivilflugschein. Bayerns Militärbehörden bleibt er zum Fliegen zu jung; als erste Antwort auf telegraphische Blindbewerbungen ordert ihn am 15. Juni ein Gestellungsbefehl nach Darmstadt-Grießheim. Eine Demarche beim Kommandanten erspart die Verwendung beim Bodenpersonal, Udet hat kaum ein paar Tage Karzer abgesessen, (er hatte dem Hauptmanns-Hund, der den strammstehenden Kriegern ständig ins Bein biß, eine Ladung Benzin unter den Schwanz gespritzt), da wird nach ihm verlangt: Ein Leutnant der Artilleriefliegerabteilung 206 in Neubreisach bei Colmar holt ihn als Piloten in seinen Zweisitzer.

Mit dem 22jährigen Vorgesetzten stehen nach den üblichen Saufabenden erste Feindflüge an. Gleich der zweite, bei dem überm französischen Belfort ein gerissenes Spannkabel die rechte Tragfläche halb vom Rumpf reißt, gerät Udet zum fliegerischen Bravourstück: Mit Schwenk über die Schweiz kann er das Wrack grade noch auf einen deutschen Kartoffelacker retten und bekommt dafür das Eiserne Kreuz II. Beim nächsten Flug will sein Leutnant ein paar Bomben abwerfen, die für die fragile Klapperkiste allerdings zu schwer sind. Udet kann seinen trudelnden Vogel nur per Bruchlandung wieder herunterbekommen (mit wahnsinnigem Glück: die Bomben explodieren nicht). Wegen »wahnsinnigen Kurvens« gibt's sieben Tage Militärgefängnis bei »Grauen-Heinrich«-Graupen, Wanzen und Kommißbrot. In der Zelle sieht er seinen Leutnant zum letzten Mal lebend, als der ihn besucht. Gleich nach dem Bau holt ihn ein anderer Leutnant von der Feldfliegerschule Neubreisach zum nächsten Bombenangriff: Direkt hinter Udet wirft er die scharfgemachte Ladung durch eine Bodenklappe zwischen seinen Füßen, die letzte Bombe bleibt im Fahrgestell hängen. Als Udet sie durch ein paar tollkühne Steilflüge doch noch lösen kann, qualifiziert ihn diese Husarennummer dann endgültig für Höheres: die brandneuen Fokker-Flugzeuge nämlich, die als Einsitzer in der nahen Feldfliegerabteilung 68 in Habsheim starten.

Parallel zu Udets Laufbahn-Zickzack von einem Elsaß-Horst zum nächsten hat sich die Lufttechnik rasant entwickelt: Ursprünglich nur Aufklärungsbehelf für die Artillerie, hat man die Maschinen bald mit Bordwaffen bestückt. Als im April 1915 ein deutscher Landsturm-Mann bei Kortrijk in Flandern per Gewehrschuß den französischen Leutnant Garros samt seiner Marane Salunier N vom Himmel holt, findet man an Bord schon ein fest installiertes MG vor, der Propeller ist dank einer Spezialverkleidung querschlägerfest.

Hollands Flugindustrieller Fokker, der in Schwerin für die Deutschen Flugzeuge baut, schafft es dann, Kugelausstoß und Propellerrotation aufeinander abzustimmen, sein Modell E III macht aus Fliegern des Royal Flying Corps bis ins Frühjahr 1916 »Fokkerfutter«. Udet fährt seine erste E III aber wegen blockierter Steuerung schon beim Start an einer Hallenwand zu Schrott.

An anderen Abschnitten der Westfront ist die Kriegshölle vollends losgebrochen, beim »schlafenden Heer in den Vogesen« ist's noch vergleichsweise ruhig. So ruhig, daß Udet Zeit hat, nach Mühlhausen zu fahren und in der Papierhandlung der Witwe Seifert eine Kladde zu kaufen, die er mit Karikaturen seiner Kameraden füllt – gern launig kommentiert. Ein Mechaniker, beim Rotoranwerfen schwer am Bein verletzt, fängt sich zum Konterfei die Verse »*Wirfst du den Motor an, so bleibe/fernab von deines Knies Scheibe*«.

Udets Debüt als Luftkämpfer hingegen mißrät: Ein MG-Streifschuß verfehlt knapp sein linkes Auge. Tief gekränkt, trainiert er daraufhin tagelang »Angriff« an einer original-großen Papp-Attrappe, rauchend sehen ihm seine Kollegen vom Liegestuhl aus zu. Passend zur Revanche kommt ihm am 18. März 1916 dann der erste Formationsangriff der Weltgeschichte in die Quere: 25 Franzosen und Briten steuern Oberndorf an, um dort die Mauser-Waffenfabrik lahmzulegen. Udet sieht sie kommen, greift sie ganz allein von oben an, schießt den dicksten Brummer in Brand – und noch einen, als seine Kollegen auf dem Plan erschienen sind. Der kommt heil herunter und ist eigentlich Kriminalbeamter in Nancy. Mit diesem Einstand scheint Weltkrieg I Udet nach 2 Jahren Solo-Kapriolen doch noch einzuholen: Den Namen seiner Braut Lo malt er als Glücksbringer an seine »Albatross« und läßt das Bord-MG nicht mehr kaltwerden. »Fliegender Zirkus« heißen die Staffeln im Frontjargon, Kriegsfliegerkarrieren sind Wander-Tourneen: Dreimal innerhalb der letzten zwei Kriegsjahre werden die dezimierten deutschen Verbände komplett neu aufgestellt – ein Karussell aus mörderischen Loopingduellen, Alkohol- und Bordellexzessen, mit denen die Luftelite ihrer schizophrenen Situation irgendwie beizukommen sucht. Einerseits werden Schlösser für sie geräumt, Zigaretten, Dienstwagen, Weinkeller und willige Damen stehen zur Verfügung; andererseits sind nach der Landung fast immer Kondolenzbriefe an Eltern abgeschossener Kameraden fällig. Spirituosen und Tabletten als Spannungslöser helfen den Fliegern auch dienstlich – schließlich ist es exzentrisch genug, sich auf höchstem technischen Niveau in vorsintflutlichen Turnierkämpfen zu messen, während die durchrationalisierten Massenveranstaltungen in Verdun oder Ypern unten mit Gas, dicken Bertas und flächendeckendem Granatbeschuß täglich zahllose Lastwagenladungen zerfetzter Leichen zustandebringen. Etliche Flieger fallen auch tödlichem Slapstick anheim: Man rammt sich gegenseitig beim Start, Tanks explodieren oder der Fallschirm öffnet sich nicht. (Französischen und englischen Fliegern gibt man bis Kriegsende überhaupt keine mit.) Doch auch von dieser Drohkulisse hebt sich Udet seltsam schwerelos ab. Gleich zu Anfang hat er ein einsames Rencontre mit »Le Vieux«, dem gefürchteten französischen Flieger-As Guynemere (48 Abschüsse) – aber der winkt nur, als er bemerkt, daß Udets MG gerade streikt.

Udet trifft, als er mit dem Fallschirm über Niemandsland abspringen muß und durch Gasschwaden und Kugelhagel zu einem deutschen Unterstand robbt, dort als ersten Vorarbeiter Moser wieder, der ihm seinerzeit bei Gustav Otto in Milbertshofen das Schweißen beibrachte (und schmeißt anschließend eine Runde nach der andern für die bayerische Blaskapelle der Kompanie). Udet feiert gerade in fröhlicher Runde neue Abschüsse und seinen 21. Geburtstag, als die Nachricht vom Absturz seines Staffel-Chefs kommt. Er hält von diversen *Fliegerschlößchen* (=beschlagnahmten französischen Adelssitzen) den Kontakt zu den Weinhäusern, richtet sich riesige Spielwiesen zum Nachtlager her und führt die animierte Corona an, die in der Ahnengalerie die Ölgemälde schlitzt, um die abgebildeten Herrschaften mit Krawatten um den Hals und Blumen in den Händen zu verzieren.

Und Udets ganzen Genius fangen jene Morgendämmerungen ein, wenn nach Skatabend und Bacchanal alles leblos mit Buddel und Gespielin in den Ecken liegt, er aber wieselflink den Tisch entert, sich eine Gardine umhängt und dann, lachend wie nur je ein chinesischer Glücksgott, zur Gitarre seine selbstverfaßten Flieger-Lieder zum besten gibt, bis alles den Refrain mitgrölt (siehe Seite 120). Immer mehr feindliche Piloten bohren sich unter ihm in die Champagne oder die Marschen Flanderns, überlebende Gegner lernt er bei einer

Schachtel Pralinen im Lazarett als amerikanische Studenten oder Rechtsanwälte kennen. Dabei eskaliert seine Trefferkurve umgekehrt proportional zu Deutschlands schwindenden Siegesaussichten: drei Abschüsse 1916, dreizehn 1917, 46 bis November 1918.

Im letzten Kriegsjahr – Udets Foto gibt es längst auf Zigarettenbildern – ist er dann auch als Experte gefragt. Um einen 400-Maschinen-Auftrag der kaiserlichen Luftwaffe reißt sich die Flugzeugbranche, die besten Piloten sollen die 28 Prototypen testen, Firmen wie Rumpler und Fokker mieten ihnen in Berlin ganze Hotelfluchten an. Neben Sekt und Delikatessen (Deutschland ißt zu dieser Zeit hauptsächlich Steckrüben) finden die Flieger als Entscheidungshilfen Dienstwagen, Uhren und halbbesetzte Betten vor, und bei den Gebrüdern Evertsbusch im Adlon tanzt die Tänzerin Rieselhausen nackt auf dem Tisch. Umsonst: Zum Stückpreis von 25.000 Mark macht der von Evertsbusch-Lobbyist Udet unzureichend blockierte Antony Fokker das Rennen. Nach einem bizarren Memento – zurück an der Front purzelt beim ersten Flug über ihm eine Leiche aus den Wolken, ohne daß ein dazugehöriges Flugzeug auszumachen ist – paßt ihn eines Tages Manfred von Richthofen ab, um ihn für seine Staffel zu keilen. Udet schießt ihm zur Probe einen Kanadier und sagt zu. Allerdings unter Termindruck: Erst einmal muß er die unerträglich schmerzende Mittelohrentzündung auskurieren, die er sich bei der ewigen Sauserei zugezogen hat.

Das tut er auf Urlaub bei Braut Lo in München. Auf einer Ausstellung deutscher Kriegstrophäen kommt er nebenbei mit einem Pressemann wegen eines »Erlebnisbuchs« ins Geschäft. Noch in München erreicht ihn auch die Nachricht von der Verleihung des Pour Le Mérite (Ständig muß er mit Lo nun Militärgebäude passieren, weil der so gefällt, daß die Wache jedes Mal rausspringen und präsentieren muß.). Und die von Richthofens Tod: wieder mal mit Lo unterwegs, steht er Ende April vor einer Häuserwand mit der Bekanntmachung von dessen Abschuß über den Somme-Schlachtfeldern. Sofort ist er bei der Richthofen-Staffel und lernt seinen späteren Dramatiseur, Artilleriebeobachter-Leutnant Carl Zuckmayer kennen: *Wir mochten uns nach den ersten paar Worten, soffen unsere erste Flasche Kognak zusammen aus und verloren uns bis kurz vor dem II. Weltkrieg nicht mehr aus den Augen.*

Richthofens Nachfolger Hermann Göring ist wegen Urlaubs noch nicht greifbar. So heißen Udets weitere Stationen München (Diktieren seines Erlebnisbuchs »Kreuz wider Kokarde«) und die Schlacht bei Cambrai (wo er die wahren Sieger des Krieges, die neu entwickelten Panzer, herankriechen sieht). Am 22. August trifft er erstmals Göring (für vier Stunden, dann fährt er diesmal in Urlaub). Netto dauert die späterhin so viel beschworene Kampfgemeinschaft gerade mal sechs Wochen; in denen die beide zusammen auch noch ein drittes Mal als Flugzeug- und Hotel-Juroren nach Berlin-Adlershof müssen. Ansonsten mögen er und die andern alten Hasen den großspurigen Hermann damals nicht besonders. Ende November 1918 verabschiedet die Weltgeschichte ihre Testpersonen dann mit einem erstklassigen Diner im *Hotel Bristol* ins Open End: Am 28. hat Udet seine Entlassungspapiere vom deutschen Reich.

2

Er kehrt zurück nach München. Wie schnöde Kaiser Wilhelms Hungerreich in Fransen ging, hat er schon bei den Stippvisiten in Berlin im Karikaturenheft festgehalten: ein ungeniertes Paar bei öffentlicher Liebe, Lebensmittelwucherer, Schieber (Bildunterschrift: »*Für fuffzich Fennich gannste meine Schwester hamm*«). Wieder daheim, kommen reichlich Niedergangs-Impressionen hinzu: Auf dem Oberwiesenfeld rosten die Flugzeuge, in der Tram rempeln ihn November-Revolutionäre wegen seiner vielen Orden an. Und seine Ex-Flieger-Kollegen konspirieren in Kaschemmen-Hinterzimmern beim Bier herum. Aus den politischen Differenzen hält sich Udet heraus: Als nach der Ermordung Eislers und einigen Wochen Räte-München im Frühsommer 1919 die Freikorps einrücken, interessiert ihn einzig und allein, ob ihn die Männer mit dem Hakenkreuz ans Fluggerät lassen. Die haben aber selbst kein Benzin mehr. Also fährt er in Schwabings Künstlerlokalen mit seinem Motorrad um die Tische (»*Luftkampf am Boden*« nennt er das), freundet sich mit den dort verkehrenden Dichtern Mühsam und Ringel-natz an, im »Maxim« und in der »Odeon«-Bar (wegen der Damen, auf die er dort pirscht, von ihm *Reptilienhaus* geheißen) zückt er flink den Stift und malt Bardamen und Besucher, Kriegsgewinnler und Fliegerkollegen. Mit einem, Ritter von Greim (nachmals Hitlers Pilot und letzternannter Generalfeldmarschall im Führerbunker) knattert er auch über Land, um in abgelegenen Armeemagazinen Flugzeuge zu organisieren. Die werden landesweit eingesammelt, um sie bei Friedensvertragsabschluß den Siegern auszuliefern.

Noch ist der Vertrag von Versailles nicht unterzeichnet. Udet und von Greim nutzen das Interim zu Wohltätigkeit eigener Prägung: Tatsächlich können sie etliche Maschinen loseisen und stellen zugunsten der »Nothilfe der deutschen Kriegs- und Zivilgefangenen« über München ihre halsbrecherischen »Luftkämpfe« nach. Halb Sensationsklamauk, halb vaterländische Erbauungsstunde, lockt die Schau Zehntausende aufs Oberwiesenfeld. Eine Woche später, am Tegernsee, fetzt von Greim durch ein Starkstromkabel und schmiert ins Wasser ab; sein Aeroplan ist hin. Weitere Udet-Tage sponsorn die Rumpler-Werke, wobei Nürnberg trotz 15.000 Besuchern tragisch ausgeht: Der 22jährige Toni Ficklscherer, ein örtliches Talent, bemächtigt sich nach dem Programm Udets Maschine, stürzt aber nach dem zweiten Looping tödlich ab. Ein Unfall am Boden bringt Udet dagegen Glück: In München steuert eine junge Dresdnerin, die als »die Eishockeyspielerin« in seine Liebesannalen eingehen wird, ihr Auto in seines. Udet schleppt sie gleich ins »Vierjahreszeiten«-Hotel ab, als Ritter von Greim dazu kommt, stellt er sie ihm zu dessen Befremden als seine Braut vor und zieht sich dann mit ihr auf die Rumpler-finanzierte 2-Zimmer-Suite zurück. Seine Lo heiratet ihn am 25. Februar 1919 trotzdem. Die Feier im Hotel *Regina* endet auf dem Zimmer ganz Udet-like mit einem Revolversalut, den das Paar vom Bett aus in die Zimmerdecke feuert. Ansonsten ändern Ehe und Umzug in eine 5-Zimmer-Wohnung in der Wiedermayerstraße wenig an Udets Gewohnheiten. In Bars jongliert er mit zuvor geleerten Gläsern, springt in Kabaretts auf die Bühne und äfft die gerade abgegangenen Tanzjulen nach, kreuzt morgens in aller Frühe bei Schießbudenbesitzern auf, drückt ihnen 50 Mark in die Hand und schießt ihnen dann den ganzen Segen zu Klump. Denn fürs Fliegen werden die Aussichten – außer für gelegentliches Segelfliegen auf der Wasserkuppe – immer schlechter. Am 10. Januar 1920 ist der Vertrag von Versailles in Kraft getreten; bis auf geringfügige Ausnahmen muß Deutschland seine 15.000 Flugzeuge und 28.000 Reservemotoren abliefern.

Dazu passend, scheitert auch Udets Versuch, am 20. Oktober bei der Wiedereröffnung der Fluglinie München-Wien mitzumachen: er muß auf einem österreichischen Dorfacker notlanden. Nach 4 Stunden Flug hatte die hinter Udet sitzende Lo entdeckt, dass ein Treibstoffhahn leckte und ihm die Beobachtung mit dem Fingernagel in eine Tafel Schokolade geritzt, da sie bei Krach und Fahrtwind keine andere Chance zur Verständigung sah. Während Bauern das Flugzeug bewachten, fuhr Udet mit dem Rad des Dorflehrers zum Postamt, um mit Wien zu telefonieren. Anschließend quartierte er sich im Dorfgasthof ein, während die Dorfschuljugend einen *Lehrausgang* zum Landeplatz unternahm. Am nächsten Tag brachte ihm ein Kollege 100 Liter Flugbenzin vorbei, auf dem Wiener Flughafen wurde seine Maschine sofort beschlagnahmt, ein japanischer Versailles-Offizier ließ ihn nicht einmal mehr an seine Fliegerbrille heran. Udet muß also eine andere Karte zücken. Einige Zeit zuvor war ihm im Münchner Nachtleben ein Geschäftsmann namens Pohlmann über den Weg gelaufen, dessen Bruder in Milwaukee sich dafür erwärmte, quasi in Konkurrenz zu Henry Fords »Tin Lizzy« ein billiges Volksflugzeug zu produzieren. Udet als Mentor zu verpflichten war Pohlmann nicht schwergefallen; eine der vielen Versailles-Klauseln untersagte Deutschland aber jedwede Flugzeugproduktion. Trotzdem heuert der Neufabrikant für seinen »Udet-Flugzeugbau« sofort einen Ingenieur und zwei Arbeiter an und läßt sie unter konspirativen Bedingungen für einen in Berlin besorgten Motor ein Holz-Chassis richten – in einem abgedunkelten Schuppen in Milbertshofen, in dem mit Fußangeln rund ums Haus verbundene Klingeln die Belegschaft ggf. vor Spitzeln warnen. Als der Boden dort doch zu heiß wird, zieht Udets Firma per Bollerwagen in die Hühnerställe seines Freundes Scheuermann in Puchheim um, dort kommt der Prototyp U 1 tatsächlich zustande, wegen eines Konstruktionsfehlers aber zwei Meter länger als geplant und darum von Udet *fliegende Gans* genannt. Bremsen hat sie auch nicht, zwei Männern müssen sie beim Start festhalten.

Zu Lasten der Pohlmann-Brothers rangieren die ersten »Flugzeugbau«-Jahre sowieso unter den Irrläufern der Aviatik: Bis U 12 reicht die Typenreihe in den nächsten zwei Jahren, insgesamt werden aber nur 27 Maschinen gebaut. Zeitgleich mit Kapp-Putsch, Ruhrkampf und Inflation tourt Udet von Flugwettbewerb zu Flugwettbewerb, um seine Hoch- und

Tiefdecker zu verscherbeln. Gattin Lo, die dabei anfallende Schürzenjägerei leid, springt allerdings ab, die Ehe wird im Februar 1923 geschieden, ohne daß Udet seinen Schwiegervater je kennengelernt hätte. Auf Firmenkosten bezieht er samt Dalmatiner Bulli also wieder in sein »Vier Jahreszeiten«-Refugium, das er mit Hoheitszeichen und Propellern abgeschossener Maschinen schmückt; an der Tür klebt eine Zielscheibe für sein Luftgewehr. Mit dem schießt er zu fortgeschrittener Stunde mit Besuchern und One-night-stands um die Wette, am frühen Morgen ihnen auch die Zigarette aus dem Mund.

Bereits die U2 heischt eine transatlantische Geschäftsreise: Der »Circulo Aeronautico Aléman« lädt ihn Anfang 1925 zu einem Flugwettbewerb nach Argentinien ein. Udet verstaut eine U2 und eine U4 auf dem Frachter »Württemberg« und schifft sich auf der »Cap Polonio« nach Montevideo ein. Dort legen ihn die »Circulo«-Bosse Mayenberger und Leube ins beste Hotel der Stadt. Nach drei Wochen Tresenplausch sind die Flugzeuge im Mai da, die Bahn trägt die Ein-Mann-Tournee quer durch die Pampa. Udet glänzt auf Garnisonsbällen und demonstriert Absolventen der argentinischen Fliegerschule Taktik im Luftkampf. Ein Vierteljahr lang staunen die Gauchos, bis die zwei Herren vom »Circulo Aeronautico« (sie sind die einzigen Mitglieder) ihm Spesenrechnung und Bahnfrachtkosten hinblättern: mit dem Bemerken, er habe sich als Aufwandsentschädigung nun für Zigaretten-Reklameflüge bereit zu halten. Udet zahlt direkt aus der Armkasse, und während sich die Señores noch ihr Kinn reiben, ist er schon wieder über alle Berge.

Eine Woche hungert er sich bei den kostenlosen Käsehäppchen der Barkeeper von Buenos Aires durch, dann gibt ihm ein Trinknachbar die Visitenkarte von Konsul Carlos Tornquist, Mitglied des »Aero-Clubs« und Aufsichtsratsmitglied der Eisenbahngesellschaft. Der sieht die Schuldtitel der »Circulo«-Investoren geringschätzig durch und schießt Udet erst einmal das Nötigste vor. Noch in der »Aero-Club«-Lounge begegnet

Udet gleich darauf einem persönlichen Fan und Millionen-erben, der ihm seine zwei Flugzeuge tatsächlich abkauft. Auf Reklamationen wartet Udet nun lieber nicht mehr, sondern kehrt nach München zurück, wo U4, U5 und U6 inzwischen parat stehen, um im August 1925 auf der Göteborger Luft-fahrtschau präsentiert zu werden.

Bis zum Jahreswechsel (den er von nun an in Garmisch zu verbringen pflegt) langt die Zeit für eine neue Lebensab-schnittsgefährtin: die zwei Köpfe größere Gräfin Einsiedel, welche mit zwei Kindern und Dienstmädchen nun in seinem Andenken-Stadel im » Vier Jahreszeiten« kampiert, samt Pu-delmütze und Kamelhaarmantel hinter ihm übers Rollfeld stapft und beim Sockenstopfen Pfeife schmaucht und das Geld noch fröhlicher aus dem Fenster schmeißt als er. 1927 wird sie mit ihrem Steyr-VI-Wagen sogar ein Autorennen auf der Solitude gewinnen, da hat er mit einem beschwing-ten Garmischer Neujahrs-Kehraus aber längst die Trennung von ihr gefeiert.

Indes hatten die Brüder Pohlmann einen kritischen Blick in die »Udet-Flugzeugbau«-Bücher geworfen und darin als größten Exporterfolg ganze drei nach Mexiko zur Polizei-fliegerschulung verkaufte Maschinen gefunden. Da sie ex-pandieren wollen (die Versailles-Auflagen sind inzwischen gelockert), halftern sie ihren Produktionschef lieber ab – seit Anfang 1924 darf Udet *in gegenseitigem Einvernehmen* die Maschinen nur noch einfliegen. Seine private Umsatzkurve droht ihren Tiefpunkt zu erreichen. Also läßt er mit seinem Freund Walter Angermund den alten »Flugtag«-Rummel wie-der aufleben, mit Angermund als Road-Manager. Den passen-den Himmelsstürmer stellt die nun stärker florierende »Flug-zeugbau« mit ihrem nagelneuen »Flamingo«, und so läßt das Gespann fortan die Twenties kräftig roaren. Irgendwo zwi-schen Ulm und Breslau taucht wöchentlich Udets roter Flieger auf, um Werbezettel für den nächsten »Flugtag« abzuwerfen. Kinematographen kurbeln mit, wenn er den Propeller abschal-tet und zu einem dreifachen Looping mit Immelmann-Rolle ansetzt, unter Rheinbrücken oder zwischen den Türmen der Münchner Frauenkirche hindurchfliegt.

Zum Volkshelden machen ihn aber Auftritte wie der in Graz. Nachdem er am Tag zuvor bei Aussee fast gegen eine Felswand gerast wäre, zeigt er sich der jubelnden Menge am Hotelfenster – zunächst im Pyjama, dann packt er seinen nackten Hintern auf die Fensterbank und wackelt kräftig mit den Backen. Blumen am Wege pflückt er weiterhin: Noch zur Zeit von Gräfin Einsiedel macht er nach einem »Einfliegen« einen Abstecher nach Garmisch, wo ihn im Hotel bereits eine Dame erwartet. Die rammt ihm, als sie in seiner Brieftasche das Foto einer anderen entdeckt, eine Nagelschere in die Brust. Udet versucht die Blutung mit einem Taschentuch zu stillen, schleppt sich zu einem Arzt, bricht dort ohnmächtig zusammen, pfeift aber auf die verordnete Bettruhe und fliegt sofort weiter nach Regensburg, wo der nächste Flugtag wartet.

Dort setzt Boß Angermund dem Kreidebleichen kurz die Flasche an, schon ist der wieder in der Luft. Der »Regensburger Anzeiger«: *Ernst Udet fliegt! Diese drei Worte elektrisierten am Sonntag die ganze Stadt.* An einen seiner lukrativen Zugspitz-Segelflüge erinnerte sich später Felix von Eckhart, nachmals UFA-Drehbuchautor und zehn Jahre lang Adenauers Regierungssprecher. Udet hatte sich wie häufig in ernster Geldverlegenheit verpflichtet, für die »Münchner Illustrierte« vom Zugspitzhaus über den höher gelegenen Zugspitzgrad hinwegzusegeln. Von Eckhart, damals Redakteur der »Münchner Neuesten Nachrichten«, sollte dies schildern und fotografieren. Von Eckhard weiter: *Als er oben auf der Zugspitze angekommen war, gefiel ihm das Ganze gar nicht. Wenn die erwarteten Aufwinde ausbleiben sollten, war wenig Hoffnung, ohne – günstigstenfalls – gebrochene Knochen aus der Sache herauszukommen. Mir gefiel die Sache ebensowenig, denn als passioniertem Fotografen war mir klar, daß nicht viel auf den Fotos drauf sein würde. Vorläufig aber richteten wir uns erst einmal gemütlich ein. Udet war ein sehr amüsanter Gesellschafter, und ich schrieb möglichst lustige Feuilletons,* mit Karikaturen von Udet bereichert. Aber es geschah nichts. Allmählich kamen etwas ungeduldige Anrufe des Verlags, wann es denn nun losgehe. Udet aber segelte nicht, und mir ging langsam der Stoff für brauchbare Glossen aus. Erst als die Situation brenzlig wurde, riß Udet sich zusammen, trank einige große Kognaks, ließ sich anschleppen und schwebte los. Fünf Minuten später war er tatsächlich über den Grat geschrammt und heil im Tal gelandet.

Just dort beschließt er seinen Umzug nach Berlin. Trotzdem selten zu sehen kriegen wird ihn ein Verwandter, der dort seit sieben Jahren lebt: sein unehelicher Sohn.

3

Berliner Advent um 1930. Aufziehen die hochgemuten Zimmer-Schützen Ernst Udet (34), weiland Weltkriegsheld, jetzt Sensationspilot, und Heinz Rühmann (28), Filmschauspieler, beide mit schwerer Schlagseite. Ort: Udets Bad. Requisiten: ein großer amerikanischer Revolver, drei, vier Flaschen Cognac. Zweck des Beisammenseins Rühmann zufolge: *Erni und ich schossen gern. Einmal zur Weihnachtszeit probierten wir unsere Künste an einem dicken Karpfen in seiner Badewanne. Er hatte ihn geschenkt bekommen, aber niemand, die Köchin eingeschlossen, konnte ihn umbringen. Wir standen vor der Wanne, und Udet erzählte etwas von einem Brechungswinkel, den man berechnen müsse, holte den schweren Colt vom Nachttisch und schoß als erster. Dann ich. Aber wir kamen offenbar mit dem Brechungswinkel nicht zurecht; der Rand der Badewanne sah gar nicht mehr so gut aus wie vorher. Der Karpfen schwamm weiter in der Badewanne, dort erlebte er Silvester und den Anfang des neuen Jahres.* Dieweil die festlich Berauschten vermutlich noch Krippenumfeld und Nußknacker-Truppe dezimierten; Udet setzte Gästen um diese Zeit auch gerne den erleuchteten Adventskranz aufs Haupt und löschte dann auf seine Art das Licht.

Beckett-artig jedenfalls rafft die Szene den ganzen Udet zusammen, den der Berliner Jahre zumal: erstklassigste Besetzung, verzwickteste Bemühungen, schärfste Drinks und Unmengen von Kleinholz. Vom Umzug 1927 an war Berlins turbulentes Tempo seinem Naturell mehr als entgegengekommen, als geborener Volksheld und Draufgänger bündelte er hier seitdem zentral diverse Massensehnsüchte: Den Ruhm des geschlagenen Kaiserheeres wie modernsten technischen Pioniergeist verkörperte seine Fliegergloriole; der Saufaus, Herzensbrecher, das kernige Original nahm nicht weniger für sich ein. In Berlin ratterten dazu die meisten Rotationsmaschinen, saßen Filmgesellschaften und Firmenzentralen und darin die für ihn wichtigen Türöffner: in der Presseabteilung der Lufthansa etwa sein Ex-»Flugtag«-Manager Walter Angermund.

Der holt ihn gleich nach der Ankunft aus seiner möblierten Zweizimmer-Absteige Bendlerstraße 6 (Türschild: »Ernst Udet – Kunst- und Privatflieger«) und führt ihn in die Szene ein: ins Schlemmer-Dorado »Horcher«, wo fortan immer ein Teller Kalbsröllchen mit Reis und Champignons für ihn dampfte, oder ins Exilrussen-Restaurant »Medwjed«. Für die Nachteulen vom Kurfürstendamm hatte er sein Varieté-Repertoire rasch aufgefrischt: Neben Jonglieren und dem Fakirtrick mit der Krawattennadel durch die geschlossenen Lippen hielt er nun gern Teller über Kerzenflammen und kratzte dann mit Finger oder Nadel Schnellportraits der Umsitzenden in den Ruß. Die Bleibe am Bendlerplatz wartete bald auf Nachmieter, eine Etage am Fehrbelliner Platz hielt ihn auch nicht lang. Erst das dritte Zuhause wurde zum legendären Standquartier mit Udet-Budenzauber.

Wie oft war ich in seiner kleinen gemütlichen Wohnung, Pommersche Straße 4, am Hohenzollerndamm, erinnert sich Heinz Rühmann später. *Das Musterbeispiel einer Junggesellenbude. Eine Höhle, urgemütlich. Hier trafen sich Elly Beinhorn und Max Schmeling, der trinkfeste Joachim Ringelnatz und der Rennfahrer Rudolf Caracciola.*

Außerdem Dramatiker Carl Zuckmayer und Rennfahrer Hans Stuck, oft auch alle zusammen an der »Propellerbar«, Udets mit Jagdtrophäen, Reisesouvenirs und Flugzeugtrümmern zünftig ausstaffiertem Privatausschank. Unerbittlich fleddert Udet dabei seine Finanzen. 1925 z.B. hat er mit 17 »Flugtagen« (80.000 Mark), Wettbewerbspreisen (58.000 Mark) und diversen Werbeflügen (21.000 Mark) rund 160.000 Mark zusammengebracht, eine für damalige Verhältnisse immense Summe. 1926 kassiert er sogar fast eine Viertelmillion, 170.000 allein durch Schauflüge. Und so Jahr für Jahr. Aber wenn er 3.000 Mark verdient, gibt er 4.000 Mark aus, heißt es im Freundeskreis. Vielfältig sinnt

Udet auf Abhilfe: Er läßt sich die »Udet-Schleppschrift« ein-
fallen, mit Bild oder Schrift bedruckbare Stoffbahnen mit
bleibeschwertem Saum, per Kurbelrad an der Fliegerkanzel
aus einer Röhre unterm Rumpf zu entrollen. Dies Patent
versucht er immer wieder der deutschen und schweizerischen Luftwaffe als Zielobjekt für Jung-Artilleristen auf-
zuschwatzen, aber beide beißen nicht recht an. Immerhin
bessern riskante Testflüge das Budget auf, und schief geht
es dabei weiterhin meist für andere. So im Sommer 1928,
als er mit Fliegerfreund Paul Bäumer das Flugboot »Rofix
Rohrbach IX« in Kopenhagen einfliegt. Bäumer hat mit seiner »Sausewind« gerade zwei Rekorde aufgestellt (6782m
Höhe und 191 km/h auf der 100-km-Strecke). Udet ist der
richtige, mit ihm darauf anzustoßen. So steigt Bäumer am 15.
Juli morgens um acht Uhr verkatert in die Rofix und stürzt
aus 1.000 m Höhe in die Ostsee; als die Maschine geborgen
wird, sitzt ein Toter angeschnallt im Schalensitz. Udet aber
hangelt sich weiter durch die Schlagzeilen.

Etwa durch Auftritte bei ehemaligen Kriegsgegnern: Bei der
»Union des pilots civils de France« macht Udet im Dezember
1928 mit einem Vortrag über die deutsche Zivilluftfahrt in
Paris die Honneurs und hängt noch eine Stummfilm-Darbie-
tung dran: »Udet, der Meister der Lüfte«.

Frankreichs Luftheroen kritzeln ihm danach hymnische
Widmungen auf ihr Konterfei. Auch bildnerische Neben-
stunden weiß er zu vergolden. Einem Verlagsmann sind die
Karikaturen aufgefallen, die die Wände im »Heldenkeller«
zieren, dem unterirdischen Etablissement des Flughafenre-
staurants Tempelhof. Etwa die der 25jährigen amerikanischen
Pilotin Ruth Eider nach ihrem Versuch, von New York nach
Paris zu fliegen. Bei Udet sieht man sie nach ihrer Notlandung 560 Meilen nördlich der Azoren auf dem Atlantik düm-
peln. Die »Heldenkeller«-Blätter, ergänzt um einige schnell
hingepfuschte Skizzen zum Luftfahrt-Betrieb und alberne
Verse, erscheinen 1928 im Karikaturenband »Aus der Luft
gegriffen«.

Rührt sich mal kein Lüftchen, macht er selber Wind. So kündigt er Ende 1926 die Eröffnung neuer Udet-Flugzeugfabriken an. Derartiges lockt weiter helle Scharen zum »Schauflugtag«-Zirkus: In Chemnitz, Würzburg, Stuttgart, München, Graz, Halle oder Wien starren Zehntausende zum Himmel. Atemlose Stille, wenn er mit abgeschaltetem Motor »*das fallende Blatt*« markiert oder mit einem Eisenstachel an der linken Tragfläche Taschentücher vom Boden aufpiekst. Glanztage einer Ära, wenn, wie auf dem Tempelhofer Feld am 8. September 1928, 2.00000 Zuschauer zusammenkommen: Da steigen zu Beginn 5500 Brieftauben auf, sechs Kunstflieger rund um Udet formieren sich zum luftigen Gruppenbild.

Doch nicht alle Effekte sind so harmlos wie die Paradenummer des Pour-le-Mérite-Leutnants Buckler, der beim Landeanflug »Was kommt dort von der Höh?« auf der Trompete bläst. Beim Flugtag in Karlsruhe am 20. September 1928 springt der Student Otto Fußhöhler aus Landau bei Udet ab, aber sein Fallschirm öffnet sich nicht. In Stuttgart verunglückt der Artist Fritz Schindler am 18. September 1930 tödlich beim Versuch, in der Luft auf einer Strickleiter von einem Flugzeug ins andere zu klettern. (Insgesamt sogar vier Tote: Die Leiter verfing sich im Leitwerk der beiden Maschinen, die aneinandergefesselt zu Boden krachten.)

Vorerst ähnlich fest gestaltet sich Udets Bindung an Thea Rasche (den Kalauer mit der »raschen Thea« verkneift sich Udet natürlich nicht). Die flugbegeisterte und kapriziöse Essener Brauereibesitzerstochter – ihren Bräutigam hat sie eine halbe Stunde vor der Trauung versetzt – hat ihm zwar einen zu »dicken Hintern«, trotzdem ist geraume Zeit von einer gemeinsamen Ozeanüberquerung die Rede. Begleiterin am Boden ist Ende der 20er außerdem die Schauspielerin Antonie Straßmann. Deren Manko: Kaiser Wilhelms Ältester, Udets Freund Kronprinz Wilhelm, hat gleichfalls ein Faible für sie. So trudeln die Goldenen Zwanziger allmählich ihrem Ende entgegen – mit Udet als ihrem Abgott: für die Frauen, die er mit seiner Vitalität eher niedermacht als erobert, und für Berlins Prominenz. Als kleines Ruhmesblatt erhielt sich das Gedicht vom *Fisch Plattunde*, das sein Freund, »Kuttel-Daddeldu«-Poet Joachim Ringelnatz für ihn schrieb (siehe Seite 121). Skatbruder Ringelnatz nimmt er auch zum Fliegen mit (»Flugzeuggedanken« heißt prompt dessen nächster Gedichtband) und schenkt ihm unter Propellerbarlampen gewissenhaft nach – es sind Sternstunden für Kleinkunst und Korkenzieher, wenn die zwei in trüben Schwenkern nach der Krone der Trinkerweisheit fischen. Auch ein damals hochberühmtes Jugendbuch mehrt seinen Ruhm, Wilhelm Speyers Internats-Chronik *Kampf der Tertia*: Die Flieger Lindbergh, Chamberlain und Levine mögen großartige Kerle sein, aber *Udet ist ein As* – da sind sich die Schulheim-Zöglinge Borst und Hornborstel einig.

Und Geschichten gehen über ihn um: Einem Paar, das mit Autopanne an der Landstraße hockt, wirft er im Tiefflug eine Flasche Cognac zu, Bauern schreckt er hinter dem Pflug auf, scheucht Hasen über die Felder und einen tschechoslowakischen Flugschüler per Scheinangriff wieder nach Hause, als der sich über die Grenze verirrt hat. Bevor sich die Dekade endgültig rundet, nimmt er noch zwei Herausforderungen an: Spielfilm und Reklame. Für den Dolomiten-Reißer *Die weiße Hölle vom Piz Palü* engagiert ihn Gebirgsfilm-Spezialist Amold Fanck neben dem Schauspieler Eduard Diessel und Hitlers späterer Parteitags-Muse Leni Riefenstahl für eine der Hauptrollen. Während die beiden Mimen ein junges Paar spielen, das durch eine Lawine in Todesgefahr gerät, bis sich ein Bergsteiger für sie opfert, spielt Udet sich selbst, d.h. rettet beide mit einer gewagten Landung im letzten Moment aus höchster Bergnot. Außerdem sorgt er für sensationelle Perspektiven bei Luft- und Gletscheraufnahmen, wenn er mit seinem winzigen Brummer an den Klüften und Schründen entlanggleitet. *Die wohl herrlichsten Wochen seines Lebens* nennt er die Drehzeit im nachhinein. *An fünfzehn aktive Fliegerjahre zurückdenkend kann sich nichts mit diesen Eindrücken messen* (zu denen auch eine Frau Feising, Ex-Gattin eines Berliner Juweliers, gehört, die in ihrem Hotelzimmer in St. Moritz kaum Zeit findet, ihr Kopfkissen aufzuschütteln, so häufig schaut er zwischendurch vorbei).

Als im Mai 1929 seine »Flamingo« generalüberholt werden muß, folgt er einem anderen Zug der Zeit: Auf den renovierten Flügeln prangt der »Scintilla«-Schriftzug der Solothurner AG für Magnet- und Zündsysteme, am Rumpfende das »Mobiloil«-Emblem, auf dem Seitensteuer der stilisierte Adler der bayerischen Flugzeugwerke und auf der Motorhaube das Zeichen von Siemens & Halske. Am 16. Mai 1927 hat ein englischer Kunstflieger erstmals das Wort »Persil« mit »Rauchschrift« in den Himmel geschrieben, Schokolade-Unternehmen wie Trumpf unterhalten inzwischen eigene Fokker-Staffeln. Im Frühsommer 1929 nimmt ihn der Werbechef der Rasierklingen-Firma Rotbart im Tempelhofer »Heldenkeller« beiseite: Rotbart-Boß Roth wäre bereit, den Namen Udet groß auf die obere Tragfläche einer seiner beiden Maschinen malen zu lassen. Auf der unteren Tragfläche allerdings die Markennamen »Rotbart« und »Mond Extra«: *Außerdem würden wir große blaurote Wasserbälle kaufen, die jetzt so beliebt sind. Auf der einen Seite der Bälle würden wir drucken: Gruß von Udet! Auf die andere Seite: Gut rasiert, gutgelaunt, Rotbart und Mond Extra. Und dann würden wir Sie bitten, einmal im Juli und einmal im August entlang der Küste von Borkum bis Kolberg zu fliegen und die Bälle abzuwerfen. Ich könnte mir vorstellen, daß Herr Generaldirektor Roth dafür 200.000 bis 300.000 Mark auslegen würde.* Am selben Nachmittag ist Udet mit ein paar Übungsbällen in der Luft.

Am 24. Juli 1929 geht's dann los: Udets »Bäderflug« treibt an den deutschen Stränden drei Wochen lang die Urlauber zusammen. Ab und zu fliegt Freundin Thea Rasche vorbei: Die bombardiert Deutschlands Sommerfrischler gerade für Sunlight mit kleinen Seifenstückchen. Für Ende August hat er den Beginn einer neuen Schauflug-Saison festgesetzt, doch die Tour wird ihm von der hereinbrechenden Weltwirtschaftskrise übel vermasselt, der Zulauf an den Kassen wird merklich geringer. Udet nimmt's nicht tragisch; nur wenige Dinge zählen wirklich für ihn. Dazu gehören die Neujahrstage zwischen Garmisch und Zugspitze und seine Freundschaft zu Heinz Rühmann. Zu Silvester düst er meist mit Sekt und Forellen zur Zugspitz-Gipfelstation hinauf, verewigt sich mit Flamingo, Schnapsnase und drei geflügelten Buddeln im Gefolge im Gästebuch und schaut dann, was sich mit Garmischs Schickeria-Buben veranstalten läßt. Mit denen fährt er kombinierte Flugzeug-Auto-Rennen auf dem zugefrorenen Eibsee, zur Jahreswende 1930 führt Fritz von Opel dort seinen Schlitten mit Raketenantrieb vor, und Udet gabelt mit einem Stahlsporn am Flugzeug ein Taschentuch von einer vier Meter langen Stange, die man waagerecht am Balkon des Hotels angebracht hat. Abends stellt die muntere Gesellschaft ihre Sektflaschen dann auf der Kegelbahn auf.

Rühmann hatte Udet schon während seiner frühen Münchener Engagements an Schauspielhaus und Kammerspielen beobachten können: *Ab und zu sah ich Udet auf meinem Weg ins Theater in einem offenen Sportwagen in ziemlichem Tempo die Maximilianstraße hinunterfahren, vor dem Hotel »Vier Jahreszeiten« stieg er auf die Bremse, drehte sich um seine eigene Achse, sauste in die Einfahrt vom Hotel, ließ den Wagen stehen und warf dem Portier lässig den Schlüssel zu. Das imponierte mir gewaltig.* Kennen lernen sich die beiden aber erst Anfang der 30er Jahre auf einem Faschingsball im Münchner »Regina«-Hotel. Rühmann hatte inzwischen selbst ein Flugzeug gekauft und Flugunterricht beim Pour-le-Mérite-Flieger Eduard von Schleich genommen: *Ich hörte, daß er im Saal sei, ging wie selbstverständlich in seine Loge und begrüßte ihn wie einen lieben alten Freund.(...) Udet war diesem Abend so wie meist von einem Kranz schöner Frauen umgeben. Er genoß es wie ein Pascha. Es wurde eine lange und lustige Nacht. Nachdem die Damen verteilt waren – was übrig blieb, nahm Udet mit – verabredeten wir zwei uns für den nächsten Mittag auf dem Flugplatz Oberwiesenfeld. Pünktlich, wenn auch mit leicht verpliertem Blick, trafen wir uns*

*vor unseren Maschinen. Erni erklärte das Programm. »Ich
starte als erster, du kommst mir nach, wir besuchen erst eine
Freundin von mir, die am Englischen Garten wohnt; die Eh-
renrunden aber nicht zu tief, sonst fallen ihr die Tassen vom
Tisch! Dann zurück, machen wir überm Platz etwas Kunst-
flug, du fliegst mir jede Figur nach, nur am Schluß, wenn ich
durch die Halle fliege, kannste draußen bleiben, wir treffen
uns in der Kantine. Servus, Kleiner.« Erni flog riskant und
formvollendet, ich armes und unerfahrenes Häschen wacke-
lig und zaghaft hinterher: Die Akrobatik in der Luft besiegel-
te unsere Freundschaft, die richtig schön und unzertrennlich
in Berlin wurde.*

In Udets Wohnung schießen sie mit Kleinkalibergeweh-
ren. *Wir versuchten es wie die Kunstschützen über die Schul-
ter mit dem Rücken zum Ziel, das wir nur in einem kleinen
Spiegel sahen, den wir vor uns hielten. Und das Ziel? Eine
Spielkarte. Aber nicht deren Vorder- oder Rückseite, sondern
deren Kante. Als keine Birnen mehr im Kronleuchter waren,
bat Erni mich höflich, das Feuer einzustellen.* Der hält sich
derweil in allen Sätteln: In Arnold Fancks »Stürme über dem
Mont Blanc« rettet er als Pilot Thoreau mit Leni Riefenstahl
in tosendem Schneesturm einen Meteorologen aus der zerstörten Gipfel-Wetterwarte. In Wilhelmshaven demonstriert
er Flak-Artilleristen die »Udet-Schleppschrift« und lanciert,
er wolle auf dem Mount Everest landen. Als die englischen
Kolonialbehörden das ablehnen, wirft er sich auf den schwarzen Kontinent.

Der Reemtsma-Werbeabteilung kommt im Sommer 1930
die Idee, Udets Abenteurer-Prestige für einen Dokumentarfilm zu nutzen: »Fremde Vögel über Afrika«. Die fremden Vögel sind sein Flugpark: Motte, Klemm und BWF M-25. Mitte
Oktober 1930 schippert er samt Film-Crew, Frau Feising und
sieben Lastwagenladungen Filmausrüstung, die für Reemts-
ma-Geld landeinwärts nach Arusha ins Tanganjika-Areal im
heutigen Tansania geschafft werden, von Genua nach Mom-
basa. Shell spendiert 500 Liter Treibstoff, am Manyara-See

errichten Eingeborene das »Camp Udet« und sengen eine Landebahn ins Steppengras. Udet bringt Leicas an den Streben seiner Tragflächen an, knipst und zeichnet eingeborene Mädchen beim Tanz resp. Frau Feising unter der Camp-Dusche.

Ab Weihnachten 1930 fliegt man filmend wochenlang über die Fauna der Serengeti hinweg. Diverse Episoden versorgen die Ullstein-Presse mit Material: Mal verlockt warmes Motorenöl einen Bienenschwarm, sich im Klemm-Motorblock einzunisten; als Udet im Tiefflug auf eine Löwengruppe zuhält, springt eine Löwin ihm aufs Fahrgestell und ist erst durch einen Looping wieder abzuschütteln; sein Co-Pilot Suchotzky und der Kameramann Siedentopf landen eines Tages in der Nähe eines Felsens, der plötzlich als Nilpferd auf sie zuwalzt. Als Suchotzky durchstartet, stößt er mit dem Fahrgestell gegen einen Termitenhügel und überschlägt sich. Udet landet mit der »Motte«, muß aber erst das Nilpferd mit Gewehrschüssen verjagen, bevor er die beiden mit dem Buschmesser unter den Trümmern freihacken kann. Beide Männer wirken nicht ernstlich verletzt, verlieren aber in den nächsten Monaten laufend Gewicht. Ihre Haut schrumpft, schließlich sterben sie, vermutlich weil sie auf einer aasverseuchten Stelle niedergingen. Im März 1931 sind die Dreharbeiten beendet; Udet fliegt mit Kameramann Schneeberger zum Viktoriasee.

Kurz nach der Nilüberquerung zwingt ein Benzin-leitungsbruch zur Notlandung. Udet filtert dem fieberkranken Schneeberger Sumpfwasser durch seinen Pyjama, während ein Trupp Lau-Neger bedrohlich in der Nähe lungert. Nach ein paar Tagen entdeckt sie ein Pilot der RAF. Via Kairo landet Udet dann am 9. April wieder in Hamburg, fährt weiter nach München, wo ihn die Pressefotografen mit Lorbeer und Weißwurst bekränzen. Klar, daß er die Ereignisse mit einem Ghostwriter-Buch zweitvermarktet, klar auch, daß es dann fix nach Berlin zurückgeht. Und dort macht sich, als die Lufthansa im lokalen »Atrium« einen Abend mit Ausschnitten aus dem Afrika-Streifen gibt, ein alter Bekannter an ihn heran: sein letzter Weltkriegs-Kommandeur Hermann Göring, inzwischen Reichstagsabgeordneter der NSDAP, plauscht mit ihm zum ersten Mal seit über einem Jahrzehnt; lose vereinbart man ein weiteres Treffen.

Nach dem üblichen Jahreswechsel in Garmisch fragt ihn der Gebirgsfilmer Fanck, ob er Zeit habe, Leni Riefenstahl nochmals aus eisiger Gletscherhölle zu retten; diesmal in Grönland. Keine Frage. Da die Dreharbeiten im Packeis erst im April 1932 losgehen, bleibt Udet noch Zeit, Frau Felsing abzuschütteln und aus Carl Zuckmayers Theaterumgebung die Schauspielerin Elloys Illing für sich zu gewinnen. (Eine bemerkenswert emanzipierte Wahl, vorher war sie aufmerksamen Beobachtern des Berliner Tagesgeschehens dadurch aufgefallen, daß sie als vermutlich erste Frau der Welt eine WG per Zeitungsannonce zu gründen versuchte.)

Von Hamburg aus setzt sich der Eisfrachter *Borodino* in Bewegung, um die Crew des Films »S.O.S Eisberg« zum polaren Set zu bringen: 58 Männer und Frauen (unter ihnen, von Udet »Laus« und »Floh« genannt, Elloys Illing und Afrika-Kameramann Schneeberger), außerdem drei Eisbären und zwei Seehunde vom Hamburger Tierpark Hagenbeck. Die Zeit der Überfahrt vertreibt sich Udet mit Schießübungen an Deck.

Nach ein paar Tagen taucht aus dem Nebel des Nordmeers dann Grönlands Küstensiedlung Umanak auf. Man errichtet ein Zeltlager und beginnt mit den Dreharbeiten. Aus der Luft muß Udet geeignete Schauplätze ausfindig machen: Gletscher, Eisfelder, Schelfgebiete, zu dem sich ein Teil des Filmteams dann begibt und für die Zeit der Aufnahmen von Udet aus der Luft versorgt wird. Berühmt machen »SOS-Eisberg« die riskanten Flugszenen. Mal wird Udets Flugzeug fast zwischen zwei Eiswänden zerdrückt, mal opfert er eins der drei mitgebrachten Flugzeuge für eine Unfallszene auf dem Eismeer (und wird hinterher total unterkühlt aus dem Wasser geborgen; Leni Riefenstahl erkältet sich beim Film-Sturz ins Wasser derart, daß der Dampfer »Disko« sie vorzeitig wieder nach Hause bringen muß).

Bis zum Schluß leisten Udet und Kameramann Schneeberger *alles Unmögliche, wenn sie genügend Cognac bekommen haben* (Regisseur Fanck). Und beinahe ist der 8. Oktober Udets letzter. Da liegt seine M 23, umgeben von zwei Motorbooten und rund dreißig Kajaks im Wasser, während die Schlußszene gedreht wird: Abstieg von einem Eisberg. Derweil Fancks Männer noch kurbeln, werden die Eskimos in ihren Bötchen immer aufgeregter: »Eijorpok! Eijorpok!« rufen sie, »Gefahr, Gefahr!« Udets Biograph Armand von Iphoven: *Tatsächlich begann der Eisberg zu wanken und drohte Udets Maschine unter sich zu begraben. Rings um den Eisberg war breiiges Eis entstanden, das beim Starten unweigerlich die Schwimmer aufgeschnitten hätte. Udet blieb nichts anderes übrig, als direkt in Richtung auf den Berg zu starten, weil dort noch ein Streifen eisfreien Wassers war. Aber als er mit Vollgas auf die riesige Wand zuraste, wurde die Maschine durch einen aus dem Wasser aufsteigenden Fuß des Eisbergs emporgehoben. Udets Ende schien gekommen zu sein, doch die Maschine rutschte von dem harten Eis ab, kam frei, und aus einer Kurve heraus gelang Udet der Start.*

4

»S.O.S.Eisberg« genießt dank der Berliner Vorabpresseberichte enorme Publicity. Das Kadewe richtet zur Premiere eine Grönland-Ausstellung aus, Udet und Leni Riefenstahl eröffnen sie in einem Berlin, in dem schon die Nazis regieren. Udets Stimmung bei Hitlers Machtantritt überlieferte sein Freund Carl Zuckmayer, der den letzten Presseball der Weimarer Republik im Januar 1933 besuchte: *In der Ullstein-Loge, die gleich neben der Regierungsloge lag, trafen wir Freunde: Ernst Udet, Bruno Frank, Max Krell. Der Verlagsdirektor Emil Herz ließ uns fortgesetzt die Gläser füllen und wiederholte dazu:* »*Trinken Sie nur, trinken Sie nur – wer weiß, wann Sie wieder in einer Ullstein-Loge Champagner trinken werden.*« *Im Grunde wußten wir alle: Nie mehr.* »*Schau dir die Armleuchter an*«, *sagte Udet zu mir und deutete in den Saal,* »*jetzt haben sie alle schon ihre Klempnerläden aus der Mottenkiste geholt. Vor einem Jahr war das noch nicht à la mode.*« *Tatsächlich sah man auf vielen Fräcken die Bändchen und Kreuze der Kriegsdekorationen, die früher kein Mensch auf einem Berliner Presseball getragen hatte. Udet band sich seinen Pour-Le-Mérite vom Hals und steckte ihn in die Tasche:* »*Weißt du was?*« *schlug er mir vor,* »*jetzt lassen wir beide die Hosen runter und hängen unsere nackten Hintern über die Logenbrüstung.*« *Um meine Frau zu ängstigen, die uns der Ausführung eines solchen Vorhabens für fähig hielt, steigerten wir uns hinein bis zum Lösen der Hosenträger. In Wahrheit war uns keineswegs humoristisch zu Mute. (...) Wir verließen das Fest mit Udet und saßen dann in seiner kleinen Propeller-Bar, bis der Morgen graute, ich nahm seine alte Gitarre von der Wand und sang meine Cognac-Lieder, wie oft zuvor.* *

Heinz Rühmann fällt allerdings schon bald eine bedenkliche Entwicklung auf: *Im Laufe der Monate änderte sich – anfangs unmerklich – Udets Meinung. Er ließ Bemerkungen fallen wie* »*So wie wir gedacht haben, sind die gar nicht*«

oder »Man muß die erst mal kennenlernen« und ähnliches. Einmal regte er sich auf, als er für den Blockwart einen Fragebogen über seine arische Abstammung ausfüllen sollte. Er schmiß den Mann raus und beschwerte sich an oberster Stelle. Der Erfolg war, daß er nicht nur keinen Fragebogen brauchte, sondern gleich, was er nicht wollte, in die Partei aufgenommen wurde. Dann ging es schnell; er führte mich vor seinen Kleiderschrank, öffnete die Türen, mein Blick fiel auf verschiedenste Uniformen, Fliegerkombinationen, Dinner-Jackett, pelzverbrämter Mantel, Offiziersmütze. Er zeigte, wie ein Dompteur im Zirkus, auf die Ausstattung: »Alles umsonst, kostet mich keinen Pfennig, im Gegenteil, ich krieg noch was im Monat, Gehalt als Oberst!« Ich war sprachlos. Konnte nichts sagen. Wollte nicht. Er hatte kein Geld mehr, von ein paar Flugtagen konnte er nicht leben, und dazu der ständige Druck, der auf ihn ausgeübt wurde, einen Rang bei der Luftwaffe anzunehmen. Im Innern war er wohl Soldat geblieben, sein Gesicht vor dem Schrank zeigte es mir, das bunte Tuch gefiel ihm ja doch! Aber Rühmann faßt es etwas ungenau zusammen: Auf seine Art sollte Udet sich noch über zwei Jahre sträuben.

»Prost 1933!«: So heißt das ahnungslose Motto unter einer Karikatur, auf der Ernst Udet im Flieger den Sektkelch schwenkt; und es ist Eröffnungsbild eines Taschenkalenders mit Cartoons, von dem er noch acht weitere Ausgaben fabrizieren wird. Exakt trifft die Devise auch Udets Mentalität beim Übergang ins Dritte Reich – bloß nichts auf die Trinkfreude kommen lassen!

Während Terrorkommandos und Fackelmarschierer Berlin beherrschen, weiht Udet mit einer flotten Party seine Grönlandbar ein und tummelt sich zu letzten »S.O.S.-Eisberg«-Shootings in St. Moritz. Bei einer Lufthansa-Gala läuft ihm auch Göring wieder über den Weg, doch mit den Nazis kann der deutschnationale Bonvivant vorerst wenig anfangen; speziell mit Göring verbindet ihn weiterhin nicht viel, Göring hat sogar noch eine Art Rechnung bei ihm offen: Nur einmal war er mit dem ehemaligen Fokker-Mitarbeiter und Generalvertreter für Fallschirmseiden nochmals in Berührung gekommen: 1922 hatte ein Skandal Schwedens Hauptstadt erschüttert, Großbankiersgattin Karin von Rantzow hatte Mann und Kinder verlassen, um mit Göring durchzubrennen. Wahrheitsgemäß bezeugte Udet gegenüber der Familie, daß die alten Kameraden der weiland Richthofen-Staffel den großspurigen Aufschneider nicht sonderlich mochten, Richthofens Kämpen warfen Göring wegen seiner furiosen Brautfahrt sogar aus ihrem Traditionsclub. Seit Februar '33 kriechen sie dann allerdings zerknirscht zu Hakenkreuze. Göring ist's ein innerer Reichsparteitag, sie abwechselnd zu brüskieren und zu umschmeicheln. Bei einem Bankett zum 25jährigen Bestehen des Aero-Klubs nimmt er dann leutselig zwischen ihnen Platz und triezt den allzeit klammen Udet mit Geldversprechungen für zwei US-Curtiss-Hawk-Maschinen.

Der bleibt zunächst reserviert. Freund Rühmann hört von ihm, daß der »Eiserne« von ihm, Udet, eine Unterschrift wolle, *die bestätigte, daß Göring eine Zeitlang nach dem Tod von Richthofen im I. Weltkrieg Führer der Staffel gewesen sei. Lächelnd sagte er mir:* »*Er war's, aber ich geb sie ihm nicht.*« Auch auf den Berliner Osterflugtagen Mitte April setzt er sich vom neuen militärischen Tamtam noch ab: Während andere vor vollbesetzten Rängen einen Panzer-Luftangriff simulieren (d.h. Papp-Panzer mit Schlachtenstaub vortäuschenden Mehlsäcken bewerfen), wärmt Udet mit einer veritablen Exzentrik-Nummer Amerika-Erinnerungen auf: Zwei Jahre zuvor hatte er in Cleveland den Luftclown »Batchy« Atcherley beobachtet und watschelt nun wie dieser mit Zylinder, Gehrock, Schirm und angeklebtem Vollbart aufs Rollfeld. Sein riesiges Lehrbuch »Fliegen in zwei Stunden« unterm Arm, stellt ihn Ullstein-Pressemann Kleffel den verblüfften Berlinern als *weltbekannten Theoretiker der Fliegerei, Professor Canaros aus Vaduzien* vor. Kleffel kommentiert über Mikrophon, während Udet den Schirm an die Tragfläche hängt und mit ein paar knalligen Fehlzündungen durchstartet. Dann hebt er ab und setzt, nachdem er in der Luft ein paar Knallkörper und Rauchpatronen hat hochgehen lassen, zur Landung an, bevor ihn die Flugplatzfeuerwehr mit der Wasserspritze vom Platz treibt – macht nichts, er hat ja seinen Regenschirm dabei.

5

Vier Tage später trägt er erneut Frack und Zylinder. Manfred von Richthofen ist am 21. April fünfundzwanzig Jahre tot; als sich die Pour-Le-Mérite-Flieger an dessen Grab auf dem Berliner Invalidenfriedhof treffen, ist er unter lauter Partei-Uniformierten der letzte in Zivil. Genörgel können sich die Kollegen aber eigentlich schon sparen: Am 1. Mai macht er überm Tiergarten Adolf Hitler samt 1,5 Mio. Fans seine Kunststücke vor, eine Woche später wird er – Mitgliedsnummer 2.010.976 – im Parteilokal am Kurfürstendamm selbst PG. Nach dem Eintritt geht er ins Cafe »Künstlereck«, stellt sich vor einen Spiegel und übt, einen Cognacschwenker in der Linken, den Hitlergruß. Häufig sieht man ihn jetzt den Weg zur seit 1931 konkursen Danat-Bank einschlagen (wo provisorisch Görings Reichsluftfahrtministerium residiert) und Kautelen des Curtiss-Ankaufs besprechen.

Göring hält Wort: Zum Stückpreis von 11.500 $ dürfen Deutschlands Steuerzahler Udet zwei nagelneue Alu-Hawks spendieren. Und die Einkaufstour dazu: Von Juni bis Oktober dauert sein zweiter US-Trip, eine PR-Tour fürs neue Regime – vor Journalisten ventiliert er in fließendem Englisch, hinter Hitler stünden 40 Millionen Deutsche. Zwar habe es Fälle gegeben, in denen Juden schlecht behandelt worden seien, aber: *Der deutsche Jude, der sich um seine eigenen Angelegenheiten kümmert und ein guter Staatsbürger ist, wird nicht belästigt* – Gewäsch, dem die Stunde der Wahrheit ein paar Gläser später schlägt, wenn er z.B. bei Air-Race-Direktor Henderson vorfühlt, ob er in Amerika einen Job und ein Girl zum Heiraten finden könne: *Die verdammten Nazis. Wenn ich zuhause bin, werde ich auch ein braver Nazi sein.* Anfang Oktober, die »S.O.S.«-Premiere in New York liegt hinter ihm, dampft er mit der »Europa« wieder heim ins Reich.* Auf dem geheimen Wehrversuchsflugplatz Rechlin warten die Curtiss-Maschinen.

Heimlich wird hier die neue deutsche Luftwaffe ausgebrü-
tet. Man will die Curtiss-Flugeigenschaften möglichst schnell
an Sturzkampfbombern ähnlicher Bauart weiterentwickeln;
Absichten, hinter denen sich für Udet die verlockende Perspektive abzeichnet, oberster Testpilot zu werden. So führt er
am 8. Dezember einer von Staatssekretär Erhard Milch ange-
führten Luftfahrtministeriumsabordnung Sturzangriffe vor
– Milchs und Udets Schicksal wird der Nazi-Rüstungsboom
fortan eng verketten. Bis Kriegsende hält sich der Organisa-
tor in den obersten Luftwaffenrängen und bezieht Udet von
nun an in alle Sturzkampfkonferenzen ein. Der muß Anfang
1934 ein Telegramm aufsetzen: Schauspielerin Ehmi Bessel
hat von ihm ein Töchterchen bekommen. *Allerherzlichsten
Glückwunsch Stop* kabelt er ihr ans Wochenbett. *Nenn es An-
nemarie Stop Schreib mir bitte Stop Eibseehotel.* Mehr hört
Ehmi nicht, Ernst hat sich längst die Berliner Salonsphinx
Inge Bleyle geangelt.

Stück für Stück klingt nun Udets Zivilleben aus. Zwei Filme dreht er noch, den Dokumentarfilm »Deutscher, fliege!«
(der die zeitgenössische Euphorie auf Deutschlands Flugplät-
zen einfängt) und »Das Wunder des Fliegens« (in dem er einen Jungen, dessen Vater im Ersten Weltkrieg abstürzte, dazu
bringt, ebenfalls Pilot zu werden). Außerdem bestsellt seine
1933 erschienene »Autobiographie« (»Mein Fliegerleben«),
verfaßt vom Ullsteinlektor Dr. Paul Karlsson, gleich in Hun-
derttausender-Auflagen. Gleichschaltung, neue Wehrpflicht
und Nürnberger Rassengesetze tangieren Udet nicht, trotzdem geht es ihm am 20. Juli um ein Haar an den Kragen. Heinz
Rühmann: *Erni hat die schwere Curtiss, die er aus Amerika
mitgebracht hat, aus der Tempelhofer Halle ziehen lassen und
war zu einem Kunstflugtraining gestartet. Plötzlich geht die
Maschine ins Trudeln über, kommt aus dem Trudeln nicht
mehr heraus, und schlägt auf dem Boden auf. Alles schreit
»Udet, Udet!« – die Feuerwehr rast zu der Staubwolke und
versucht zu retten, was zu retten ist. Plötzlich zeigt einer nach
oben, schreit: da ist er! Fröhlich am Fallschirm pendelt Erni.*

Später erzählte er, daß er vergessen hatte, sich im Flugzeug anzuschnallen, Gott sei Dank habe er jedoch den Haken vom Fallschirm eingeklinkt gehabt, und das war gut, denn beim ersten Looping, als die Maschine auf dem Kopf stand, sei er rausgefallen. Ungeheures Gelächter, das sich steigerte, als folgendes Telegramm eintraf: »*Auch in dieser Situation haben Sie wieder einmal Ihre Umsicht und Kaltblütigkeit bewiesen. Ich gratuliere Ihnen persönlich und im Namen der Nation, in alter Kameradschaft, Ihr Hermann Göring.*«

Die Akzentverschiebung Richtung Luftwaffe illustrieren die Karikaturen-Kalender: 1934 zeigten sie ihn noch als Professor Canaros, zwischen Löwen, Indianern und Eisbergen. 1935 sieht man Göring in einer Ju 52, die Männer vom Deutschen Luftsportverband als Zinnsoldaten, Milch als Flugschüler. Sich selbst zeichnet er beim Absprung aus der Hawk und gemeinsam mit seinem Hund Bulli weinend am Grab der »Flamingo«, die ein Flugschüler zu Bruch geflogen hat. Daß er gesellschaftlich aber weiterhin obskurer Paradiesvogel bleibt, demonstriert ihm die Einladung zu Görings Hochzeit mit Schauspielerin Emmy Sonnemann. Man plaziert ihn beim Gesocks, zwischen »Stürmer«-Herausgeber Streicher und Röhmputsch-Bluthund Daluege. So zieht er letzte Konsequenzen: Rückwirkend zum 1. Juni 1935 wird er Oberst der Luftwaffe. Einige zehntausend Hannoveraner, über denen er am 25. August noch einmal *akrobatelt*, sind sein letztes zahlendes Publikum.

6

Am 12. Oktober bezieht er im neuen Reichsluftfahrtministerium in der Wilhelmstraße das Büro 210 (und karikiert sich selbst als beschwingten Flaneur auf den Amtsfluren, dem die geheimsten Papiere aus der Mappe flattern – Korridore, über die heutzutage Peer Steinbrücks Sparkommissare huschen.). Zwangsläufig bekommen seine ständigen Witzchen nun gelegentlich eine verteidigungspolitische Note: Einem englischen Journalisten berichtet er von Versuchen mit einer Strahlenkanone, *er habe mit eigenen Augen gesehen, wie sie Autos auf 4.000 m Entfernung zum Stillstand gebracht habe.* Allgemein versucht die Luftwaffenspitze mit derlei Bluff zu verdecken, daß ihr Rüstungsprogramm zu dieser Zeit nur ein Sammelsurium der Prototypen ist, die ihnen Heinkel, Messerschmitt etc. andienen, und daß sie keine Ahnung hat, welchen Zwecken die neue Luftarmada eigentlich dienen soll. England solle auf keinen Fall angegriffen werden, so viel hat Luftmarschall Göring beim Führer heraushören können. Also wirft sich die eine Ministeriumsfraktion auf weitreichende Uralbomber, eine andere auf Großsegelflugzeuge, erste Hubschrauber und kleine Beobachter werden entwickelt, Flugzeuge mit zwei Rümpfen und vollverglaster Bodenkanzel, alles von Udet gern erprobt und häufig noch schneller wieder abbestellt.

Details interessieren Göring nicht, er achtet nur darauf, daß in der Hierarchie unter ihm keiner zu mächtig wird, und hetzt seine Unterchargen gegeneinander auf. Hauptresultat des verqueren Gefüges ist so ein Programm leichter Bomber mit geringer Reichweite; Göring freut sich, dem Führer große Stückzahlen melden zu können, dank Udets unermüdlichem Betreiben mit schwerem Geburtsfehler: Mißgestimmt hatte die Luftstrategen die nur 1-2%ige Trefferquote bisheriger Bomber; die neuen Stukas treffen viel exakter ins Ziel, setzen aber Piloten voraus, die sich zum Abwurf senkrecht auf ihr Ziel stürzen und die Maschine danach wieder hochziehen – Udet ein leichtes, normalen Piloten ein Horror. Dazu kommt ein ganz persönlicher Udet-Gimmick: die von ihm erfundene Heulsirene, automatisch ausgelöst, sobald der Stuka in Senkflug geht. Diese »Jericho-Trompete« wird den Bewohnern von Warschau, Rotterdam und Coventry noch manchen Gruß von ihm bestellen. Vorerst verheddert er sich aber immer weiter in Materialbeschaffungskonferenzen und Gerangel zwischen Industrie und amtlichen Dienststellen. In den 1937er Kalender zeichnet er den »Traum eines Amtschefs«: sich selbst, wie er am Schreibtisch angekettet vom Segelfliegen träumt.

Aber im flotten Bonzenschmiß der letzten Friedensjahre ist er nun was. Zum »Führergeburtstag« am 20. April 1937 wird Udet zum General der Luftwaffe befördert, feiert aber nicht mit dem Geburtstagskind, sondern lieber privat beim Autohändler von Blumenthal: Einige Flaschen Champagner, schon behängt er sich mit eine Federboa und schmeißt auf dem Tisch die Beine zum Cancan. Oft geht's nach London und Paris zur Luftwaffengeneralität. Deren unverbrüchlichen Friedenswillen meldet er anschließend Hitler, der im Gegenzug den Amerikanern die Pläne für ihr Bombenzielgerät stehlen läßt und seinen Luftwaffen-Koordinatoren befiehlt, baldmöglichst eine Luftflotte von mindestens 55.000

Die unlösbare Fleißaufgabe

Maschinen bereitzustellen: utopische Vorgaben, die zwischen Göring und seinen Amtsträgern emsigste Luftbuchungen auslösen. Durch die Zeiten von Reichskristallnacht, Österreich-Anschluß und Münchner Abkommen hangeln sich die Dienststellen noch so durch; als Hitler dann die Rest-Tschechei einverleiben will, warnt Göring brieflich, wegen der momentanen Umstellungsphase, fallender Produktionszahlen und unzureichend ausgebildeter Kampfgeschwader bloß keinen Krieg zu riskieren. Panisch reist er der Post hinterher, um notfalls persönlich zu intervenieren. Doch als er in der Reichskanzlei eintrifft, müht sich Hitlers Arzt Dr. Morell gerade um den in Ohnmacht gefallenen tschechischen Staatspräsidenten Dr. Hacha, der just in die kampflose Besetzung seines Landes eingewilligt hat. Sofort schwenkt Göring um und befördert seine Schranzen. Udet zunächst zum Generalleutnant, im Januar 1939 dann zum »Generalluftzeugmeister«, eine Nachricht, die den Lebemann als Gast der italienischen Regierung auf dem Weg zur Elefantenbabyjagd in Abessinien erreicht. Auch zu Hause ist er weiter auf Pirsch: Eine Bekanntschaft mit der jungen Ilse Werner, Saujagden mit Göring, Erprobungen des »Nurflügelflugzeugs« der Brüder Walter und Ernst Heinkels erste Flüssigkeitsrakete in Peenemünde: Programm der letzten Monate bis Kriegsbeginn. Höhepunkt ist eine klirrende Waffenschau, zu der der Führerzug am 5. Juli in Rechlin eintrifft.

Göring hat eine pompöse Knüllerrevue ausgerichtet: Filmaufnahmen zeigen Hitler, der sich wegen Propellerwind einen unbequemen Mützenhalterriemen unters Kinn zurrt, mit Göring und dem beflissenen Udet von einer Maschine zur nächsten stapfen und dann staunend zum Himmel blicken, wo Udet mit den Tragflächen diverser Vehikel wackelt. Schärfstens hat Göring seiner Bonzenriege vorher untersagt, Hitler über den Erprobungszustand all dieser Flugzeuge auch nur ein Wort zu sagen. So wähnt der eine unbesiegbare Luftmacht hinter sich, als er im September '39 zu den bekannten Weiterungen schreitet. Udet hat am bewußten ersten des

Monats mal wieder die Nacht durchgemacht und das Ehepaar Heinkel und Freundin Bleyle zum Frühstück in seine Wohnung chauffiert. Während das Radio eingeschaltet wird, setzt er sich seinen aus USA mitgebrachten Indianerkopfschmuck auf und schießt mit Pistolen auf die Scheibe. Als die heisere Stimme ihr »5 Uhr 45« aus dem Lautsprecher bellt, wird er bleich, nimmt den Kopfschmuck ab und sagt nur: *Also doch* ... Inge Bleyle gegenüber wird er deutlicher: *Ich glaube, daß wir niemals gewinnen werden. Diesen Krieg haben wir schon verloren.* Noch sprechen seine Karikaturen eine andere Sprache: Udet als Elefantenjäger, Göring beim Tennisspiel, England von einer Ju 88 überschattet und dickwanstige deutsche Generäle an der Kanalküste. Als aber die Royal Airforce die deutschen Flieger verhackstückt und Hunderte deutscher Piloten samt ihren komplett untauglichen Kampfmaschinen nicht mehr zurückkehren, ist die Farce vorbei.

Staffelflieger Johannes Steinhoff, später Generalinspekteur der Bundeswehr, will die Mentalität seiner Führungsgremien schon im November 1939 aus nächster Nähe mitbekommen haben. *Die Besprechung im Reichsluftfahrtministerium wird mir unvergessen bleiben. Wir saßen an einer runden Tafel von germanischer Dimension. Der riesige Kronleuchter wie ein Wagenrad, die Stühle mit gelbem Leder bezogen und in der Mitte ein Prachtexemplar mit fast zwei Meter Lehne, auf dem Göring Platz nahm. Es war eine kleine Gruppe von Offizieren. Der Generalluftzeugmeister Udet, Flakchef Rudel, der Chef des Generalstabs und ich. Göring steckte sich eine Virginia an und dozierte mindestens eine Stunde lang. Das war wie das Drehbuch eines Films über die Schlacht an Flanderns Himmel 1918. Die Doppeldecker überschlugen sich, griffen an, und die Piloten sahen das Weiße im Auge des Gegners. Ich konnte das nicht mehr ertragen und hob meinen Finger. In Görings Gesicht stand Erstaunen. Ich sagte, das sei ja heute alles anders. Wir flögen sehr hoch, wir atmeten Sauerstoff mit einer Maske, wir hätten keine Navigationsmittel, es sei stockdunkel, wir könnten den Gegner nicht finden, wenn nicht zufällig Flakscheinwerfer ihn beleuchteten. Weiter kam ich nicht. »Junger Mann«, sagte er, »wenn Sie hier mitreden wollen, müssen Sie eine Menge Erfahrungen sammeln. Setzen Sie sich auf Ihren kleinen Popo.« Von diesem Augenblick an wußte ich endgültig, daß dieser Mann ein Amateur war, und ich begann ihn zu hassen.* Zu versöhnen vermag Steinhoff nicht einmal mehr der gemeinsame Rückflug mit Udet, der mit ihm über Berlin kreist, während beide in der Kanzel stumm an Zigarren und Cognacflasche saugen.

7

Auch anderen fällt Udets Inkompetenz inzwischen mehr und mehr auf: *Ich kann mich des Eindruckes nicht erwehren, daß Udet in Amerika wegen mangelnder wirtschaftlicher Erfahrungen eine solche Aufgabe nie übertragen worden wäre*, notiert US-Korrespondent William L. Shirer nach einem Udet-Interview vom 8.1.1940. Eigentliche Pointe an »des Teufels General« ist nämlich, daß Udet dank seiner totalen Unfähigkeit zum Management der deutschen Luftwaffe unvergleichbar mehr Schaden zugefügt hat als den Alliierten. Seine Sekretärin heißt zwar Fräulein Ordnung, doch er selbst, unfähig zu systematischer Arbeit, ständig unter Cognac-Einfluß und zunehmend auch ganzer Röhrchen des Aufputschmittels Pervitin, zettelt in der von Rohstoffknappheit, Kompetenz-Wirrwarr und Streitigkeiten der Flugzeug-Industrie beherrschten Situation ein solches Tohuwabohu von Projekten und Erlassen an, daß sich die deutsche Luftwaffe trotz sein Feind-Freundes, des ihm zur Beaufsichtigung beigeordneten Feldmarschalls (und von Göring extra arisierten »Halbjuden«) Erhard Milch und dessen Effizienz nicht mehr erholt. So liegt, was die gängige Geschichtsschreibung als Infamie des immer massiver gegen ihn intrigierenden Milch und skrupelloser Schuldabwälzung Görings beschreibt, tatsächlich mit in Udets desaströser Amtsführung begründet – wenn man so will, kein geringes Verdienst.

In die Brüche geht ihm auch die Freundschaft mit Heinz Rühmann. Als Göring und Udet eines Tags beim Horcher-»Arbeitsessen« über jenen plauschen – Rühmann erzähle angeblich herum, er wäre Jagdflieger – meint Göring: *Das kann er haben.* Er fädelt ein, daß Rühmann für vier Wochen zu einem »Grundexerzierlehrgang« nach Rechlin kommt, wo er in einem Dress aus furchtbar geflickten und abgetragenen Uniformteilen fliegen darf, womit er will. Rühmann: *Nach zwei Wochen Dienst erhielt ich meinen ersten Wochenendurlaub*

nach Berlin. Natürlich in den »Erste-Mensch-Klamotten«.
Udet ließ mich durch einen Anruf zu sich bitten. Ich erklär-
te dem General, daß ich nur für ein paar Stunden zu Hause
sei und mein Aufzug für eine Gesellschaft wirklich nicht ge-
eignet wäre. Wenige Minuten später erneuter Anruf, es er-
gehe nun der dienstliche Befehl an mich zu erscheinen. Ich
nahm das Ganze nicht so ernst, außerdem kannte ich doch
meinen Erni und wußte, daß er mich nur einigen lustigen
Damen »vorführen« wollte. Das war mein Fehler. Ich war
Soldat und hätte dem Befehl Folge leisten müssen. Er hat
mir das nie verziehen.

Auch auf Briefe Rühmanns antwortet Udet nicht mehr.
Schon seit längerem reagiert er auf seine Rolle als Popanz
und Grüßonkel psychosomatisch mit einem Tinnitus; als Göring ihn zwingt, sein Quartier in der Pommerschen Straße
zu räumen und eine Prachtvilla in der Stallupöner Allee zu
beziehen, erleidet er einen Blutsturz und muß für ein paar
Wochen ins Sanatorium.

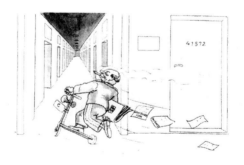

Geheim – noch geheimer

Luftwaffen-Chronist David Irving, wenn auch damals noch kein Geschichtsrevisionist, so doch schon mit schwer deutschnationaler Schlagseite, mutete die Situation eigentümlich an: *Es ist ein seltsames Gefühl, das Luftwaffentagebuch für das Jahr 1941 durchzublättern und dem Monat September die Karikatur eines Kranken und müden Udet vorangestellt zu sehen, eines kranken und müden Generalluftzeugmeisters, der durch strömenden Regen bergan gefahren wird, vorbei an einem Wegweiser mit der Aufschrift »Bühlerhöhe«.*

Seitdem steht er unter Görings Kuratel, wie die Schauspielerin Olga Tschechowa bei einer Gesellschaft bemerkt: *Mir fällt auf, daß Udet immer ein leeres Glas hat. Die Kellner übersehen ihn. Ich frage ihn nach dem Grund. Er sagt mir leise, daß »Hermann« ihm Alkohol streng verboten habe. Hermann guckt gerade nicht hin. Also vertauscht Udet blitzschnell sein Glas mit meinem, prostet mir zu und trinkt mein Glas mit einem Zug leer. Der Dreh gelingt im Laufe des Abends noch einige Male. »Unter Alkohol kann ich ihn gerade noch ertragen«, flüstert er mir zu, »unter Alkohol kann ich sie alle gerade noch ertragen – nur unter Alkohol.«* Auch der letzte Karikaturen-Kalender macht zwar insgesamt noch in Zweckoptimismus: Churchill auf den Trümmern eines Hauses, Göring, der mit einem Brennglas London in Brand setzt; ein beflügelter Milch, der die brennende Stadt fotografiert. Udet selbst zeigt er aber stark angeschlagen, u. a. mit einem Eisbeutel auf dem Kopf im Krankenhaus.

Sein letztes Scharmützel liefert ihm Rudolf Heß: Als der das Reich nach heimlichen Übungsmöglichkeiten für seinen Schottlandflug abgrast, verbietet ihm Udet auf Führers Geheiß Berlins Flugplätze. Als Heß im Mai '41 trotzdem davonfliegt, läßt Hitler bei Udet anrufen. Augenzeuge Albert Speer: *Udet gab die Auskunft, daß Heß schon aus navigatorischen Gründen scheitern müsse, voraussichtlich werde er bei den herrschenden Seitenwinden an England vorbei ins Leere fliegen. Hitler wurde augenblicklich wieder hoffnungsvoll:*

*Wenn er nur in der Nordsee ersaufen würde: Dann wäre er
spurlos verschwunden, und wir könnten uns Zeit lassen für
eine harmlose Erklärung.*

Eine grundfalsche Prognose. Überhaupt nimmt nun ein
schnöder Abgesang seinen Lauf, einerseits stellt Milch zwecks
Wiederherstellung des freundschaftlichen Verhältnisses einen
gemeinsamen Paris-Abstecher in Aussicht, andererseits wird
Udet von Heydrichs SD abgehört und kriegt gar ein Razzia-
Rollkommando ins Haus. Am 17. November 1941 ballen sich
seine letzten vierundzwanzig Stunden zum farcehaften Le-
bensabriß. Sein alter Schmiermaxe Erich Baier schaut noch
mal vorbei, bei reichlich Spirituosen lallen sie mit Inge Bleyle
über alte Zeiten. *Da geht mein letztes Stück Freiheit*, sagt er
zu Inge, als sich Baier verabschiedet, und beginnt zu weinen:
*Ich muß es dir sagen. Heute sind wir zum letzten Mal bei-
sammen. Morgen bist du eine Witwe.* Auch die Kinder der
Familie Winter, die das Paar noch besucht, hören Dunkles:
Gestern hat sie noch gelebt, brummt er überm Entenbraten,
morgen werdet ihr den Onkel nicht mehr sehen.

Am nächsten Morgen klingelt bei Inge Bleyle das Telefon.
Es hat keinen Sinn mehr, sagt Udet und drückt ab. Im Bade-
mantel, einen amerikanischen Revolver in der Hand, findet
Frau Bleyle ihn dann tot an seinem Schreibtisch. *Ingelein,
warum hast du mich verlassen?* hat er mit Kreide ans Bett
geschrieben. Dieselbe Frage richtet er an den *Eisernen* Göring, eine dritte, von Gestapo-Beamten rasch weggewischte
Inschrift denunziert die Juden Milch und von der Gablentz,
denen Göring ihn ausgeliefert habe. Eine letzte Karikatur dazu
hatte er sich verkniffen.

Den Nazis stellt sich die Frage, wie sie den Vorfall kaschie-
ren sollen. Alle Augenzeugen kommen für eine Woche in Ge-
wahrsam, dann werden düstere pompes funèbres inszeniert;
vor rauchenden Pylonen beweint Hermann Göring seinen
beim Erprobungsflug verunglückten Weltkriegskameraden.
Heinz Rühmann liest die Todesnachricht als Zeitungsschlag-
zeile, als er an einer Ampel unterwegs zur *Pygmalion*-Probe

halten muß. Als letztes Souvenir sucht er sich aus dem Nachlaß eine afrikanische Schnitzerei aus den Serengeti-Tagen aus, die seitdem auf seinem Schreibtisch steht. Einen letzten Reisegefährten nimmt auch Udet noch mit: Ein Transportflugzeug, das Oberst Mölders, einen der bekanntesten jungen Kampflieger des neuen Krieges zu Udets Beisetzung fliegen soll, stürzt unterwegs ab.

8

Carl Zuckmayer findet die Meldung ebenfalls in der Zeitung, einem Lokalblatt im US-Staat Vermont, wo er sich auf einer Klitsche (*Die Farm in den grünen Bergen*) mit Federvieh und staatlichen Anleitungs-Broschüren als Parzellenbauer durchschlägt. An einem Spätherbstabend ein Jahr später steigt er mit seinem Tragkorb den Weg zur Farm hinauf: *Auf einmal blieb ich stehen.* »*Staatsbegräbnis*«*, sagte ich laut. Das letzte Wort der Tragödie.* Während Zuckmayers Tochter Winnetou und ein Schulfreund über Weihnachten '42 die Farm beheizen, tippt er rastlos den ersten Akt von »Des Teufels General« – für den Rest wird er weitere zwei Jahre brauchen. Das Stück vom kernigen Helfershelfer wider besseres Wissen wird zum meistgespielten deutschen Theatererfolg nach dem Krieg. Moralisch saniert sich darüber nicht nur das Publikum, der Erfolg deckt vor allem zu, daß Zuckmayer selbst keineswegs unkompromittiert ist.

Sein in seinen Memoiren »Als wär's ein Stück von mir« inklusive letztem Treffen mit Udet beschriebener Deutschlandbesuch von 1936 sollte nämlich dazu dienen, mögliche Rückkehr- und Wiederaufführungschancen zu eruieren. Stükke wie den »Schelm von Bergen« hatte er dem Reichstheaterleiter Laubinger im Propagandaministerium immer zugeschickt; der hätte sie auch gerne aufgeführt. Vor der Visite hatte die Schauspielerin Käthe Dorsch, während des Ersten Weltkriegs mit Göring zeitweilig verlobt, für ihn an höchster Stelle antichambriert. Aber weder seine jüdische Mutter noch den »Hauptmann von Köpenick« mochten die Nazis ihm verzeihen. Knapper hingegen die Hommage, zu der sich Ernest Hemingway nach dem Krieg entschloß. In seinem Roman »Über den Fluß und in die Wälder« von 1950 bereist ein alter amerikanischer Oberst mit seiner jungen Geliebten die italienischen Schauplätze seiner Kämpfe im Ersten Weltkrieg. *Mochtest du viele Deutsche?* fragt ihn die junge Frau verwundert. *Sehr viele*, antwortet der Oberst knapp. *Am liebsten mochte ich Ernst Udet.*

Udets Flieger-Song[*]

Der Flieger fliegt bei Tag, der Flieger fliegt bei Nacht,
Er fliegt in Sturm und Wolken,
wenn es blitzt und wenn es kracht
Er fliegt auf schöne Mädchen,
sapperlot mit Saus und Braus,
und wenn er 'ne schiefe Landung macht,
dann fliegt der Flieger raus.

Darum Puff, darum Puff, darum Aus-Puff-Puff,
Immer schneller der Propeller,
immer besser Herr Professor,
Darum Puff, darum Puff,
darum Aus-Puff-Puff,
fliegste runter, fliegste ruff,
immer Puff, immer Puff

Wer weiß, ob wir uns wieder sehen, die Welt ist kugelrund
Sah ein Knab ein Röslein stehen,
wohl um die zwölfte Stund
Nimm dir was, dann haste was, du holder Morgenstern,
hau deiner Ollen mit der Panne auf den Pott,
das ist der Tag des Herrn.

Darum Puff, darum Puff, darum Aus-Puff-Puff,
Immer schneller der Propeller,
immer besser Herr Professor,
Darum Puff, darum Puff, darum Aus-Puff-Puff,
fliegste runter, fliegste ruff, immer Puff, immer Puff

[*]Von Carl Zuckmayer aus dem Gedächtnis rekonstruiert und in »Des Teufels General« eingebaut, wo es »General Harras« im 1. Akt zur Gitarre singt; Curd Jürgens im Film leider nicht.

Weltverkehr

von Joachim Ringelnatz

Horch! Eine Stimme aus dem Radio rief:
»Ich bin der unbekannte Fisch Plattunde.
Ich lebe auf dem Meeresgrunde
So schätzungsweise fünfzehntausend Meter tief.
Ihr Menschen hört, ich möchte gar zu gern
Einmal den Flieger Udet kennenlern.«
In einer Höhe von genau zwölftausend
Elfhundert Metern durch die Lüfte sausend
Erwiderte Herr Udet so:
»Mein lieber, unbekannter Fisch im Meere,
Ich habe Ihren Wunsch vernommen.
Auch ich ersehne ein Zusammenkommen.
Auf meiner Seite wäre ja die Ehre.
Bestimmen Sie per Radio
Nur bitte wann? und wie? und wo?
Kaum war dies Zwiegespräch gesprochen
So ward das Meeresspiegelglas
Von einem kleinen Fisch durchbrochen
Der eine kleine Fliege schnappte und sie fraß.

Ganz entspannt und hirnverbrannt

Ruhestifter
Johann Heinrich Schultz

Auch heute Abend werden in den stillen Gefilden ungezählter Volkshochschulen, Arztpraxen und schwanger-schaftsbegleitender Elternabende wieder Steppdecken und Gummimatten ausgerollt. Überreizte Mitmenschen werden sich auf ihnen ausstrecken, die Augen schließen und nach einigen Augenblicken der Stille wird der anwesende Arzt, Psychologe oder auch eine sonore Stimme vom Band zu seichten, tonussenkenden Melodien die Versammelten dazu anhalten, sich mit den vegetativen Regungen ihres Leibes ins Benehmen zu setzen. Durch Autogenes Training.

Mein rechter Arm ist angenehm schwer und warm. – Ein leichter Luftzug geht über die Stirn. – Ich bin gaanz ruhig – mit solch *formelhaften Vorsatzbildungen* suggerieren sie sich dann in Zustände grundloser Entspannung hinein, d. h. reden sich etwa 20 Minuten lang ein, auf einer grünen Sommerwiese zu liegen oder einer langsam näherkommenden weißen Wolke zuzusehen. Je nach Trainingsfortschritt erwacht man danach *wie neugeboren* oder hat zumindest abends beim Einschlafen nicht mehr so lange kalte Füße. Schnell wäre der mühsam erreichte Seelenfrieden für viele Anhänger dieser harmlosen Entspannungshypnose aber wieder beim Deubel, hielte man ihnen beim Erwachen einen Zettel mit Zitaten unter die Nase und fügte noch süffisant hinzu, daß sie vom Erfinder dieses Trainings stammen. Zitaten wie diesem:

Wir wissen heute, daß bestimmte Neigungen und Verläufe des menschlichen Lebens durch die uns in weitem Maß durchsichtigen Erbgesetze festgelegt sind. Begabungsgrenzen auf der einen Seite, kennzeichnenden Haltungen, Stärken und Schwächen auf der anderen Seite sowie in tragischen Fällen krankhafte Defekte sind in weitem Maß Auswirkungen unumgänglichen Erbschicksals. Es gehört zu den Großtaten des neuen Deutschlands, daß die von allen besonnenen Erbforschern immer wieder angestrebte Erbreinigung unseres Volkskörpers durch den Willen des Führers in Deutschland zur Tat wurde.*

Der Krieg ist Sache des Mannes, ließ der kleingewachsene Seelenarzt zu gegebener Zeit ebenfalls verlauten, *und Männer aus unseren Jugendlichen zu machen, ist in unserer »nervösen« Zeit eine der schönsten Aufgaben.*

Ein Dunkelmann also, gewiß, in dessen Dunstkreis der Wunsch nach etwas mehr Gelassenheit die Hilfesuchenden da geraten ließ, ein Mitläufer-Nazi und bornierter Reaktionär und die Gelegenheit zu zeittypischen Höllenstürzen hat er auch kraftvoll wahr genommen. Aber nicht nur. Der 1884 in Göttingen geborene Johann Heinrich Schultz hat zwar in Büchern wie *Die seelische Gesunderhaltung unter besonderer Berücksichtigung der Kriegsverhältnisse* (1942) und *Geschlecht, Liebe, Ehe* (1959) derartiges breitgetreten und außerdem festgestellt, daß *durch allzu bestimmte Geburtenregelung gerade die kulturtragenden Schichten zum Aussterben bestimmt sind* und *gerade die verantwortungslosesten und oft schlecht begabten Menschen rücksichtslos ihre Fortpflanzungsfreiheit mißbrauchen, so daß im Laufe von Jahrhunderten das Unkraut Minderwertiger die edle Saat überwuchern* mußte.

Er hat auch betont, daß *die Berufstätigkeit der Frau nur Notbehelf anzusehen* ist, weil *in der Mehrzahl eigentlich männlicher Berufe die Frau nur ein mittlerer oder schwacher Ersatz für den Mann ist, denn der eigentliche, unvergleichbare und unersetzliche Beruf der Frau sei die Mutterschaft.*

Und auch für die im Luftschutzkeller versammelte Volksgemeinschaft hatte er nicht nur den Tip in petto, mit Nörglern erfrischend rücksichtslos zu verfahren, sondern riet, *sich während des Angriffs behaglich in eine gewisse persönliche Einsamkeit zurückzuziehen, mit geschlossenen Augen sich angenehmen Vorstellungen hinzugeben und sich dabei immer selber in Gedanken zu sagen: Was draußen geschieht, was die anderen tun, ist ganz gleichgültig.*

Ob aus Anpassungsgründen oder nicht, hat er in der NS-Zeit überdies auch die Ausmerzung von *traurigen Mißbildungen menschlichen Wesens, zum Beispiel Zigeunernachkommen* propagiert und gehofft, *daß die Idiotenanstalten sich bald in diesem Sinne umgestalten und leeren werden.*

Und gänzlich ohne äußeren Zwang hat er sich auch 1964 noch in seinen Lebenserinnerungen streng dagegen verwahrt, *daß jeder farbentragende Student als Saufbold, Reaktionär und Flachkopf verunglimpft oder das Korporationswesen gehässig und tendenziös in den Dreck gezogen wird* und sich darüber geärgert, *daß irgendwelche gehässigen Nichtwisser sich berechtigt glauben, die alte Armee zu beschimpfen und in jedem Offizier einen borniertem, reaktionären Trottel und Leuteschinder zu sehen. In Wirklichkeit war die alte Armee das größte Volkserziehungsinstitut, das jemals in Europa existierte, und sein Verlust ist sehr zu beklagen.* Kurz: So weit, so klar.

Und doch, es hinkten dem Herrn Professor Schultz in seinem medizinisch so bahnbrechenden, äußerlich so belanglosen Dasein zeitlebens ein paar angenehm angesäuselte Elementargeister hinterher, die seinen Weg von Göttingen nach Jena, Dresden und Berlin derart mit windschiefen Episoden anreicherten, daß vom infernalisch brutalem Humbug abgesehen, zumindest im Memoirenband »Jahrzehnte in Dankbarkeit« der faschistische Fasler Schultz noch jedesmal rettend aus der Kurve getragen wurde – zumeist in die Richtung der Zwischenreiche des Christian Morgenstern – wie ja überhaupt die Idee der *konzentrativen Selbstentspannung* noch am ehesten zwischen Gingganz, Galgenliedern und dem in seiner Riesenmausefalle geigenden Palmström in die deutsche Geistesgeschichte eingeordnet gehört.

So spekuliert Schultz z.B. todernst ein ganzes Eingangskapitel hindurch, welchen Einfluß die Blutmischung seiner Ahnensippe auf seine Konstitution hatte – und kommt zu dem Resultat, ein niedersächsischer Sarazene zu sein, weil seine franko-schweizer Mutter arabische Vorfahren hatte – zur Zeit der Kreuzzüge. Er selbst wäre nebenbei als Kind bei einer Erbreinigung unseres Volkskörpers nicht gut weggekommen, er war Asthmatiker *in seinen neurotischsten Tönungen,* (so Schultz selbst), *ständig kränkelnd,* hielt sich *infolge vielfacher gesundheitlicher Unzulänglichkeiten darum für ein höchst dürftiges und unansehnliches Geschöpf.*

Doch kein Geringerer als der berühmte Gelehrte Ulrich von Wilamowitz-Möllendorf, Überwinder der Idealisierung des Griechentums und bahnbrechender Schöpfer einer neuen textgeschichtlichen Philologie in echt hellenischem Geiste, half ihm aus dieser selbstanalytischen Sackgasse heraus. Die Schultzens Familie freundschaftlich eng verbundene Koryphäe erkannte *die im Tiefern angedeutete Problematik im Ausdrucksgeschehen* während eines gemeinsamen Bocciaspiels mit dem stilistisch geschulten Blick des Altertumsforschers, als er *die romanische Note im Bewegungsablauf* des Knaben Schultz bemerkte und ausrief: *Junge, was hast du für eigentümlich elegante Bewegungen!*

So seelisch gekräftigt, überstand Schultz prügelnde Pädagogen, das Abitur und, im ersten Studiensemester 1902 in Zürich, Begegnungen mit jungen Russen in einem Anarchistenkeller, mit denen er auf Französisch über Lenin parlierte, *der damals in London war,* bis es ihm von der Schweizer Fremdenpolizei verboten wurde. 1905 schloß er dann nach dem Physikum nähere Bekanntschaft mit einem bis dahin distanzierten Kommilitonen, dem nachmaligen Philosophen Karl Jaspers in Professor Hartlaubs Biologischer Forschungsanstalt auf Helgoland, wo beide bei Sturm und Wind ihrer

Fortbildung oblagen – *so haben wir einige Wochen zusammen auf dem unbeschreiblich schönen, einsamen Ozeanfelsen zugebracht, von dem wir als Duzfreunde schieden.*

Johann Heinrich Schultz

Gegen Ende seiner Studienzeit trifft er in dem *Café Göttingens* zu früher Morgenstunde eine ausgelassene Gruppe um einen überlebensgroßen, gewaltig dicken Mann. Mit seinem Arzthämmerchen klopft er ihm an die Stirn und diagnostiziert, es klänge ziemlich hohl. So lernt er den Komponisten Max Reger kennen. Der erste Weltkrieg sieht den jungen Sanitätsoffizier zunächst an der Ostfront in Ostpreußen, dann in Belgien bei der Simulantenuntersuchung sein Monokel tragen. (Sein Autogenes Training hat er da in Selbstversuchen schon ziemlich weit entwickelt, es wird, wie so vieles andere, nun zunächst an Soldaten erprobt). Beim Proletariat des östlichen Breslau, dann im legendären Sanatorium *Weißer Hirsch* in Dresden erwirbt er in Fachkreisen großen Respekt mit seinen gleisnerischen Hypnosekünsten, die sich so bequem auf alles von der Stuhlgangregulierung bis zur Paralyse anwenden lassen. Sämtliche klinischen Kapazitäten der Zeit laufen ihm irgendwo über den Weg, gern entsinnt er sich ehemaliger Weggefährten. *(Hans Otto beispielsweise führte sein Lebensweg mehr als zwei Jahrzehnte lang nach China, wo er sich tief mit der chinesischen Kultur verband, und dann zur Tätigkeit als Leibarzt von Kaiser Haile Selassie, Äthiopien.)* Das Leben, das ihn schon einen kokainsüchtigen Plantagenbesitzer, der ihn aus Angst vor Entmannung durch einen Rivalen konsultierte, einen verstörten Jüngling, der erst unter Hypnose bemerkt, daß er in die Fremdenlegion entführt werden sollte und eine diebische vierzehnjährige Nietzscheleserin, die ihn und seine Familie mit Salzsäure vergiften will, in die Praxis geschleudert hat, scheut sich auch nicht, ihn 1924 weiter nach Berlin zu treiben, wo er, nun vollends reüssiert, den Dichter Gerhardt Hauptmann nicht nur als begeisterten Zuschauer der dressierten Seelöwen in der Scala beobachten kann, sondern dem alten Schlesier auch ab und an selber mit Bekannten beim Weintrinken zusehen darf: *Wer solche Nachtstunden miterlebt hat, drei- oder viermal, in immer wechselnder und überraschender Stimmung, weiß, daß Reihenfolge, Inhalt und Ziel der oft ins murmelnd Unverständliche abschweifenden Gespräche schwer wiederzugeben sind.*

Richard Tauber, Startenor der 30er Jahre, läßt bei ihm seinen Rheumatismus per Hypnose auskurieren: *Der Sänger zeigte sich mir immer von seiner liebenswürdigsten und verspielten Seite, so wenn er etwa anrief: »Rimpidipimpidipimal! Professore! Hier ist Ricardo Tauber, ich führe gerade ein kleines Krokodil am Halsband«* und in entsprechender Tonart weiter mit ihm herumalbert. Heilerfolge anderer Art sind zu vermelden, als dann das III. Reich anbricht: Nachdem er sich höflich von seinen jüdischen Kollegen verabschiedet hat (tatsächlich hat er sich erst einmal von seiner jüdischen Gattin getrennt), beteiligt er sich maßgeblich daran, einen Vetter Hermann Görings, Nervenarzt in Elberfeld, auf den Chefsessel eines *Reichsführers der deutschen ärztlichen Gesellschaft für Psychotherapie* zu hieven: Parteiamtlicherseits wird nämlich schon damit geliebäugelt, sein Gewerbe als *jüdischen Gelderwerb an erblich Minderwertigen* abzuschaffen. Einen völlig desolaten Student therapiert er mustergültig auf Linie: *Ich fand den jungen Mann nun völlig nackt in der Isolierzelle, sinnlose Worte in seltsamen Rhythmen von sich gebend, und sich selbst mit seinen Ausscheidungen beschmierend, setzte mich still zu ihm und fragte mich, wie wohl ein Mensch zu einer solchen, jedem gesitteten Verhalten Hohn sprechenden Reaktion kommen könne. Der Kranke beobachtete mich in keiner Weise. Als ich mich ihm aber langsam näherte und fragte: »Hat man Ihnen denn so viel verboten?«* setzten Erregung und Verwirrung augenblicklich für ein paar Minuten aus, und der Kranke erging sich in heftigen Vorwürfen gegen seine, wie sich später herausstellte, schwer zwangsneurotische Mutter. Gerade dieser junge Mensch, eine künstlerisch außerordentlich produktive Persönlichkeit, war auch hinsichtlich der Gestaltung seiner Träume eindrucksvoll: Ziemlich im Beginn der Behandlung, nachdem eine Verständigung ausreichend gelang, träumte er, daß auf einem hohen, hellen Berge Napoléon I. stünde und der Träumer in einem dunklen, bedrohlichen Tal seinen Weg suchte. Im zweiten Behandlungsjahr standen in einem Traum zwei (!) Fürsten auf einem Schlachtfeld und er schritt mit erheblicher Angst zwischen Ihnen hindurch. Im vierten Behandlungsjahr hatte er die Vision einer langen Tafel, an der sämtliche Minister und Generäle von Hitler saßen, dieser selbst an einer Breitseite und neben ihm der Träumer. Alle hohen Herren versuchten vergeblich mit dem »Führer« Fühlung zu bekommen, denn dieser beschäftigte sich nur mit dem Träumer und wendete sich häufig mit ihm zu einem der beiden hinter beiden stehenden Tisch um, wo künstlerische Werke des Träumers ausgebreitet waren. Den Träumer erfüllte reines Glücksgefühl.

Na bitte. Doch die reichsdeutsche Traumforschung brachte auch im Kollegenkreis Ergebnisse zustande, die auch vor Freud

Bestand gehabt hätten: *Bei der Häufigkeit meines Familiennamens und ähnlicher konnte es nicht ausbleiben, daß oft genug Briefe an »Schulze«, »Schulz« oder ähnlich eintrafen. Das veranlaßte mich gelegentlich in Ärztekursen zu kleinen Bemerkungen, wie z. B. ich sei kein ›A-the-ist‹. Bei meiner Ausbildungsarbeit regte das einen spaßhaften Traum an, in dem eine Mitarbeiterin, Ärztin, träumte, auf der Mauer einer Ruine mir Tee anzubieten. Unzulängliche Einfälle von Fürsorgewünschen usw. ließen mich fragen, ob sie einmal eine solche Bemerkung gehört habe, und sie erwiderte, eigentlich habe sie es verschweigen wollen, sie habe bei einer Bewerbung meinen Namen ohne »t« geschrieben, das sie nun im Traum als »t« nachlieferte.*

Der Gutachter Schultz, er selbst läßt es natürlich unerwähnt, hauste gleichzeitig allerdings fürchterlich, im »Spiegel« und anderwärts publizierte Forschungen des Nervenarztes Ulrich Schultz-Venrath von der Universität Witten- Herdecke brachten's aber erst 1994 ff. an den Tag. Danach entschied eine von Schultz geleitete Kommission darüber, ob der Homosexualität Verdächtige heilbare *liebe Brüderchen* waren oder *muttergeschädigt* und damit *erbkrank*, also *KZ-reif*.

Die Schultzsche Wahrheitsfindung fand jeweils unter Laborbedingungen statt, d.h. in Anwesenheit von ihm und seiner Kommission hatten die Probanden einen Koitus mit einer Prostituierten zu absolvieren, der über ihr weiteres Schicksal entschied – Erektionen auf Gedeih und Verderb.

Mit Beginn des II. Weltkrieges wurde der mörderische Luftikus samt seinen deutschen Seelenhygienikern eingekleidet, Schultz unterzog sich sogar einer Flugtauglich-keitsprüfung (für die Weltkrieg-I-Luftwaffe entwickelt von der Psychatrie-Koryphäe Emil Kraepelin) und konnte selbst bei fortlaufendem Sauerstoffentzug bis zur simulierten Höhe von 7.000 Metern noch fehlerfrei addieren. Die Royal Airforce zerstörte aber alsbald sein Dienstgebäude, zudem machten ihm angebliche *Denunziationen und Intrigen* das Leben schwer. Doch das Privatleben frischt sich unvermutet auf: *Seltsam, gerade nun fiel Licht in mein Dasein: Luise Charlotte Wossidlo, Witwe des bekannten Urologen, entschloß sich, mir die Hand zum Lebensbunde zu reichen und mir dadurch vom November 1944 an einen Lebensherbst voll Wärme und Licht zu schenken.* Als die Alliierten in Berlin einrückten, konnte er nicht nur internationales Publikum in seinem Wartezimmer begrüßen, *wobei jedesmal die Abhängigkeit des neurotischen Krankheitsbildes vom Nationalcharakter deutlich hervortrat, der Phantastik des Iren, der Nüchternheit der Franzosen, der Scheinruhe der Briten usw.*, sondern auch in einem Spezialfall helfen, der gerade an den neuen Friedenszeiten krankte: *Eine seit vielen Jahren an Hartleibigkeit leidende Frau mittlerer Jahre hatte beobachtet, daß jedesmal, wenn unversehens die Sirene ertönte, bei ihr eine Stuhlentleerung erfolgte, so daß nach dem Schluß der Fliegerangriffe wieder die alte Darmträgheit einsetzte. Nun kaufte sie ihrem 14jährigen Jungen eine Sirenenpfeife und ließ ihn aus einem Versteck plötzlich und überraschend das gefürchtete Signal blasen, worauf sie prompt in der Lage war, ihren rückwärtigen Verpflichtungen nachzukommen. Aber nun kam der Junge in die Lehre, und es bedurfte einer autogenen »Reflexumstellung« um den wohltätigen Einfluß des Sirenensignals zu ersetzten.*

Die fünfziger Jahre hindurch hat Schultz noch praktiziert, das deutsche Graphologen-Fachblatt mit herausgegeben und Vorträge zu seinem Autogenen Training in aller Welt gehalten. Und zweimal ist er auch in der Kunst verewigt worden. Zuerst von Carl Sternheim, Dramatiker, expressionistischer Bürgerschreck und zeitweilig Schultz-Patient – als Arzt Oscar Wildes in seinem gleichnamigen Drama. Später und folgenreicher vom mit Schultz eng befreundeten Curt Goetz in seinem Stück *Dr. med. Hiob Prätorius.* (Schon der Name ist eine Schultz-Reminiszenz, das Hi-Job verschlüsselt die Initialen seiner Vornamen, »Prätorius« latinisierte den »Schulzen« bekanntlich seit dem 17. Jahrhundert). Goetz, der nach eigenem Bekunden *alle Züge* von Schultz entlehnte, hat ihn nicht nur im Theater, sondern 1949 als *Frauenarzt Dr. Prätorius* fürs Kino dargestellt, so erfolgreich, daß sich Filmregisseur Kurt Hoffmann um 1964 zu einem Remake entschloß.

Diesmal spielte den Schultz in Goetz-Version Heinz Rühmann, der diese Gestalt prompt zum altersweisen Ich-Ideal seiner späten Jahre erkor.

Ich habe in Filmen nach Vorlagen von Friedrich Dürrenmatt gespielt, so Rühmann in seiner Autobiographie »Das war's«, *es hat mich gereizt, meine Leinwandversion des Kommissar Maigret nach einem Roman von Georges Simenon darzustellen, alles schöne, gehaltvolle Aufgaben, aber in den Figuren von Curt Goetz, da habe ich Brüder im Geiste erkannt. (...) Meine Lieblingsrolle unter den Goetz-Figuren war jedoch nicht der Professor, sondern der Dr. Prätorius: Ich spielte ihn unter der Regie von Kurt Hoffmann, und Lilo Pulver war meine Partnerin.*

Die Rolle des Hiob Prätorius, so Rühmann weiter, *bietet einem Schauspieler drei Höhepunkte. Einmal das Dirigieren von »Gaudeamus Igitur« vor dem Studentenorchester, auf das ich mich vom Dirigenten Kurt Graunke vorbereiten ließ. Dann die große Rechtfertigungsrede vor der Ärzteschaft. Und*

schließlich als schauspielerischer und inhaltlicher Höhepunkt
des Stücks, das Kolleg über die »Mikrobe der menschlichen
Dummheit«, das Prätorius im Auditorium der Anatomie vor
Studenten und Studentinnen hält. Aus produktionstechni-
schen Gründen wurden dieser und einige andere Komplexe
in Prag gedreht. Ich hielt also diese Ansprache vor jungen
tschechischen Menschen. Sie bekamen dadurch einen beson-
deren Unterton, eine zusätzliche Dimension. Einerseits bela-
stete es mich, diese Botschaft des Humanismus als Deutscher
einem solchen Auditorium zuzurufen, andererseits war ich
stolz, daß ein deutscher Schriftsteller schon vor vielen Jah-
ren diese Worte gefunden hatte, die ihre Bedeutung für die
Welt nicht verloren hatten. Ich kann die schönsten Stellen
der Rede noch heute auswendig.

Ansprache Dr. Hiob Prätorius:

»Ihr wollt also Ärztinnen und Ärzte werden, Kranke gesund
machen. Bravo! Das macht viel Spaß, solange sie nicht sterben.
Aber wo der Arzt ist, ist Krankheit, und wo Krankheit ist, ist
Tod.« (Er tritt jetzt an das Skelett und steht ihm Kopf an Kopf
gegenüber.) »Nichts majestätischeres als dieser Geselle. Kein
Mittel ist ihm zu schlecht, keine Mikrobe zu winzig. Nicht,
daß wir ihn fürchten; aber es ist unsere Pflicht als Ärzte, ihn
zu hassen. Von ganzem Herzen und von ganzer Seele. In seiner Gesellschaft werdet ihr euch eurer ganzes Leben bewegen müssen. Und ihr habt doch nur dieses eine Leben. Wißt
ihr überhaupt, wie schön die Welt ist? (Ein paar Studenten,
durcheinander: »Jawohl, Herr Professor!«) »Nichts wißt ihr!
Ihr wißt etwas von Atombomben und internationalen Kon-
flikten. Von Völkern wißt ihr, die, um Heim und Leben zu
schützen, sich Regierungen wählten. Und dann haben sie ihr
Heim zu verlassen und Leben zu geben, um diese Regierungen
zu schützen. Millionen junger Menschen, die nicht kämpfen
wollen, bekämpfen Millionen anderer junger Menschen, die

ebenfalls nicht kämpfen wollen. Und die Errungenschaften der Wissenschaft scheinen zu keinem anderen Zweck errungen zu sein, als um alles errungene wieder zu zerstören! Das ist die Welt von heute! Aber – kann das Morgen nicht anders sein? Nach dem Gesetz, daß ein Mittel gegen eine Krankheit immer dann gefunden wird, wenn diese Krankheit ihren Höhepunkt erreicht hat, nach diesem Gesetz muß heute oder morgen die Mikrobe der menschlichen Dummheit gefunden werden. (Alle trampeln, klatschen.) »Und wenn es uns gelingt, ein Serum gegen die Dummheit zu finden ..., dann wird es im Nu keinen Haß und keine Kriege mehr geben, und an die Stelle der Diplomatie wird der gesunde Menschenverstand treten (Sehr nachdenklich.) »Die Dummheit tot – welch phantastische Perspektive – !«

Schultz-adaequate Auspizien also, unter denen Rühmann Goetzens wohl aus gemeinsamen Weinstuben-Räsonnements mit Schultz destillierte Huldigung darbot: Diesen trivialpazifistischen Phrasenquatsch nämliche einer Komparserie vordozierte, die ihn sicher zum Großteil höchstens rudimentär verstand, auf Regiezeichen losjubelte, und sich vom Set weg gleich wieder in die Ostblock-Tristesse der knapp entstalinisierten Tschechoslowakei verabschiedete. Und Rühmann mit der allerdings – (wenn er's denn nicht besser wußte oder bloß abstauben wollte) – Vollidiotie zurücklassend, sich diese, angesichts des realen Schultz abstrus verfabelte Goetz-Gestalt fortan zum Inbild späthumanistischer Weltverschmiztheit zu erkiesen. Glaubhaft jedenfalls durchaus, daß er, wie er in seinen Memoiren noch anfügt, *auf einem kleinen Bord in meinem Arbeitszimmer den Taktstock aufbewahrte, mit dem ich als Prätorius dirigierte...* Mit dem er dann, *wenn im Radio »Gaudeamus Igitur« erklang* (meint: die betreffenden Passagen aus Brahms »Akademischer Festouvertüre«, C.M.) immer dirigiert haben will *– nur für mich allein.*

Mit dem Bild des *versonnen* fuchtelnden Rühmann, ergänzt um das dahinter zu blendende riesenhaftes Sequenzpanorama der sexuellen Zwangsvollstreckungen und hunderttausender Lippenpaare, die täglich seine autogenen Ruheformeln in allen Sprachen nachbeten, wäre jedenfalls ein Schultz-Memento von angemessener Dämonie beieinander. Seinem tiefenpsychologischen Scharfblick hat der am 19. September 1970 steinalt in Berlin Verstorbene aber mit einer Prophezeiung, die er gelegentlich einer Zufallsbekanntschaft kurz nach Kriegsende machte, am beeindruckendsten verewigt: *Ein paar Erholungswochen, die ich bei meinem früheren Lahmann-Oberarzt und alten Freund Dr. Gerhard Lehmann in Weidners Sanatorium genoß, verschafften mir die Bekanntschaft eines schlanken, blonden, sensitiven jungen Mannes, der sich nicht nur durch echt niederdeutschen trockenen Humor, sondern ebenso durch wirklich geistvolle, schnelle Einfälle und Formulierungen sowie durch eine echte innere Verbindung mit letzten Fragen auszeichnete: Axel Springer aus Hamburg. Er machte einen so starken Eindruck auf mich, daß ich die Äußerung wagte, es werde entweder etwas ganz Großes oder gar nichts aus ihm werden. Bei einem der Berliner Reit- und Fahrturniere der letzten Jahre ließ er mich durch einen gemeinsamen Pferdefreund grüßen und mir bestellen, er habe sich zu der ersten Möglichkeit entschlossen, wogegen kaum jemand Einspruch erheben wird.*

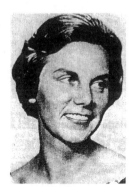

Susanne Sievers

Bonn-Bayrische Boudoirs
Brandt und Strauß
im Salon Sievers

Wehner beim Wein

DER SPIEGEL 4/94 gab es schließlich preis – Herbert Wehners Schlüsselerlebnis beim Zerwürfnis mit Willy Brandt: *Irgendwann, so erzählte er seinem Freund Wienand, habe er – vielleicht auch nach zuviel Wein – dem Jüngeren die Geschichte seiner ersten großem Liebe, der gescheiterten Ehe mit der Berliner Schauspielerin Lotte Löbinger erzählt, und wie er damals darunter gelitten habe, daß sie ihn mit anderen Männern betrog.* Wienand: *Als ihm zugetragen wurde, daß Willy sich im Freundeskreis köstlich über diese »Affäre« amüsiert habe, da war es aus.* Hinweise auf Wehners Charme besser unterstreichende Umstände kamen im deutschen Nachrichtenmagazin allerdings nicht zur Sprache, so etwa die sicher auch Frauenliebling Brandt intern bekannte Episode bei Wehners Verhaftung als Emigrant in Stockholm 1942 – noch im September 1951 versuchte ein Wahl-»Steckbrief« der Hamburger KPD, den verhaßten Ex-Genossen damit bei Fahrgästen der Hamburger U-Bahn anzuschwärzen: *Er begibt sich in die Wohnung einer Frau, deren Mann er vier Wochen vorher zur illegalen Arbeit nach Deutschland geschickt hat, obwohl er davor gewarnt wird, sich dort aufzuhalten. Vier Wochen später wird er aus dem Bett dieser Frau heraus verhaftet.* Denn es war, so auch Wehner selbst laut Stockholmer Polizeiakte vom 20. Februar 1942, *mit dieser Frau, Frieda Wagner, ein Liebesverhältnis entstanden.*

Schwer vorstellbar schließlich, daß Wehner zum Zeitpunkt

des Zerwürfnisses nicht wußte, daß sich Brandt Anfang der 50er bei einer Dame noch weitaus gründlicher vertan hatte. Und deswegen zusammen mit einem bunt gemischten Ensemble Anfang der 60er Jahre in einen leichtgeschürzten Reigen wechselseitiger Liebesdienste und Kavaliersdelikte hineingeriet – zusammen mit so bekannten Personen wie Franz-Josef Strauß und Ex-Innenminister Zimmermann. Und so vergessenen wie Hans Kapfinger, Hans Frederik, Nada Illmann, Edith Berger und Susanne Sievers. Wehner jedenfalls hätte Brandt nur seine regelrecht parteischädigende Eskapaden mit Susanne Sievers vorhalten müssen, um die Lacher auf seiner Seite zu haben. Wie auch immer – nur zu bald hatten die Fanfaren ihrer unterschiedlichen Berufungen alle Beteiligten wieder auseinandergeblasen ...

»Salon Sievers«

Schon 1950 hatte sich ein Untersuchungsausschuß des Deutschen Bundestages mit dem ersten größeren Fall parlamentarischer Korruption zu befassen, der »Hauptstadt«-Affäre. Bernt Engelmann dazu im *Schwarzbuch Franz-Josef Strauß*: *Es ging darum, daß eine Reihe von Abgeordneten der Bayernpartei, entgegen ihrem gerade gefaßten Fraktionsbeschluß, für Bonn als die provisorische Hauptstadt der Bundesrepublik gestimmt hatten, und zwar – wie sich dann herausstellte – hierzu bewogen durch Geldzuwendungen von seiten der CSU. Die Angelegenheit konnte aber nie restlos aufgeklärt werden. Es steht jedoch fest, daß damals Bayernpartei-Bundestagsabgeordnete – unter ihnen der stellvertretende Landesvorsitzende Anton Donhauser, der ehemalige Staatssekretär für Wiedergutmachungsfragen, Hermann Aumer, und der Abgeordnete Georg Mayerhofer – Geldgeschenke von der CSU erhalten hatten ... Von CSU-Seite führte der damalige CSU-Generalsekretär Strauß die Verhandlungen.*

Glück brachte die Einberufung dieses Anschusses einer jungen Frau. Susanne Sievers, 30jährige geschiedene Mutter zweier Kinder, hatte bisher als Sekretärin beim FDP-Bundestagsabgeordneten Hasemann gearbeitet. Nun wurde sie dem Ausschuß als Protokollführerin zugeteilt. *Sie war äußerst aufmerksam in den Sitzungen des Ausschusses und hatte die Akten im Kopf*, beschrieb sie sich selbst in einem Buch gut zehn Jahre später.* *In den kurzen Sitzungspausen umsorgte sie »ihre« Abgeordneten mit hausfraulichem Geschick. Aber sie tat es bald nicht mehr nur in Räumen des Bundestages. Manche Abgeordnete drängte es geradezu, das Korruptionsthema in privater Atmosphäre weiter zu erörtern.* Ihre bald unter dem Namen »Salon Sievers« bei Abgeordneten beliebte Wohnung in der Reutersiedlung eignete sich für diesen Zweck ganz hervorragend, u.a. der junge Strauß war gern gesehener Gast.

Nach Abschluß des Ausschusses 44 stand für Susanne fest: In das stupide Sekretariat im Dachgeschoß des Bundeshauses wollte sie nicht mehr zurück. Spiegel 21/74: *Peter Hinterholzer, Bonner Korrespondent der SPD-eigenen »Westfälischen Rundschau« verschafft ihr bei seinem Blatt den Posten einer Redaktionsassistentin, später gründen beide einen Informationsdienst. Titel: »Bonner Informations-Briefe« (BIB). Diese getippten Rundbriefe für einen zahlenden Abonnentenkreis enthielten Bonner Interna, die sie ihrem Bekanntenkreis entlockte.*

Bär und Puma

Anfang 1951, an einem verregneten, feuchtkalten Winter-
abend in Bonn, sprach ein 38jähriger Berliner MdB die flotte
Informantin vor dem Fenster der Pförtnerloge des Bundeshauses an: Willy Brandt. Er hoffte, Frau Sievers in eine kleine Kneipe der Innenstadt einladen zu können. Aber Susanne wollte in die für Bundestagsabgeordnete und Presseleute
vorgesehene Spätvorstellung der »Stern«-Lichtspiele. So
sah man sich gemeinsam John Fords walisisches Bergarbei-
ter-Melodram *So grün war mein Tal* an. *Susanne, obgleich
der Leinwand zugekehrt, fühlte instinktiv, daß Willy Brandt
sich mit ihr beschäftigte. Sie warfen sich kurze Blicke zu
und lächelten sich an. Als er plötzlich für einen Moment seine Hand auf ihren Arm legte, bekam sie Herzklopfen, über
das sie zwar später lachen mußte – aber im Moment war es
kaum zu verbergen.*

*Dennoch schlug sie Brandts Bitte, mit ihm noch eine Fla-
sche Wein zu trinken, ab: ein CDU-Abgeordneter, gerade mit
einer Parlamentariergruppe aus den USA zurückgekommen,
wartete draußen schon auf Sie. Brandt ließ ein wenig traurig den Kopf hängen. Doch schon vier Wochen später sah
man sich in der »Kranzler-Bar« wieder: Brandt saß dort mit
einem Funk-Journalisten und diesmal gelang es ihm, in das
Notizbuch von Susanne einen Termin einzuschmuggeln »Es
war die Pfeife«, sagte Susanne später, »ich mag Männer, die
Pfeife rauchen«.*

*Sie trafen sich in Bad Godesbergs »Adler«, einem alten
Weinhaus mit stilvollen und kultivierten Räumen. Mit Hilfe des altfränkischen Oberkellners fand sich schnell ein pas-
sender Platz im hintersten Raum in einer gemütlichen Ecke.
Die anfängliche Fremdheit war bald überwunden – Lachen
erklang, und eine anregende Unterhaltung ließ sie die Umgebung fast vergessen. Brandts Lachen regte Frau Sievers zu
einem zärtlichen Spitznamen an: »Du siehst aus wie ein lachender Bär und du stellst Dich auch genauso an.«*

Gestärkt vom reichhaltigen Abendbrot, fuhr man mit dem Taxi in die »Carlton-Bar«. *Dort wurden Bonns Nachtschwärmer seinerzeit von Bardame Anita begrüßt, der Frau eines ehemaligen hohen Nazi, der Staatsrat in der Reichskulturkammer gewesen war. Es wurde allseits heftig getrunken und Susanne sah mit Staunen, welche Mengen der Bär zu schlucken wußte. Was ihr weniger gefiel, war daß er nicht gerne tanzte und sich sehr tolpatschig dabei anstellte. Von dieser Nacht an waren die beiden unzertrennlich. Sie verbrachten ihre Abende im »Kranzler«, im »Carlton« oder in einer der kleineren Weinstuben in Bonn. Susanne lernte unter Willys Führung »härtere« Alkoholica lieben und er überwand ihr zuliebe seine bisherige Abneigung und tanzte eifrig mit. Nachdem sie sich gemeinsam Marcel Ophüls' Film »Der Reigen« angesehen hatten, wurde die gleichnamige Melodie von Oscar Strauß »ihre« Melodie, die über aller Liebe und Zärtlichkeit, die sie verband und erfüllte, schwebte. Doch am liebsten waren die beiden in Susannes kleiner Wohnung in der Reutersiedlung. Hier verlebten sie die schönsten Stunden ungestört und ganz alleine.*

Susannes Informations-Firma florierte derweil so gut, daß sie die QUICK im Juli 1951 sie mit Bild als einflußreiche »Lobbyistin« über ihre eigenen Kreise hinaus bekanntmachte. Ihre Brandt-Affaire bewegt sich bis zur Sommerpause des Bundestags, während der Willy in Berlin bleiben wollte, allerdings auf eine erste Krise zu. Nach einem letzten Spaziergang am Rhein entlang, der auf dem Promenadendeck des Restaurantschiffs *Knurrhahn* endete, war man traurig auseinandergegangen. Gattin Ruts wegen hatte Brandt sich jeden Brief- und Telefonkontakt verboten, außerdem hörte Susanne zum ersten Mal, daß es bei Brandts Familienzuwachs gegeben hatte: Sohn Lars. *Als sie dann in der kleinen Wohnung von Susanne waren, löste die Überraschung und der damit verbundene Schmerz eine Tränenflut aus, obwohl der Ursprung des Ereignisses vor ihrer Zeit lag.* Kurz vor seinem Abflug nach Berlin traf sich Brandt deshalb noch einmal mit

ihr und schenkte ihr hinter der Terrasse des Bundeshausre-
staurants ein kleines Buch »*Liebesgeschichten*«. Sie schrieb
dennoch, bekam neben Geburtstagswünschen von Brandt am
30. Juli jedoch zur Antwort: »*Ich denke viel an dich, Susanne. Im übrigen aber – nimm mir's nicht übel und versteh es
nicht falsch – halte ich nicht viel davon, daß wir uns Briefe
schreiben. Du willst mir einfach nicht aus dem Kopf. Ich freue
mich auch, von dir zu hören. Aber es ist besser, einfach einen
Gedankenstrich zu setzen ... Laß dir's gut gehen, Puma. Ver-
giß nicht ganz deinen Bär.*«

Ein Brief vom 30. August 1951 (»*Ein Bär grüßt und teilt
in aller Form mit, daß er den Sommerschlaf abzubrechen
und am kommenden Montag am Rhein für ein paar Tage
aufzukreuzen gedenkt.*«) sowie ein mit getrennter Post abgesandter Berliner Maskottchenbär trafen Susanne Sievers
nicht in der Reuterstraße an. Sie war zur Leipziger Messe
gefahren. Über ihre dortige Betätigung gibt es zwei Versio-
nen. Sie selbst will sich nach einer Stasi-Verhaftung nur bereit erklärt haben, ein Abonnement mit einer *Wirtschaftsor-
ganisation* auf Lieferung der »Bonner Informationsbriefe«
abzuschließen. Spiegel 21/74 sieht es krasser: Sie habe sich
nach einer Verhaftung mit der Stasi arrangiert und von da
ab Kontaktleute in West-Berlin getroffen. Brandt wartete
deshalb diesmal im Godesberger Weinhaus *Streng* vergeblich auf sie. Aber schon bald darauf fiel ihm Susanne vor
diesem Lokal wieder um den Hals. Angeschlagen war der
junge MdB zu dieser Zeit allerdings sehr – von SPD-inter-
nen Machtkämpfen. Kurt Schuhmacher schnitt ihn damals
demonstrativ, und seine ungewissen Zukunftsaussichten
schlugen deshalb auch auf seine Freizeitgestaltung durch:
*Die Stunden, die sie zusammen verbrachten, wurden oft
zur Qual und bestanden eigentlich nur aus Trinken, weil er
sie zwang, mitzuhalten. Willy stand in dieser Zeit sozusagen mit dem Korkenzieher auf und sein Atem roch ständig
nach Alkohol und den hastig inhalierten zahllosen Zigaretten, die er halb aufgeraucht wegwarf und durch eine neue*

ersetzte. Seine Zähne nahmen nun auch noch eine häßliche gelbe Färbung an und der gleiche Nikotinbelag ließ seine Hände ungepflegt erscheinen.

Zuspruch kam für Brandt nur von seinem Förderer, Berlins Blockade-Bürgermeister Ernst Reuter, der oft mit derselben Maschine wie Brandt nach Bonn flog und bereits beim Anflug die in ihrem kleinen grünen Auto an der Landebahn wartende Susanne Sievers, bzw. ihr Strickkäppchen erspähte. Verschmitzt teilte er dann Brandt mit, der *Abholdienst* mit dem *gelben Mützchen* sei schon zu erkennen. Und gelegentliche Abwechslung fand er bei den in Susannes kleiner Wohnung veranstalteten Parties, z.B. einem bewegten Fest am 17. Februar 1952, bei dem der von der CSU geschmierte Bayernpartei-Abgeordnete Donhauser zwar erst einmal die Hälfte von der bunten Dekoration von der Decke abriß, *aber die Stimmung dennoch wie eine Rakete stieg. Die weiblichen Gäste waren genauso reizend wie passend kostümiert, und die Herren bekamen gleich an der Garderobe Pappnase, Bärtchen und Fes nach Wahl ausgehändigt. Willy Brandt spielte den Charmeur, den nur die Anwesenheit der Gastgeberin vorerst daran hinderte, alle Frauen in Beschlag zu nehmen. Er war aber so in Stimmung, daß er sogar beim Klang des Reigens vergaß, mit Susanne zu tanzen. Er hatte eine Partnerin im Arm, die ihn beim Tanz fesselte. Als letzter Gast, als die ersten bereits an Aufbruch dachten, erschien ein weiterer Hausfreund: Franz-Josef Strauß, dem seine nächtliche Rundfahrt durch Bonn eine reiche Beute an Blechorden von Karnevalsgesellschaften eingebracht hatte. Klirrend schleppte er pfundweise Blech auf der Brust mit sich herum ... Der umworbene Junggeselle mit aussichtsreicher Karriere war auf den Bonner Festen immer ein beliebter Gast. Auch bei Susanne gab es heiratswütige Damen, die ihn sofort mit Beschlag belegten. Doch Offerten einer Rosemarie wies Strauß ab:* »Na, I moag des net, des Madi is vuil z'temperamentvoll«. Lieber sah er einer weiteren Anita zu. *Diese umworbenste Frau des Abends brillierte in Solo-Tänzen. Sie hatte einen geschmeidigen Körper, schwarzes Haar und Augen, die wie Kohlen in ihrem weißen Gesicht glühten. Sie war ungeheuer stolz darauf, Jüdin zu sein und betonte es immer wieder. Die resolute Susanne mußte den von Anita sehr angetanen Brandt mit einem sehr harten Schlag ins Gesicht davor bewahren, im Alkoholrausch eine Situation herbeizuführen, die für alle noch Anwesenden mehr als peinlich gewesen wäre. ... Sonst aber war es ein wohlgelungenes Fest, das mit Würstchen und kräftiger Hühnerbrühe seinen Abschluß in der Morgendämmerung fand.*

Auf sich beruhen lassen wollte Susanne diese Vorgänge aber nicht. Eine ernste Aussprache zwischen beiden zeitigte so einen traurigen Brief des späteren Bundeskanzlers, der schloß: *Der Abschied im Wagen an der Hausdorffstraße war sehr traurig. Du sprachst mit großem Ernst und trotz einer momentanen Erregung nicht aus der Laune des Augenblicks. Und ich? Hörte mir das an, widersprach kaum, akzeptierte das Urteil. Das war wohl so etwas wie ein Schlußstrich. Und ich halte wenig von der Kunst des Kleisterns. Von Herzen alles Gute, liebes Puma, von Deinem trotz entgegengesetzter Kalenderentwicklung in den Winterschlaf zurückkehrenden Bär.*

Nachdem er den Brief abgeschickt hatte, fuhr Brandt in die Stadt. Nachts um ein Uhr ruft er Susanne in ihrer Wohnung an: »*Bitte hol mich bei ›Meyers‹ ab, ich kann nicht mehr*«. *Susanne fährt im größtem Tempo über die Reuterstraße und den Bonner Talweg zum Kaiserplatz. Sie findet ihn in einer Ecke, gleich hinter der Tür sitzend ... Sie bringt ihn in ihre Wohnung und verspricht ihm alles, um ihn zu beruhigen. Er schläft ein, ihre Hand in der seinen, als ob er sie nie mehr loslassen wolle.* Zur Feier der Versöhnung beschloß das Paar, statt des lang geplanten Abstechers in den Schwarzwald lieber eine Ein-Tages-Reise ins Siebengebirge zu machen. Bei der Abreise war die Stimmung noch gedämpft, doch Brandt gelang es bald, Susanne mit Einzelheiten über die Machtkämpfe in der Berliner SPD zu fesseln. *So waren sie als die Fähre in Königswinter landete, doch bereits wieder in einer sehr angeregten Unterhaltung ... Die erste Reiseunterbrechung erfolgte am ›Tubak‹, einem alten rheinischen Wirtshaus in Königswinter, das sie schon öfters besucht hatten, um in der gemütlichen Enge der holzgetäfelten Stube Steinhäger mit Schinken zu trinken ... Nun tranken sie schnell einen Steinhäger und schluckten mit den eiskalten Tropfen auch die restlichen Schatten, die noch zwischen ihnen lagen, herunter. Willy genehmigte sich im Herausgehen schnell noch ein Glas und weiter gings in Serpentinen den Weg hinauf zu der Höhe, auf der der Margarethenhof lag, wo »Herr und Frau Sievers« angemeldet waren und bleiben wollten.*

Leider: *Die Küche hatte bereits geschlossen, es gab nichts mehr zu essen – es gab nur noch eine Flasche Wein, die im Salon von einem müden Oberkellner serviert wurde, dem sie die Nachtruhe wegnahmen. Auch Brandt schlief im Hotelzimmer sofort ein.* »*Mit dir zu verreisen, das macht keinen Spaß*«, stellte Susanne enttäuscht am frühen Morgen fest, als Willy aus seinem tiefen Schlaf erwachte. Mit roten Ohren murmelte er etwas von Höhenluft, die ihm anscheinend nicht bekommen wäre. Sie fuhren zurück nach Bonn. In einem Brief vom 13. März 1952 kam Brandt noch einmal auf seine Ermattung zu sprechen: *Ich hatte dir wohl schon erzählt, daß ich mich am Montag mit Otto-Heinrich und anderen Sachverständigen auf eine Sektreise begebe. Sie fängt in Mainz an. Schade, daß Du nicht dabei bist ... Übrigens, als ich am Dienstag mit dem Wagen von Frankfurt kam, zwang sich mir eine putzige Erinnerung auf. Wir passierten den Margarethen-Hof. Es fehlte nicht viel, und ich hätte mir wegen Übermüdung gleich ein Zimmer genommen.*

Während Brandt die von einer rheinischen Sektkellerei arrangierte Inspektionstour unternahm, fuhr Susanne zur Erholung allein ins kleine Walsertal. Gut erholt fand beide das Frühjahr 1952 vor, innerparteilich befand sich Brandt inzwischen im Aufwind. Im Mai chauffierte ihn Susanne zu Kurt Schuhmacher, der, den Tod vor Augen, diesmal zu Ernst

Reuters jungem Mann sehr freundlich war. Am 25. Juni fuhr Susanne dann in den Ostsektor Berlins und verlor am Grenz-kontrollpunkt Dreilinden ihre Handtasche, in der sich neben anderem BIB-Material – lt. SPIEGEL 20/61 *Informations-material über leitende Regierungsbeamte und Parteiführer* – auch ein Handschreiben Hermann Görings an Churchill befand. Als sie die Handtasche von den DDR-Behörden zu-rückforderte, wurde sie – ihrer Version nach als Agentin des SPD-Ostbüros, laut SPIEGEL als Doppelagentin, verhaftet. In einer Villa am Imkerweg in Berlin-Schmöckwitz wurde sie verhört, aus einem Fenster zur Straße konnte sie heimlich eine Puderdose mit einem Kassiber werfen, die dann tatsächlich nach West-Berlin gelangte. Doch die von Susannes BIB-Part-ner Hinterholzer alarmierten Verfassungsschützer reagierten zurückhaltend, weil sie die Adresse kannten.

SPIEGEL 21/74: *Die Villa am Imkerweg diente als Treffort an dem Agenten dem SSD Bericht zu erstatten pflegten. Am 11. Dezember 1952 wurde Susanne Sievers von der dama-ligen Vizepräsidentin des Obersten Gerichtshofes der DDR, Hilde Benjamin, wegen Spionage für das Ostbüro der SPD zu acht Jahren Zuchthaus verurteilt und erst am 17. August 1956 kam sie wieder frei.*

Einer ihrer ersten Wege führte sie zu Willy Brandt, in-zwischen Präsident des Abgeordnetenhauses. Der empfing sie sehr reserviert, insbesondere, als sie sich nach von ihr geschickten Sendboten erkundigte. *Ja, sie sind gekommen, antwortete er, aber später wurde es mir zu viel – es hat viel Wirbel um dich in meiner Ehe gegeben, nur durch das Auftre-ten einer solchen Frau, die mich bis in meine Wohnung nach Schlachtensee verfolgte.* Er läßt ihr 100 DM überreichen, au-ßerdem bringt sein Vertrauter Wellmann ihre Hotelrechnun-gen in Ordnung. Einige Briefe gehen hin und her, schließlich wird für den 10. September 1956 ein Rendezvous vereinbart – im *Jacobs* in Bad Godesberg.

Brandt ist an diesem Abend so, wie sie ihn bei ihrer Heim-kehr gerne gesehen hätte ... Sogar das altvertraute »Puma«

kam wieder über seine Lippen ... Der Wein löst ihre Befangenheit. Auf der Straße spricht er plötzlich offen von dem was früher war. Er bleibt stehen und zieht sie an sich. Susanne wollte zurückweichen, als er sie küßte, weil sie Angst hatte, den Damm zu brechen, den sie seit Berlin um Erinnerung und Gefühl gebaut hat. Aber dann sah sie sein Lächeln, spürte den altvertrauten Geruch und seine Hand in ihrem Nacken – und ließ sich mitreißen in einem Wirbel, der aus dem »Damals« kam.

Eine Kur in Badenweiler und die einem Brandt-Brief beiliegende Entstalinisierungs-Rede Chruschtschows ließen sie danach erst einmal Abstand gewinnen. Doch Susannes Bemühungen, im Umfeld der SPD beruflich Fuß zu fassen, schlugen fehl – so wurde sie Anfang 1957 Sekretärin der *Vereinigung der Opfer des Stalinismus* (VOS), später Redakteurin im Verbandsorgan *Freiheitsglocke*. Im Oktober 1957 wurde Brandt Regierender Bürgermeister von West-Berlin. Dem glaubte er auch privat Rechnung tragen zu müssen. *Wir können uns öffentlich nicht mehr sehen lassen*, erklärte er Susanne. *Ich kann mir das bei all meinen Plänen nicht mehr leisten.*

Zum Jahresende 1957 sagte er sich jedoch bei ihr und ihrer Tochter Ute zu einem Besuch an – zumindest aus der Sicht von Frau Sievers der Schlußakkord: Denn schon beim Eintreffen hatte Brandt *unter jedem Arm eine Sektflasche geklemmt, hektisch gerötete Augenlider, einzelne Haarsträhnen fielen ihm ins Gesicht ...Tochter Ute musterte ihn deshalb eiskalt, fast zitternd vor Enttäuschung, drehte sich um und verließ endgültig das Zimmer.* Susanne eilte hinterher, um die desillusionierte Tochter zu trösten, die sich schluchzend auf ihr Bett warf. Als sie zu Brandt zurückkehrte, um ihm mit harten Worten klarzumachen, daß dies wohl das Ende sei, fand sie ihn schlafend im Sessel liegen.

»Rettet die Freiheit!«

Fortan wandte die *Freiheitsglocken*-Redakteurin ihren Ehrgeiz anderen Zielen zu. Spiegel 21/74: *Ihre Artikel, Vorträge und Pamphlete richteten sich nicht selten gegen Sozialdemokraten, die sie gerne in Verdacht brachte, unsichere Bundesgenossen im kalten Krieg mit dem Osten zu sein. Unter dem Pseudonym H. S. Brebeck denunzierte sie den Widerstands-Pastor Martin Niemöller mit der Broschüre »Bekenner, Politiker oder Demagoge« als SED-Kollaborateur – das Belastungsmaterial schrieb sie ungeprüft bei einem Publizistik-Professor ab: Eduard Schultz, aus Leipzig geflohen, weil die dortige Kriminalpolizei ihn wegen notzüchtigen Umganges mit seiner minderjährigen Hausangestellten Hilde Krakowsky suchte.*

Und sie liierte sich mit einem Herrn, der bei ihrem früheren Partygast, Verteidigungsminister Strauß, als Büroleiter diente: Major Alfred Sagner. Wie sich dieser Strauß-Vertraute den Spitznamen *Milchflaschen-Sagner* erworben hatte, war dem Spiegel vom 30. September 1959 zu entnehmen: *Der vierseitigen Beschwerdeschrift einer Dame des Ministerbüros zufolge hat der Major Sagner die Beschwerdeführerin nach einem geselligen Beisammensein der engeren Mitarbeiter des Ministers Strauß nach Hause gefahren. Als man an der Haustür angelangt war, konnte die junge Dame nur dank dem Geklirr umgestoßener Milchflaschen einen Überraschungsangriff abschlagen.* Sagner führte als Strauß-Strohmann das antikommunistische Komitee *Rettet die Freiheit* mit an, das der junge Rainer Barzel als seine CDU-interne Hausmacht ins Leben gerufen hatte. Wegen der Milchflaschen-Affäre und der Liaison mit der dem MAD verdächtigen Susanne – am 26. Mai 1959 hatten Verfassungsschützer sie beim Übertritt nach Ostberlin beobachtet, zudem *gab es Zeugen, die sich erinnern wollten, daß sie in DDR-Zuchthäusern Spitzelberichte geschrieben hatte* (Spiegel 20/74) – mußte Franz-Josef Strauß seinen Büroleiter Sagner schließlich als stellvertretenden Bataillonskommandeur nach Nordrhein-Westfalen versetzen. Und bei den Antistalinisten der VOS traute man Susanne Sievers nicht mehr über den Weg. Einzig Rainer Barzel glaubte trotz MAD-Demarche, keine Verdachtsmomente zu besitzen und beließ die Sievers – weil ihm auch der Verfassungsschutz keine konkreten Beschuldigungen vorbringen konnte – im vereinsinternen Wehrausschuß (SPIEGEL 20/60) von *Rettet die Freiheit* – bis dies Komitee hochverschuldet unterging. Wieder half Strauß: Susanne Sievers durfte die Hauszeitschrift *Die Bundeswehr* mitredigieren. Als das Jahr 1961 herankam, schrieb Susanne Sievers – kaltgestellt auch in der VOS (wegen ihrer ungeklärten Beziehungen zur DDR hatte man ihr den Flüchtlingsausweis C abgenommen) und von der SPD-Presse gleichzeitig als kalte Kriegerin angegangen, einen wütenden Brief an Willy Brandt: Wenn die Angriffe auf sie nicht aufhörten, werde ihr die Geduld reißen. Die Drohung war durchaus ernst zu nehmen: Berlins Regierender Bürgermeister war inzwischen erstmals Kanzlerkandidat der SPD – und das durchaus mit Aussicht auf Erfolg.

Milchflaschen-Sagner

Kapfinger & Kumpane

Vom diesem Brief bekam eine Person Wind, die sich zeitlebens durch allerlei Zuträgereien den Lebensunterhalt verdiente: Ewald Zweig, nun CSU-Journalist, vormals unter dem Namen Yves Rameau jüdischer Gestapo-Agent in Frankreich und der Schweiz (siehe Anhang). Zweig war Teil eines einflußreichen Kleeblatts. Die anderen drei waren der damalige CSU-Generalsekretär Friedrich Zimmermann, der Passauer Zeitungsverleger Hans Evangelist Kapfinger und der Ex-Verleger und langjährige NS-Verfolgte Hans Frederik.

Ein wildes Quartett: Zimmermann hatte durch Machenschaften Zweigs in der »Spielbankenaffäre« bereits sein Meineidsverfahren hinter sich. Frederik, über 30 Jahre lang österreichischer Sozialdemokrat und in der Nazi-Zeit jahrelang politischer Häftling im Zuchthaus, hatte sich mit einem Buch über die »Kandidaten« Brandt und Adenauer bereits einen Namen als SPD-Feind gemacht. Seit er 1956 im Zusammenhang mit dem Konkurs seines »Humboldt-Taschenbuch«-Verlags einen Herzinfarkt erlitten hatte, war er freier Publizist, letztmalig hat er jetzt, im Jahre 1961, am 13. März den Offenbarungseid leisten müssen, dann jedoch eine Anstellung beim Nachrichtenmagazin *aktuell* gefunden, die Hans Kapfinger im selben Jahr als Konkurrenz zum SPIEGEL gegründet hatte. Kapfinger selbst wies die – sogar bei dieser Konkurrenz – bunteste Biographie auf: Als jungen katholischen Chefredakteur der »Straubinger Heimatzeitung« hatte ihn die örtliche SA nach Hitlers Machtantritt in Schutzhaft genommen. Bald jedoch kam er wieder frei und zog nach einiger Zeit nach Berlin um, wo er während der Nazizeit zunächst das NS-Fachorgan *Deutsche Werbung* leitete, später zum Pressereferenten der Gauwirtschaftskammer avancierte. Er »arisierte« ein wertvolles Haus aus jüdischem Besitz in der Sophie-Charlotte-Str. 87 – und kam trotzdem nach Kriegsende auch mit der Roten Armee blendend zurecht, d.h. lief als KP-Mitglied und offenbar von den Russen autorisierte Person kommandierend mit einer roten Armbinde durch die Berliner Randgemeinde Klein-Machnow, (die er sich laut Frederik von seinem Schwiegervater, dem nachmaligen Bundespost-, Bundesvertriebenen- und Ministers für gesamtdeutsche Fragen, dem CDU-Mitgründer Ernst Lemmer geliehen hatte) brachte den Buchhalter Friedrich Rost ins NKWD-Lager und wertvolle Möbel von Nazis in seinen Besitz.*

Nach Niederbayern heimgekehrt, zeigte er 1946 bei der amerikanischen Besatzungsmacht Fotos seiner 1933er SA-Verhaftung vor und legitimierte sich damit ausreichend für die Allein-Lizenz für die *Passauer Neue Presse*, mit der er die Region fortan stramm auf CSU-Kurs hielt. Schon vor Susanne Sievers Entree in seinen Bannkreis wucherte um ihn ein Wust von Rechtshändeln, Intrigen, bereits bekannt gewordenen und kurz darauf auffliegenden Machenschaften, die sich kurz zu vier zentralen Affären bündelten – heillos miteinander vermengt.

Gestapospitzel Zweig-Rameau

Kapfinger contra Friedmann

Eine hartnäckige Pressefehde z.B. verband Kapfinger mit dem damaligen Chefredakteur der *Süddeutschen Zeitung,* dem linksliberalen Werner Friedmann. Der, seinerzeit einflußreich genug, der Münchner SPD Hans-Jochen Vogel als Bürgermeisterkandidaten vorzuschreiben, (er sei sonst *nicht bereit, länger stillzuhalten*) war ein leichtlebiger Mann. Bereits Ende 1958 hatte sich Franz-Josef Strauß über ihn erhitzt. SPIEGEL 20/60: *Im Büro des »Stern«-Verlegers und CDU-Bundestagsabgeordneten Dr. Bucerius tobte er, die bayerische Justiz habe trotz einer CSU-Anzeige das Sittlichkeitsverbrechen eines prominenten Bayern »unterdrückt«* – Friedmann rettete der Umstand, daß Bayern damals seinen bis heute letzten SPD-Justizminister hatte. Zum Verhängnis wurde ihm sein Verhältnis zu der am l. September 1953 mit vierzehn Jahren in die Anzeigenabteilung des Verlags eingetretenen Christa Rosenhain erst später.

Kapfinger hatte er zudem durch leichtsinnigen öffentlichen Klatsch verärgert. SPIEGEL 20/60: *Friedmann wollte wissen, daß Kapfinger in der Nähe des Englischen Gartens, in einem Hause Am Biederstein, mit einer jungen Dame abgestiegen sei. Kapfinger konterte am 4. Mai 1957 in einem Brief an Friedmann. Er sei bereit, »auf dieser Ebene den Kampf aufzunehmen«. Damals schrieb Kapfinger: »Ich bin überzeugt, daß mein Material über Sie ebenso ›interessant‹ ist wie das Ihrige über mich.«* Dies Material kramte er dann wieder hervor, als *1960 ein Machtkampf den Süddeutschen Verlag erschütterte: Der Herausgeber-Sohn Alfred Schwingenstein (vormals Prokurist des Verlags) war von Schwingenstein-Gegnern wegen Unterschlagung und Untreue in Untersuchungshaft gebracht worden. Als die Vorwürfe zusammenbrachen, versuchte Vater Schwingenstein den Sohn in die Firma zurückzuholen. Vergeblich. Am 24. März 1960 hatten sich Rechtsanwälte beide Parteien bei einem juristischen Schiedsrichter zur Klärung eingefunden: Rechtsanwalt Keßler fühlte sich bemüßigt, die*

»moralischen Qualitäten« des Sohnes Schwingenstein zu bezweifeln, weil der angeblich pornographische Photos von einer Sekretärin des Hauses verfertigt hatte. Deshalb sei es den Gesellschaftern des Süddeutschen Verlags unmöglich, sich mit dem photographierenden Junior »jemals wieder an einen Tisch zu setzen«. Schwingenstein-Anwältin Thora blies zum Gegenangriff: Gesellschafter Friedmann sei ja sogar unerlaubter Beziehungen zu einem Lehrmädchen bezichtigt worden. Darauf Rechtsanwalt Keßler: Auch Herr Schwingenstein junior habe sich »nächtlicherweise« in den Verlagsräumen »verfehlt«.

Während Kapfinger in seinen Leitartikeln in Friedmanns »Orgien« à la Pariser »ballet rose« schwelgte, wurde die ganze Wahrheit enthüllt: Friedmann hatte seinen Kolumnisten Sigi Sommer, Zeitungslesern als »Blasius der Spaziergänger« bekannt, die Sache einfädeln lassen. (Friedmann zu Sommer: »Ich kann doch keinen Lehrling in mein Büro bestellen.«) Nachdem der erste Kontakt geknüpft war, überließ Sommer seinem Chefredakteur – mitunter auf telegraphische Anweisung – seine sturmfreie Bude in Münchens Wurzerstraße 17. Im Laufe der Jahre entwickelte sich daraus ein praktisches System: Sommer hinterlegte seine Wohnungsschlüssel bei Bedarf im Verlag und betrat sein Domizil erst, wenn der Schlüssel in den Verlag zurückgebracht worden war.

Solche Freizügigkeiten galten 1960 aber noch als »Unzucht mit Abhängigen« bzw. »Kuppelei« – erfreut konnte Kapfinger so im Juni 1960 Haftbefehle gegen Friedmann und Sigi Sommer zur Kenntnis nehmen, Friedmann bezog für einige Zeit deswegen sogar Quartier in Rom; Kabarettist Wolfgang Neuss bot an, ihm seine Gage vom Bundespresseball zu spenden. Bekommen hatte Kapfinger sein Material von zwei ehemaligen SZ-Redakteuren, Ernst Bäumler und Hans Wüst. Für Wüst, mittlerweile CSU-Pressechef, hatte diese Hilfestellung jedoch böse Folgen. QUICK zufolge mußte er schon kurz darauf seinen Posten aufgeben, weil die Staatsanwaltschaft gegen ihn wegen amouröser Delikte ermittelte. Die CSU mußte Wüst vor die Türe setzen, weil diese Ermittlungen im Zusammenhang bayerischer Anhang gerne zu Fall gebracht hätten. CSU-Pressechef Wüst drohte in das Netz staatsanwaltlicher Nachforschungen zu geraten. In diesem Netz wollte die CSU wohl ihren vermeintlichen Widersacher zappeln sehen, nicht aber ihren hauseigenen Pressemanager ... Zwar wurde das Verfahren eingestellt, doch blieb der rechtzeitig abgeschobene Pressechef seinem Milieu treu. Für einen Münchner Sex-Verlag verfaßte er unter dem Pseudonym Ernst Aranus broschierte Liebesanleitungen unter dem Titel *Handbuch der Zärtlichkeiten, Liebe ohne Reue* und *Liebe und Paragraphen.*

beleuchtete fast zeitgleich Hans Kapfingers Geschäftstüchtigkeit. 1959 hatten die US-Streitkräfte in Deutschland bei sich einen Bedarf von 5500 Dienstwohnungen ermittelt. Das 300-Millionen-Projekt sollte zunächst von einer deutschen Großbau-Firma durchgeführt werden, die US-Seite vertrat ein amerikanisches Anwaltsbüro. Später zerschlug sich die Planung, doch einer der Kontaktpersonen der Pariser Filiale des Anwaltsbüros, der US-Bürger Bernard Brach, fand in Deutschland Geschäftspartner, die mit ihm eine nur mit Empfehlungen ausgestattete Firma gründen und Profit aus dem Weiterverkauf dieses »Mantels« an den Meistbietenden schlagen wollten: Die Geschäftsleute Lothar Schloß und Wolfgang Winkel. Schloß hatte ein Semester Architektur studiert und gründete daher ein eigenes Architekturbüro. Dritter – und unbedingt im Bunde vonnöten – war Hans Kapfinger, an den die drei herantraten, damit der über seine glänzenden Beziehungen zu CSU-Generalsekretär Zimmermann einen Kontakt zu Verteidigungsminister Strauß herstelle; als Gegenleistung sollten dem 25 % des auf 500.000 DM festgelegten Firmenkapitals in Form von Gratisaktien zugeschanzt werden. Am 1. Juni 1960 erschien Schloß als Abgesandter dieser so zustande gekommenen Finanzbau-AG (FIBAG) bei Strauß, der ihm anstandslos ein befürwortendes Empfehlungsschreiben – *to whom it may concern* – an den US-Verteidigungsminister unterschrieb, das Schloß in seinem Vorzimmer aufgesetzt hatte. All dies flog auf, weil die Geschäftspartner sich schließlich zerstritten und die Presse informierten. Strauß selbst rückte dabei vor allem ins Zwielicht, weil er sich gegen das von Kapfinger mehrfach öffentlich bekundete Bedauern, seinen Gewinnanteil mit Duz-Freund Strauß teilen zu müssen, nie gerichtlich zur Wehr setzte. (So gut wie alle anderen FIBAG-Akteure zeigte er an.)

Womit Kapfinger Strauß möglicherweise in der Hand haben könne, mutmaßte der SPIEGEL so zurückhaltend wie möglich bei der Berichterstattung über einen Kapfinger-Prozeß, von dem noch zu reden ist: *Im Prozeß kam u.a. ein Photo zur Sprache, daß den bloßen Kapfinger zeigen sollte, mit einer Nudität auf jedem Knie. Der ehemalige Kapfinger-Redakteur Rentsch beschwor, daß er das Bild gesehen habe, und zwar bei einem Regierungsrat im Innenministerium zu Bonn. Nach dem Kapfinger-Bild wurde dann der Münchner Presse-Photograph Seeger* befragt. Vergebens. Da schaltete sich unvermittelt Kapfinger-Verteidiger Moser ein: »Haben sie nicht auch einmal behauptet, ein Photo zu besitzen, das den Minister Strauß mit zwei nackten Frauen zeigt?« Die abseitige Frage ging nicht ins Leere. Der Photograph berichtete sofort, daß ihm eines Tages Erich Kernmayer, damals noch Leiter des militärischen Ressorts der »Deutschen Soldaten-Zeitung« angerufen habe: »Wir haben gehört, daß sie uns zu einem Photo verhelfen können. Darauf soll Minister Strauß mit zwei nackten Damen zu sehen sein. Falls Sie dieses Bild haben, bieten Sie es Dr. Kapfinger an.«*

Kapfinger selbst hatte in Münchner Journalisten-Kreisen damit renommiert, ein solches Strauß-Bild zu besitzen. Der heutige Vorsitzende der DVU, Dr. Gerhard Frey, damals Chef-

Hans Frederik, der Matratzenschnüffler

redakteur der *Deutschen Soldatenzeitung* bestätigte seinen Kollegen vom Spiegel: *»Herr Kapfinger erklärte uns, daß er ein solches kompromittierendes Strauß-Photo habe.« Auf weiteres Befragen: »Er hat es mir selbst gesagt.« Freilich, Frey hält den Kapfinger für unglaubwürdig.*

Kapfinger contra Brandt

Sein Erfolg gegen Werner Friedmann hatte Kapfinger auf den Geschmack gebracht, auch gegen Willy Brandt anzugehen, zumal er selbst gern in den Bundestag wollte. Erbost meldete der SPD-Pressedienst PPP im November 1960, in einem Artikel gegen die Emigranten der SPD habe er Agitationsberichte einer in Malmö residierenden Faschistengruppe benutzt. Die von Kapfinger zitierten Informationen, angebliche Auszüge aus den Zeitungen Sydsvensk Dagbladet, Malmö und Dagens Nyheter, Stockholm seien nachweislich gefälscht. Damit nicht genug, stellte Kapfinger eigens einen Spezialisten ab, der abträgliches Material über Brandt sammeln sollte: Den Ex-Zuchthaushäftling, bankrotten Ex-Verleger und nunmehrigen *Aktuell*-Redakteur Hans Frederik. Über ihn wußte PPP im März 1961 zu berichten, *daß er im Auftrage und auf Kosten des Passauer Verlegers Hans Kapfinger Norwegen besuchte und in Osloer Archiven nach Material über Willy Brandt kramte.* Im Mai entsandte Kapfinger ihn auch nach London und schrieb ihm dazu am 4. Mai: *Sehr geehrter Herr Frederik ... Inzwischen werden Sie sowohl die beiden Eidesstattlichen Erklärungen des Herrn Brinkmann wie auch neues Material, daß ich von Strauß habe, erhalten haben. Das Material ist sehr aufschlußreich. Diese Aufgabe steht uns noch bevor. Ich wünsche Ihnen für Ihre Londoner Reise vollen Erfolg, vergessen Sie nicht, den Hauptzweck Ihres Besuches, mir Prozeßmaterial zu beschaffen und vor allem, die Rolle Ollenhauers zu klären.* Frederik kompilierte also Artikel aus Brandts Emigrantentagen, Munition für Kapfingers Leitartikel. Die größte Aufgabe wuchs Frederik jedoch zu, als Ex-Gestapomann und Zimmermann-Spezi Ewald Zweig ihm via Kapfinger die nun zur rückhaltlosen Beichte entschlossene Susanne Sievers zuführte. Unter dem Titel »... und da war auch ein Mädchen« veröffentlichten sie Susannes Affäre, wobei die Briefe Brandts größtenteils im Faksimile wiedergeben waren. Für sein Werk wählte das Autorengespann das Pseudonym Claire Mortenson und ließ es in Frederiks »Humboldt-Verlag« erscheinen. *Sehr viele facts und eine Art Dokumentararbeit,* lobte CSU-Generalsekretär Zimmermann.

Intrigen-Experte Hans Kapfinger ... und sein Gegner Lazarus Salzberg

Das Buch » ... da war auch ein Mädchen« landete unmittelbar nach Erscheinen auf Brandts Schreibtisch im Schöneberger Rathaus,« schreibt Peter Koch in seiner Biographie »Willy Brandt«. Als er, unter der doppelten Anspannung von Wahlkampf und Berlin-Krise stehend, darin seine Briefe wiederfand, erlitt er einen Weinkrampf. Ein enger Mitarbeiter aus der damaligen Zeit: »Er wollte mit allem aufhören, als Regierender Bürgermeister und als Kanzlerkandidat. Er glaubte, es nicht zu schaffen.« Heinrich Albertz brauchte Stunden, um ihn im Vier-Augen-Gespräch wieder aufzubauen. Währenddessen wartete im Vorzimmer die Wahlmannschaft um mit Brandt nach Westdeutschland zu fliegen. Seine Sekretärin Trudchen Boer sicherte die Zugänge zum Dienstzimmer: »Das dauert noch, der Regierende Bürgermeister hat eine Besprechung.«

Später wehrte Brandt sich dann gerichtlich: Kapfinger wurde für seine Kommentare von der 8. Zivilkammer des Landgerichts Berlin Anfang August 1961 zur Zahlung von 30.000 DM an *Brot für die Welt* verurteilt, wobei Brandt bei der Urteilsfindung ein Präzedenzfall, das sogenannte *Okasa-Urteil*, zugute kam: Im Januar 1958 hatte der Bundesgerichtshof erstmals der Möglichkeit finanzieller Wiedergutmachung bei Ehrenschutzfragen stattgegeben und einem Brauerei-Unternehmer 10.000 DM Schadenersatz zugesprochen, weil ihn eine pharmazeutische Firma ohne sein Wissen auf einem Reklameplakat für das sexuelle Anregungsmittel *Okasa* zeigte, wie er als Herrenreiter hoch zu Roß über eine Mauer setzte.

Das Buch von Frederik und Sievers wurde gleich nach seinem Erscheinen vierzehn Tage vor der Bundestagswahl am 17. September 1961 verboten. Das Landgericht Berlin sah durch die *Liebesbriefe im Faksimile* Brandts Persönlichkeitsrechte verletzt. Dabei war Brandts Affäre harmlos gewesen, gemessen an dem deftigen Zeitvertreib, dem derweil sein Antipode Strauß oblegen hatte. Um ihn etwas zu disziplinieren, war der (Ost-)»Berliner Zeitung« aus Kreisen um Adenauer im Sommer 1957 ein detailliertes Sündenregister zugespielt worden. Ein Flugblatt der Serie *Männer neben Adenauer*, das die illegale KPD in Bundeswehr-Kasernen verbreitete, druckte es unter dem Titel *Bundesverteidigungsminister Franz Josef Strauß Strauß – Heiratsschwindler und Bordellbesucher* – entrüstet nach:

Aus Kreisen um Staatssekretär Globke wurden haarsträubende Einzelheiten bekannt. Strauß hat mit mehreren Frauen zugleich ein intimes Verhältnis gehabt.

• *Er hat seine langjährige Sekretärin E.(rmelinde) Bauer zu seiner Geliebten gemacht und mit ihr noch kurz vor seiner Hochzeit mit der Brauereitochter Zwicknagl Schäferstündchen in Schongau verbracht.*

• *Während dieses Verhältnisses hat er sich die CSU-Journalistin Gruber mittels Alkohol gefügig gemacht und ihr die Ehe versprochen. Sie stand kurz vor dem Selbstmord, als sie erfuhr, dass Strauß sie betrog.*

• *Zur gleichen Zeit verkehrte er mit einer Münchner Ärztin.*

• *In München galt aber gleichzeitig die Rechtsanwältin Christel Lammers als seine Verlobte.*

• *Am 11. Januar 1957 verbrachte Strauß eine Nacht in Bad Godesberg mit zwei betrunkenen Frauen in dem Doppelbettzimmer eines Absteigequartiers.*

Der KPD jedenfalls blieb nur ein Kommentar dazu: *Brutal und kaltschäuzig.*

Als der (West-)Berliner *Kurier* (Herausgeber: CDU-Bundespostminister und Kapfinger-Schwiegervater Ernst Lemmer*) die *Berliner Zeitungs*-Meldung nachdruckte, griff sie Alois Hundhammer, Exponent des klerikalen CSU-Flügels und Strauß' härtester innerparteilicher Gegner, auf und verlas die Liebesliste in einer geschlossenen Sitzung der CSU-Landtagsfraktion. Anschließend warf der Ritter vom Heiligen Grab den Fehdehandschuh hin: *Und hier schweigt der Parteivorstand, und der Betroffene gibt keinerlei Erklärung dazu ab. Einen solchen Mann, dazu noch mit seiner Braut, hat der heilige Vater empfangen, und der Kardinal ist nach Rott gefahren, um ihn zu trauen.*

Strauß, im fernen Bonn durch Friedrich Zimmermann telefonisch unterrichtet, mußte massivst intervenieren. Es reichte nicht, Hundhammer auf einer von ihm sofort erzwungenen Sondersitzung des Parteivorstands zu warnen – erst als Strauß den frommen Wüterich als gewissenlosen Multiplikator kommunistischer Subversionspropagangda zu verschreien drohte, kuschte der, entschuldigte sich – und schwieg fortan.

So konnte der Bundesverteidigungsminister auch zu den Zeiten von Brandts erstem Kanzler-Wahlkampf zwei Wochen vor dem Mauerbau und gut sechs Wochen vor der Bundestagswahl, gelegentlich weiter libidinös experimentieren, so z.B. bei einer USA-Reise vom 13. Juli bis 2. August 1961 – wovon die Richter der 18. Zivilkammer des Landgerichts München 1 am 5. April 1965 durch eine Anklageschrift, die die Rechtsanwälte Dr. Otto Gritschneder und Dr. Hans Weber im Auftrage Rudolf Augsteins überbrachten, in Kenntnis gesetzt wurden: *Mit einer Flasche Whisky in der Tasche zog der Kläger in der Nacht vom 25./26. Juli nach einem Herrenabend beim deutschen Generalkonsul in San Francisco in der 49 Marccia*

Anita oder Rosi? Strauß im Zwiespalt

Avenue in das Negerviertel hinter der Market Street. Dort landete er schließlich in einer Prostituierten-Kneipe billigster Art. Gegen 2 Uhr früh besorgte ihm ein schwarzer Zuhälter nach kurzer Rücksprache mit dem Kläger eine Begleiterin. Der Kläger nahm die Negerin in das exclusive Hotel St.Francis mit, wo er im ersten Stock eine Eck-Suite bewohnte. Auf der Fahrt zum Hotel wurde er, dessen Bild in den Zeitungen San Franciscos erschienen war, von dem Taxi-Chauffeur erkannt, der ihn fuhr. Anderntags meldete sich dieser Chauffeur beim San Francisco Examiner mit der Information, er habe in der Nacht den deutschen Verteidigungsminister zusammen mit einer schwarzen Prostituierten und einem Amerikaner vom Negerviertel zum St. Francis gefahren. In der Hotelhalle des St. Francis erregte der Kläger mit seiner Begleiterin Aufsehen. Der Manager des St. Francis, der mit seiner 20jährigen Tochter Mimi, einer Debütantin des Jahres 1961, noch an der Bar saß, wurde verständigt, wollte aber keinen Skandal provozieren. Der Kläger ging mit der Farbigen in sein Appartement und hielt sich dort mit ihr eine knappe Stunde im Schlafzimmer auf.

Kapfingers Triolen

Ab 23. Januar 1962 erfolgte dann die große Revanche; die Große Strafkammer Passau machte Kapfinger den Prozeß. Nicht wegen der FIBAG, sondern wegen Kuppelei. Allerdings hatte er seine FIBAG-Kombattanten mit verwickelt. Der Grund der Anklage: Dreimal hatte er sich im Jahre 1959 eine erotische Delikatesse gegönnt und gleich zwei Frauen auf sein Lager im Verleger-Apartment der *Passauer Neuen Presse* gebeten: Edith Berger und Nada Illmann. Der Publizist Erich Kuby wußte in seinem Buch »Im FIBAG-Wahn« um gewisse Anfangsschwierigkeiten Kapfingers, seine Gespielinnen in Stimmung zu bringen:

Es war an jenem ersten Abend im Dezember 1959, an dem ersten von dreien, an denen Kapfinger die beiden Damen Berger und Illmann zu sich in die ›Passauer Neue Presse‹ eingeladen hatte. Frau Berger war eigentlich die Verflossene, auf die nun wieder zurückgegriffen wurde. Frau Illmann die Gegenwärtige. Die Situation war etwas unbehaglich, um das wenigste zu sagen, man saß noch mehr oder weniger gesellschaftlich zusammen, kam nicht über die Hürden der Konvention, vor allem auch deshalb nicht, weil vorher über das Programm des Abends kein Einverständnis zwischen allen Beteiligten hergestellt worden war. Frau Illmann kannte das Stück noch nicht, in dem sie mitwirken sollte, ein Stück zu dritt. Ein rechtes Gespräch wollte sich nicht einstellen. Da kam glücklicherweise der Redaktionsbote von unten und brachte die noch feuchten Abzüge der Zeitung von morgen, die Kontrollbogen für den Chef. Sie sorgten für anregenden Gesprächsstoff, später wurde die Stimmung dann gelöster.

Im Passauer Zeugenstand stimmten die Aussagen von Frau Berger und Frau Illmann aber nur noch bei einer Vorliebe Kapfingers überein:

Der vielbeschäftigte Verleger pflegte sich von den Damen des Abends die Fußsohlen kitzeln zu lassen – »wenn er abgespannt war, Hohes Gericht«, wie Edith Berger sagte.

»Tierweib« Nada Illmann

Trotzdem fand Kapfinger an seinem *Tierweib* Nada Illmann bald keinen Gefallen mehr, was für sie mehr als ärgerlich war: Laut Erich Kuby war sie inzwischen Inhaberin eines Strikkereigeschäftes, das sie im Vertrauen auf Kapfingers Hilfe eröffnet hatte. Kapfinger forderte alsbald die 5.000 Mark von ihr zurück, die er ihr in besseren Zeiten geliehen hatte. Frau Illmann wußte sich keinen anderen Rat als sich Kapfingers größtem Feind anzuvertrauen: *Lazarus Salzberg, dem Inhaber des Passauer Bazars »Blauer Stern«, der sich Rabbiner nennt.* Der Spiegel über die Strategie der beiden: *Als ihm die Illmann erzählte, was sie mit Kapfinger erlebt hatte, ließ er sie das Abenteuer bis in die letzten Zwischentöne peinlich genau niederschreiben, verschloß das Schriftstück (...) und handelte sofort. Er rief Kapfinger an, der eine Aussprache vorschlug. ... Die beiden trafen sich in Salzbergs feudaler Villa zu Simbach in Oberbayern, die dem Kaufherrn als Wochenendquartier dient. Später beschwor Lazarus, daß ihm sein Gesprächspartner bei dieser Unterredung die Dreisamkeit bestätigt habe. Dann, so erinnert sich der Kaufhaus-Rabbiner deutlich, habe Kapfinger ihn belehrt: Da Liebe zwischen Frauen straflos sei, müsse auch die Anstiftung dazu straflos bleiben. Mit seinem*

163

Rechtsanwalt hatte sich Kapfinger zwar der Unterstützung eines der sachverständigsten Juristen versichert: Dr. Kempfler, CSU-MdB, hatte über die »Kuppelei im geltenden und künftigen deutschen Strafrecht« promoviert. Dennoch wollte er den ihm drohenden Sittenprozeß um jeden Preis vermeiden. Er rief seine FIBAG-Kompagnons an, Architekt Schloß und Kompagnon Brach. Erich Kuby: »Mei Liaba,« sagte Kapfinger, »jetzt müssen wir alle z'sammenhalten, am besten, ihr kommt's gleich zu mir.« Mit »Ihr« waren Schloß und Brach gemeint. In Passau eröffnete ihnen Kapfinger, es bestünde Gefahr, daß er in einen Sittenprozeß verwickelt werde, und es sei notwendig, seine zwei größten Feinde zu erledigen: seine ehemalige Gefährtin Nada Illmann, und Warenhausbesitzer Salzberg ... Kapfingers Absicht war, Schloß auf Frau Illmann, den strenggläubigen Juden Brach auf den nicht so strenggläubigen, aber doch traditionsbewußten Juden Salzberg »anzusetzen«. Frau Illmann sollten 10.000 Mark Schweigegeld angeboten werden. Bei Salzberg, das war klar, war mit Geld nichts zu machen, gegen ihn sollte Brach seine persönliche Überzeugungskraft ausspielen. Die beiden erklärten sich bereit, im gedachten Sinne tätig zu werden, denn sie sahen ein: wenn Kapfinger fiel, fiel die Fibag. Schloß war ausnahmsweise vorsichtig und ging nicht selbst in das Strickereigeschäft, sondern schickte eine Frau Strasser, die einmal Hausdame bei Kapfinger gewesen war und von Schloß als ein »kapitales Weib« bezeichnet wird. (Frau Illmann nahm das Geld nicht.) Brach bot Salzberg laut Kuby zunächst eine Beteiligung am FIBAG-Geschäft an, der lehnte aber ab. Salzberg zu Kuby: Da nimmt er seine Brieftasche heraus, zeigt mir Fotos von seine Kinder, schöne Kinder, und sagt: warum willst Du bringen ins Unglück meine armen Kinder? Ich sag, warum soll ich bringen ins Unglück deine Kinder, ich kenn' sie doch gar nicht. Aber du machst mir kaputt mein Geschäft, sagt Brach. Wunder ich mich noch mehr und sage: Dein Geschäft? Ja, sagt er, mein Geschäft, weil Du mir kaputt machst meinen Kapfinger. Nach langem Überlegen willigt Salzberg ein, Kapfinger in Ruhe zu lassen, bis Brach sein FIBAG-Geschäft mit ihm abgewikkelt hat. Dem SPIEGEL zufolge brachte Kapfinger noch einen weiteren Sendboten auf den Weg – Friedrich Zimmermanns Vertrauten Ewald Zweig: *Zweig führte sich als gestrandeter Jude ein, dem der Verleger Kapfinger eine Anstellung zugesagt habe. Bedingung: Zweig müsse den Glaubensgenossen Salzberg dazu überreden, die Kuppelei-Geschichte fallen zu lassen. Als Salzberg dies ablehnte, zeigte Zweig Salzberg an, weil dieser sich zu Unrecht als Rabbiner bezeichne: Salzbergs Kaufhaus in Passau sei am Sabbat geöffnet. Jedoch: Salzberg erklärte ungerührt, er habe einen Christen zum stillen Teilhaber, die Abmachungen gingen dahin, daß ihm, dem Lazar Salzberg, das Unternehmen von Sonntag bis Freitag, dem Partner hingegen am Sonnabend gehöre. Kein Gericht nahm sich des religiös verletzten Zweig an.* Dennoch warf nicht Salzberg den ersten Stein auf Kapfinger, sondern Nada Illmann, die, Erich Kuby zufolge von Kapfinger derart in die Enge getrieben wurde, daß sie schließlich zwei Briefe schrieb: einen an Willy Brandt und einen an Werner Friedmann. Beide leiteten ihn nur zu gern an die Staatsanwaltschaft weiter. Ausschlaggebend für Kapfingers Verurteilung zu vier Monaten auf Bewährung und 5.000 DM Geldstrafe war – die Aussage seines FIBAG-Partners Schloß. Schloß unter Eid: Kapfinger selbst habe ihm die Spiele zu dritt geschildert, in Einzelheiten. Er habe bei seiner ersten Vernehmung darüber nicht berichtet, weil er danach nicht gefragt worden sei.

Nachklänge

Strauß, Brandt und Zimmermann verfolgten ihre bekannten Karrieren. Kapfinger erkrankte häufig – immer wenn ihn Bonner Staatsanwälte nach seinen Beziehungen zu Strauß fragen wollten. Ende Juli 1985 stürzte er in seinem Haus die Treppe hinunter und erlag den Verletzungen nach ein paar Tagen. SPIEGEL 32/85 unversöhnt über den 1981 von Strauß mit Bundesverdienstkreuz mit Stern Geehrten: *In den letzten Jahren haderte der streitbare Zeitungsmann meist mit sich selbst: Mit Blanko-Vollmachten ermunterte er seine Rechtsanwälte zu zahlreichen Prozessen, bei denen er nach seiner zweiten Heirat mit der von ihm gegründeten Hans-Kapfinger-Stiftung ums Geld stritt.* Als Erbin seines niederbayerischen Trusts (insgesamt 2 Mio. Tagesauflage) wurde so aus Edith Berger, der ihm 1972 in zweiter Ehe angetrauten *Trio-Gespielin mit Volksschulbildung* (Erich Kuby) mit einiger Verspätung die absolute Hauptgewinnerin all der stattgehabten Kabale.* Ewald Zweig verstarb 1967. 1971 wurde er durch die Memoiren des ungarischen Geheimdienstchefs Alexander Rado als Gestapo-Agent Yves Rameau entlarvt. Susanne Sievers versuchte am 8. Januar 1962, unterstützt von *Milchflaschen-Sagner* brieflich ihre Wiedereinstellung bei der Vereinigung der Opfer des Stalinismus zu erreichen. Doch die lehnt ab. Durch Vermittlung von Strauß und Zimmermann wurde sie daraufhin vom BND angestellt. Der Journalist Jürgen Saupe, der von März bis Juni 1981 die Enthüllungen des ehemaligen BND-Sicherheitsbeauftragten Langemann in »Konkret« ausbreitete, wußte hierzu mehr: *Zum BND kam Frau Sievers durch Vermittlung von Oberst Repenning, dem Adjutanten des damaligen Verteidigungsminister Franz-Josef Strauß. Repenning ging zum BND-Präsidenten Gehlen und forderte:* »*Schafft dem Verteidigungsminister diese verdammte Sievers vom Hals!*« *Im Bonner Hotel ›Königshof‹ wurde Susanne Sievers für den BND angeheuert. Nach kurzer Einweihung in die Handwerkstechniken des Dienstes wurde*

Susanne Sievers – nun EVA 150 – für anderthalb Jahre nach Capri geschickt. Hier hatte der italienische Schriftsteller Curzio Malaparte seine Villa testamentarisch der Volksrepublik China vermacht, und das Treiben der Chinesen im Golf von Napoli zu beobachten, war künftig die Aufgabe der Sievers. Sagner wurde im März 1962 Militärattaché in Seoul, 1966 Militärattaché in Saigon. Susanne Sievers begleitete ihn und zwar lt. »Konkret« als Journalistin getarnt, die für das »Handelsblatt«, den »Bayernkurier« und die Hanns-Seidel-Stiftung tätig sein sollte – Jahresetat 96.000 DM. 1967 trennte sie sich von Sagner und zog zu ihrer Tochter nach Hongkong. Durch die federführende CSU-Riege im BND erhielt sie lt. SPIEGEL im Februar 1967 einen BND-Vertrag auf Lebenszeit. *Doch enttäuscht von den Leistungen der Agentin, die zuletzt als Residentin die Pullacher Zentrale mit SPIEGEL-Meldungen beliefert hatte, beendete der inzwischen SPD-kontrollierte BND 1972 sein Verhältnis zu Frau Susanne. Noch einmal kümmert sich Zimmermann, diesmal über seine Anwaltskanzlei: Sie suchte Beistand bei Zimmermanns Sozius Rudolf Nörr, der bereits Erfahrungen in Vergleichsverhandlungen gefeuerter BND-Leute mit ihrem ehemaligen Arbeitgeber besaß. Im März 1973 verglich sich der BND gemäß seinen Abfindungsrichtlinien auch mit Susanne Sievers. Sie erhielt laut CSU-Zimmermann eine Summe von 320.000 DM, die sich aus einer Abfindung für ihre Lebensstellung in Höhe von 170.000 DM und drei Nachzahlungen zusammensetzte. Als daraufhin vom parlamentarischen Geschäftsführer der CDU, Reddemann, in Umlauf gebracht wurde, mit dieser Abfindung setze sich Brandt dem Verdacht aus, aus undurchsichtigen, möglicherweise sogar privaten Gründen mehrere hunderttausend Mark Steuergelder zu veruntreuen, würgte Strauß persönlich diese Kampagne als »nackten Blödsinn« ab. BND-Langemann zufolge half der Dienst Susanne Sievers auch nach ihrer Entlassung, wo er konnte: Bei einem Streit mit einem Wohunungsnachbarn, dem Graphiker Rudnicki, verschaffte man ihr 1974 Straf- und Verkehrsstrafregister-Aus-*

züge ihres Kontrahenten, als Rudnicki gegen sie eine Beleidigungsklage anstrengte: Sie hatte ihn als Urheber anonymer Bombendrohungen verdächtigt. BND-Langemann versuchte sie auch über Peter Boenisch bei Springer unterzubringen, was der aber nicht recht einsah. Ärgerlich schrieb Frau Sievers Langemann, nachdem sie Strauß in Hongkong getroffen hatte: »*Ich hoffe auch, daß mir FJS weiterhin zugetan bleibt. Die Sache mit Boenisch habe ich ihm erzählt, er will ihn fragen und das wird er tun.*« Was sie so sicher machte, ging ebenfalls aus ihrem Briefwechsel mit Langemann hervor: Sie plante, ein zweites Buch zu schreiben: »*Zebra, Item, Love, Sugar*« – *ihr Mädchenname Zils im BND-Alphabet.* Langemann (»*Hänschen, mein Juter*«) wollte sie dazu als *stillen Teilhaber* gewinnen, drohte aber auch indirekt, über ihren Gönner ggf. zu plaudern: »*Dafür ist ein anderer Verlag mit einem nicht schlechten Angebot an mich herangetreten; natürlich bestimmte Auflagen über Inhalt. Ich werde aber nicht einen Moment zögern, dieses Angebot anzunehmen, wenn ich in absehbarer Zeit noch nicht »vermittelt« worden bin. Was heißt Rücksicht nehmen? Wäre es so klug von mir, ohne Rücksicht auf meine eigenen Interessen die der anderen zu wahren?*« Leider steht das Buch bis heute aus.

Susannes einstiger Co-Autor Hans Frederik tat sich schwerer. Nach der Einstellung von Kapfingers *aktuell* beruflich wieder auf freiem Fuß, verlegte er sich bald ganz auf seine Spezialität: Enthüllungs-Dokumentationen über Politiker. Die, seiner eigenen Einschätzung nach, *sachlich harten* Veröffentlichungen behandelten natürlich Willy Brandt, Herbert Wehner und Karl Schiller, aber nun auch die CDU-Politiker Eugen Gerstenmaier und Kurt Georg Kiesinger und den seltsamen Ost-West-Skandal des ehemaligen obersten Verfassungsschützers Otto John. Die Entlarvung Johns und Wehners sollte später zu seiner eigentliche Lebensaufgabe werden (bedenkenlos arbeitete er gegen sie auch mit SPD-Linken und dem KGB zusammen), Anfang 1965 veröffentlichte er zur Abwechslung auch ein Enthüllungsbuch über Strauß (»*Weder Hei-*

liger noch Dämon«), in dem er auch Susanne Sievers noch einmal kurz behandelte. Nun sah er sie anders: Er druckte seitenlang eine Charakteristik des SPD-Pressedienstes PPP ab, nannte es unbegreiflich, daß Strauß sich mit einer derart dubiosen Person umgebe, und gab ein mißlungenes Tête-à-tête zwischen dem damaligen Verteidigungsminister und Frau Sievers beim CDU-Parteitag 1960 in Karlsruhe zum besten, daß sie ihm wohl beim gemeinsamen Abfassen ihrer Brandt-Amouren anvertraut hatte: *Als vor einigen Jahren der CDU-Parteitag in Karlsruhe abgehalten wurde, residierte der damalige Verteidigungsminister, beschützt von seinem Abschirmdienst im Schloßhotel. Eine gerissene und außerdem attraktive Journalistin, dem Minister bereits seit Jahren aus dem »Godesberger Milieu« bestens bekannt, machte mit Journalisten eine Wette, sie sei imstande, Strauß aus dem Schloßhotel zu lotsen und in eine Bar zu schleppen. Die clevere Susanne gewann die Wette. Allerdings nur theoretisch. Tatsächlich gelang es der Journalistin, die »militärische Abschirmung« in der Halle des Schloßhotels zu durchbrechen und sich auf einem Clubsessel niederzulassen, um den Minister abzufangen. Strauß kam auch bald und befand sich bereits in feucht-fröhlicher Laune. Der Minister war vom Vorschlag der reizenden Susanne begeistert, mit ihr einen Stadtbummel zu machen. Der Einfachheit halber nahm man das Auto der Journalistin, doch das Pech wollte es, daß der Fahrer den Bordstein übersah, wodurch wiederum ein Streifenwagen der Polizei an den Ort der Tat gelotst wurde. Es bedurfte vieler überzeugender Erklärungen, um den Polizisten verständlich zu machen, wer am Steuer saß. Aus dem hintergründigen, von Susanne organisierten Interview wurde allerdings nichts mehr. Sorge hatte die gerissene Autobesitzerin auch mit der Kassierung ihrer Reparaturkosten. Es dauerte lange Monate, denn Strauß ist ein sprichwörtlicher Geizhals, wenn es sich um private Ausgaben handelt.*

Die drei Fragezeichen hinter Tatuncas Leichen

Rüdiger Nehberg
im Dschungel des Dualismus

Schlueck-Agent und Nehberg-»Freund und Berater« (ARD)
Joachim Jessen freundlichst zugeeignet

Kaum war die erste RTL-Dschungelcamp-Equipe im britisch-australischen Fernsehfreigehege interniert, sah sich ein
Unvermeidlicher schon veranlaßt, schärfste Dschungelbeckmesser zu zücken: *Langweilig und schwachsinnig,* so Rüdiger Nehberg, Ex-Konditor und laut langjährigem Hamburger
Telefonbuch-Eintrag *Aktivist für Menschenrecht,* sei dieser
ermüdende Erwachsenenspielplatz, schon der *Plastikfolienteich eine Beleidigung Australiens und des Urwalds.*

Verantwortliche wie Fortsetzungs-Aspiranten sollten auf
ihn hören – fürs Survival im deutschen Mediendschungel hat
der altgediente Aktionist einzigartige Erfahrungswerte anzubieten: Erst im Sommer 2003 hatte er sich wieder einmal
über Brasiliens Regenwald an der Grenze zu Guayana vom
Hubschrauber abgeseilt, sich in T-Shirt und Badehose durchs
subtropische Unterholz geschlagen und nichtsahnenden Würgeschlangen die Nahrung abgepreßt.

Ein 25-Tage-Buch bis zur Begegnung mit Waiwai-Indianern zeichnete er zur späteren Fernseh- und Vortrags-
Verwertung selbst per Videokamera auf; daheim im holsteinischen Rausdorf versorgte unterdessen *Mitstreiterin*
Annette Weber die Presse mit sofort verwertbaren Verschollenheitsbefürchtungen. Und abwechslungsreich ging die als *Plädoyer für das Paradies* zu verstehende Aktion auch zu Ende:
Üblicher Überlebensroutine ging der am 11. September 2003
wohlbehalten nach Hamburg-Fuhlsbüttel Zurückgekehrte ge-

konnt durch Scherereien mit brasilianischen Staatsanwälten aus dem Weg – die ihn wegen *Biopiraterie* und *Steuerhinterziehung* zu inkriminieren versuchten.

Ob womöglich ein unliebsamer alter Bekannter die Inkulpanten aufgestachelt hatte, darüber schwieg sich der inzwischen schwerhörige und stark kurzsichtige Hardcore-Abenteurer freilich aus. Wie die Monumentalität seiner Kraftakte überhaupt eine klaffende Glaubwürdigkeitslücke überdeckt – spektakuläre Wanderbaustellen sozusagen, die vermutlich *Sir Vivals* ehrgeizigste Ankündigung endgültig vergessen machen sollen: seinen weltweit ärgsten Feind und gleichzeitig seltsamen Wiedergänger Günter Hauck wegen drei- bis vierfachen Mordes vor Gericht zu zerren. Auch der – Nehberg widmete ihm ein Buch – ist eigentlich branchenfremd: Zur Zeit als Indianer-Häuptling im brasilianischen Urwald tätig, startete Hauck seine Laufbahn mit einer Maurerlehre in Franken. Und ist das transatlantische Duell zweier Handwerkskammer-Schützlinge schon exotisch genug, ihre Pfade auf dem Weg zueinander waren noch verschlungener ...

Nehbergs beginnt im Mai 1935 in Bielefeld, Haucks sechs Jahre später bei Coburg in Roth am Forst. Als Hauck geboren wird, ist Nehberg mit seiner Familie schon seit einem Jahr nach Danzig verzogen. Schon als Dreijähriger will er quer durch Bielefeld marschiert sein, bis ihn nach 8 Stunden die Polizei aufgriff. 1945 flieht Familie Nehberg aus Ostpreußen und kehrt über ein dänisches Internierungslager nach Bielefeld zurück. Rüdiger liest Karl May, B. Traven, erkundet den umliegenden Teutoburger Wald mit langen Fahrradtouren und hält sich ein paar heimische Schlangen.

Im fränkischen Dörfchen Grub geht unterdessen der kleine Günter Hauck zur Schule – als Halbwaise, der Vater ist vor Leningrad gefallen. Als die Mutter 1955 an Krebs stirbt, nimmt ein Onkel den Jungen auf und steckt ihn in eine Maurerlehre. Beim Onkel gibt's Prügel und nichts zu essen, selbst die Weihnachtskekse muß er ihm bezahlen. Außer Haus reagiert sich Günter ab. Er läuft, nur mit Badehose bekleidet herum und *springt mit schaurigem Tarzangebrüll* von Bäumen auf vorüber fahrende Erntewagen. Mehrfach reißt er mit dem Fahrrad nach Frankreich aus, wird aufgegriffen und zurückgebracht. Schließlich kommt er ins Erziehungsheim, die *Rummelsburger Anstalten,* wo er sich absondert, Karl-May- und Science-Fiction-Bücher liest und der Heimleitung eines Abends eine UFO-Landung auf dem Anstaltsgelände ankündigt.

Auch Nehberg ist in diesen Jahren viel mit dem Fahrrad unterwegs. Während ihn die Eltern aufgrund vorab präparierter Postkarten in Frankreich wähnen, strampelt er durch Marokko. In einem jordanischen Gefängnis sitzt er als angeblicher israelischer Spion ein, bis ihn sein Vater nach zwei Monaten freibekommt; eigentlich wollte Nehberg mit seinen Begleitern dort nur ein Boot stehlen, um nach Ägypten überzusetzen.

Beruflich sind solche Trips unbezahlter Urlaub. Nachdem eine Banklehre mit einem Nervenzusammenbruch endete, lernt Nehberg Bäcker und Konditor. Respekt bei Kollegen verschaffen dem schmächtigen Bäckerburschen seine Haustiere – Pythons und Boas. 1960 legt er seine Meisterprüfung ab.

Im selben Jahr steht sein späterer Kontrahent Hauck eines Morgens in der Warteschlange auf einem Korridor des Nürnberger AOK-Gebäudes. Vor ihm wartet eine junge Frau. Er spricht sie an. Im Juli 1989, 29 Jahre später, wird BUNTE schildern, wie sich Haucks erste Gattin Christa an diese Begegnung erinnert: *Er war der Nächste nach ihr am Schalter gewesen. Er hatte sie zum Kaffee eingeladen. Hatte ihr erzählt, daß er aus Coburg sei, Maurer ist. Später gingen sie ins Kino. Ihre Liebe begann. Zwei Jahre später heiraten sie.*

Die Ehe geht in die Brüche. Vier Jahre später, zwei Kinder sind schon da, das dritte unterwegs, macht sich Hauck aus dem Staub und heuert im Hamburger Hafen auf der *Dorthe Oldenhoff* an. Kurs: Venezuela. Den Fortgang faßt sein späterer Biograph Nehberg so zusammen:

Als der Hilfsmaschinist Hauck dann ohne Erlaubnis des Kapitäns im Hafen von Caracas von Bord ging, schaltete dieser

die einheimischen Behörden und die Botschaft ein. Die Bot-
schaft stellte fest, daß Günter Hauck in Deutschland gesucht
wurde, weil er seiner Familie keinen Unterhalt zahlt. Die ve-
nezolanischen Behörden nahmen ihn einige Tage später fest
und führten ihn einer psychiatrischen Untersuchung zu, da
der deutsche Seemann behauptete, ein Indio zu sein. Der Ge-
richtssachverständige Dr. Jerome, der die deutsche Sprache in
Wort und Schrift beherrscht, diagnostizierte eine schizoide
Psychopathie und empfahl den Behörden die Unterbringung
des deutschen Seemanns in einer geschlossenen Anstalt.

Doch Hauck kann entkommen. Erst nach einem Jahr, im
November 1967, wird er erneut geschnappt und nach Deutsch-
land geflogen. Ein Vierteljahr dauern Untersuchungshaft,
Scheidung und Gerichtsverhandlung. Anfang 1968 mustert
Hauck dann wieder in Hamburg an, die *Luise Bornhofen*
bringt ihn diesmal nach Rio de Janeiro.

Kontrahent Nehberg steht sich besser: 1965 gründet er einen eigenen Betrieb, mit Frau Maggy eine Familie, zum Kind
kommt ein Haus, im speziell eingerichteten Kellerraum räkeln
sich die Würgeschlangen. Zum Fachsimpeln hat er Spezis wie
den alten Grazer Alois Resch – Schlangenexperte, seit es ihn
im I. Weltkrieg als russischen Kriegsgefangenen in ein mon-
golisches Schlangen-Yogi-Kloster verschlug. Bergsteigen lernt
er beim Bayern Peter Lechhart am Schauplatz der schleswig-
holsteinischen *Karl-May*-(!)-*Festspiele* – dem ehemaligen
NS-*Thingspielgelände* an den Kreidefelsen von Bad Segeberg.
In seiner Backstube übt er an der Decke weiter.

Als seine erste Expedition auf dem Blauen Nil 1970 schon
nach 10 Tagen scheitert, gibt ihm der ZDF-Kameramann
Holger Gleitsmann, Ex-Ranger der US-Army, den für kommende Exkursionen entscheidenden Vorbereitungs-Tip: Sur-
vival-Training. Im holsteinischen Forst drillt der Ex-Ranger
Nehberg und Konsorten. Ihr Training zeigt das NDR-Regio-
nal-Fernsehen: Waldlauf, Schießen, Eisbaden – und in RTL-
Dschungelcamp-Vorwegnahme – gemeinschaftlicher Verzehr
von Spinnen und Würmern.

Ungefähr zeitgleich bricht in der brasilianischen Provinz Acre ein Herr mit Lendenschurz und Schildkröten-Tatoo aus dem Regenwald. In gebrochenem Spanisch und Portugiesisch verkündet er, Häuptling eines unbekannten Indianervolkes zu sein – der Ugha Mongulala. Einem hellhörig gewordenen Bischof stellt er sich eingehender vor: Er sei Tatunca Nara, die *große Wasserschlange*, seine Mutter eine aus einer Missionsstation geraubte Nonne. Sein Volk lebe in einer unterirdischen Festung namens Akakor, einst von Außerirdischen angelegt, die auch allerlei Gerät zurückgelassen hätten.

Der Bischof läßt ihn rasch hinauskomplimentieren. Weil Tatunca aber tatsächlich ein paar mit dem Flugzeug abgestürzte brasilianische Offiziere aus dem Urwald gelotst hat, lassen ihn die Militärbehörden der Stadt Manaus weiter examinieren – von einem deutsch sprechenden Franziskaner. Der stellt fest, daß dieser Indianer seine Muttersprache Deutsch noch am besten beherrscht. Nonne kann die Mutter aber nicht gewesen sein: Häuptling Tatunca Nara kennt nur das lutherische Glaubensbekenntnis. Derart kompromittiert, drückt sich der geheimnisvolle Waldmensch einige Zeit in den Straßenfluchten der Regenwald-Metropole herum. Ein verzweifelter Vorstoß beim deutschen Konsulat, in seiner Urwald-Festung lebten auf Geheiß des Führers noch 2.000 deutsche Wehrmachtssoldaten, geht ins Leere. Erst mit ARD-Brasilien-Korrespondent Karl Brugger findet Günter »Tatunca« Hauck den passenden Zuhörer. Er trifft ihn erstmals am 3. März 1972 in einer Bar.

Die ersten Minuten unserer Unterhaltung waren mühsam, schrieb Brugger später. *Erst als er seine Verschlossenheit überwunden und sein anfängliches Mißtrauen unterdrückt hatte, erzählte er mir die außergewöhnlichste Geschichte, die ich jemals gehört habe. Tatunca Nara berichtete von dem Stamm der Ugha Mongulala, einem vor 15.000 Jahren von den Göttern auserwählten Volk. Er schilderte zwei die Erde verwüstende Katastrophen, die Beherrschung des südamerikanischen Kontinents durch einen Göttersohn, den er*

Lhasa nannte und dessen Verbindung zu Ägyptern, die Ent-
stehung des Stammes der Inkas, die Ankunft der Goten und
ein Bündnis mit zweitausend deutschen Soldaten. Er sprach
von riesigen Steinstädten und von unterirdischen Wohn-
städten der göttlichen Vorfahren. Und er sagte, daß all die-
se Ereignisse in einer Chronik niedergeschrieben seien – der
Chronik von Akakor.

Noch mehrmals kommt Tatunca zu Brugger ins Hotelzimmer: *Wieder beschrieb er die Geschichte der Ugha Mongulala,*
der verbündeten auserwählten Stämme vom Jahre Null bis
zum Jahre 12453, also von 10481 bis 1972 in der Zeitrech-
nung der weißen Zivilisation... Dann war Tatunca Nara am
Ende seines Berichts. Und ich hatte zwölf bespielte Bänder
mit einem phantastischen Märchen.

Brugger läßt es zunächst auf sich beruhen. Nachdem aber
in südamerikanischen Gazetten dubiose Berichte über Grenz-
scharmützel zwischen *weißen Indianern* und der peruanischen
Armee auftauchen, bearbeitet er sein Material. Zunächst für
den Funk: Am 2. Februar 1975 sendet der SFB das O-Ton-Fea-
ture *Expedition nach Akakor*. Dann für den Buchmarkt: 1976
erscheint bei Econ die *Chronik von Akakor – erzählt von Ta-*
tunca Nara, dem Häuptling der Ugha Mongulala. Gegliedert
in vier Bücher (Jaguar, Adler, Ameise und Wasserschlange),
enthält das Epos neben Lageplänen der unterirdischen Städte
auch Schriftproben und sogar ein Kalendersystem mit Mo-
natsnamen wie Huascha, Dias, Tutogo, Menia, Meni, Nogo,
usw. Über die Gewohnheiten der 2.000 deutschen Soldaten
wird ebenfalls berichtet: *Am Ende jedes Mondes trafen sie*
sich am Akai zu einem Fest, sangen die Lieder ihres Volkes
und tranken gegorenen Maissaft. Ihre Anführer spielten
Schach... Dann kehrten sie nach Akakor zurück und leb-
ten wieder mit ihren Familien. Bruggers Knüller, in esoterischen Kreisen bald ein Geheimtip, sorgt bei Tatunca Hauck
für regen Zulauf.

Nehberg tut sich Mitte der 70er Jahre schwerer: Während
Hauck sich sein Weltbild bereits zurechtgezimmert hat, muß

sich Nehberg seins erst noch schwer erarbeiten. Mit hartgesottenen Kumpanen überlebt er bei feindseligen äthiopischen Völkerschaften: den Mursi, Gallabs und Afars. Fast immer ist ein Kameramann dabei; Medienverträge mit *HörZu* oder dem *Stern* sind schon vorher unter Dach und Fach. 1972 und 1975 bezwingt Nehberg den Blauen Nil, 1977 die Danakil-Wüste. Sein erster Kameramann, Michael Teichmann, wird 1975 bei einem Raubüberfall erschossen, andere Räuber in der Wüste Danakil will Nehberg 2 Jahre später mit Schlaftabletten überlistet haben. Daneben widmet er sich wissenschaftlichen Tätigkeiten:

In der Wüste Danakil wird mit Folie, Hohlspiegel und einem von Bayer spendierten Sack Zeolith ein neues Wassergewinnungsverfahren entwickelt – angeregt von Überlegungen des Hamburger Fremdenlegionärs Eddi Pomolski. Und am Rudolfsee bietet ein gefangenes Krokodil die Gelegenheit, beim Test von *MS 22*, einem neuen Betäubungsmittel für Panzerechsen, aufs Ganze zu gehen: *Ich hatte mir nämlich vorgenommen, in den Rachen eines noch lebenden, großen Krokodils zu klettern. Ich wollte mich möglichst bis zum Magen vorarbeiten, um dann festzustellen, was sich im Verdauungstrakt eines solchen Tieres alles befindet. Wir hatten ernsthaft alle Vorbereitungen für dieses Unternehmen getroffen. Unter anderem gehörte zu unserer Ausrüstung eine Winde, die mich im Falle einer Gefahr wieder aus dem Tier heraushieven sollte.*

Doch die Schlüsselszene des Nehbergschen Psychodramas wird nicht verwirklicht: Die Freßreflexe des Reptils sind zu robust. Heimgekehrt, stellt Nehberg die spannendsten Episoden seiner Touren sogleich zu pittoresken Reisebüchern zusammen.

Mit seinem *Survival*-Kompendium *Die Kunst des Überlebens* wächst dem Reiseschriftsteller Anfang der 80er dann profunderes öffentliches Interesse zu:

Die Angst vorm atomaren Schlagabtausch der Supermächte zeitigt diffuse Endzeitstimmungen, seine *1.000 Tips und Tricks* werden als Anleitung fürs Durchschlagen in postzivilisatorischer Nuklear-Barbarei massenhaft abgesetzt.

Instinktsicher ergänzt Nehberg – 1980 für ein ZDF-Filmprojekt erstmals im brasilianischen Urwald, um mit einem betrügerischen Fremdenführer nach bislang unentdeckten vierfingrigen Baumindianern zu suchen – sein Überlebensrepertoire um den damals ökodemagogisch noch kaum erschlossenen Regenwald.

Eben dort hat es der fränkische Indianerhäuptling »Tatunca« Hauck, wie Nehberg inzwischen eine Illustriertenberühmtheit, durch eine zweite Heirat zum Co-Hotelier gebracht – die Eltern der 1972 heimgeführten Ärztin Anita Katz betreiben im Dschungelstädtchen Barcelos die Absteige *Oasis*. Sprachschwierigkeiten mit Gattin und Schwiegereltern Katz gibt es nicht, die Katzens sind – zum Glück noch zu Weimarer Zeiten aus Deutschland abgereiste – jüdische Auswanderer.

Das *Oasis* empfängt viele Gäste, 1977 u. a. den Sekretär Erich v. Dänikens, der ihn für die in diesem Jahr in Rio tagende 4. Weltkonferenz der *Ancient Astronaut Society* bucht: v. Däniken will mit Tatunca per Hubschrauber zur Götterburg Akahim in den Dschungel aufbrechen. Als Beweis der sagenhaften Örtlichkeit soll der Häuptling einen *Gegenstand der Götter* nach Manaus mitbringen. Danach will man in bereitstehende Helikopter steigen. Aber die *Große Wasserschlange* kommt erst, als v. Dänikens entnervte Corona die Koffer zum Rückflug nach Rio schon wieder zuklappen will. Und er hat auch nichts dabei: Wie v. Däniken erfährt, haben die Priester von Akahim ihm streng verboten, ihren Kult-Fundus zu verringern. Zum kritischen Dialog nimmt der Schweizer Astro-Schamane seinen brasilianischen Kollegen trotzdem nach Rio mit. Eine Expedition per Hubschrauber, stellt sich in den dortigen Gesprächen heraus, wäre eine dilettantisch unsachgemäße Herangehensweise gewesen: *Göttliche Kräfte*, so Tatunca, hätten sie sofort abstürzen lassen. Wegen seines Alternativ-Angebots einer Dschungeltour per Boot und zu Fuß stuft v. Däniken Tatunca intern fortan als *Halunken* ein,

178

feiert ihn in seinen ständigen Kolumnen von *Ancient Astronauts* bis *Perry Rhodan* aber noch jahrelang weiter.

1980 führt Tatunca neue Kundschaft in den Urwald: den jungen amerikanischen Hippie und Comic-Zeichner John Reed. Der schreibt seinen Angehörigen begeistert nach Hause, man sei bereits kurz vor Akakor, Tatunca wolle ihn demnächst zu seinem Stamm bringen. Bald darauf ist Reed verschollen.

Ein Jahr später ist dann ein klappriger Franzose mit Tatunca unterwegs: U-Boot-Professor Jacques-Yves Cousteau sucht nach der geheimnisvollen Urwaldfestung. In Cousteaus Film sieht man einen aufgeregten Tatunca aus dem Urwald gelaufen kommen und fuchtelnd erklären, er habe *feindliche Fußspuren* gefunden, könne für nichts mehr garantieren. Um den drohenden Kampf mit den Indianern zu vermeiden, bricht Cousteau die Expedition ab.

Nehberg bereitet sich derweil gründlich auf den Regenwald vor. Im Herbst '81 läuft er, vom ZDF begleitet, zu Fuß von Hamburg nach Oberstdorf, schläft in Wäldern, macht Feuer mit Flintsteinen und sucht sich Nahrung am Wegesrand; wie der SPIEGEL notiert, meist *Brennesseln, geplättete Igel oder Blindschleichen*. Vorher hat er sich verpflichtet, nicht zu wildern, Feld und Vieh der Bauern und auch die Papierkörbe der Schulhöfe strikt zu schonen. Kulinarischer Höhepunkt der 1.000-km-Strecke wird so ein auf einem Parkplatz verendendes Kaninchen. Es leidet an Vereiterung von Augen, Maul und Nase. Nehberg aber weiß: *Eiter ist nahrhaft. Schließlich besteht er aus weißen Blutkörperchen, und Blut ist, wie jeder weiß, reine Kompaktnahrung.* Um 11 Kilo leichter trifft er nach 25 Tagen in Oberstorf ein. Während bald darauf 11 Mio. ZDF-Zuschauer die Reise nachempfinden dürfen, fährt er mit einem GEO-Fotoauftrag im Juli 1982 von Manaus auf dem Rio Negro nach Barcelos – zu Tatunca Nara, auf den ihn Bruggers *Chronik* aufmerksam gemacht hat. Der soll ihn in das von der brasilianischen Indianerbehörde FUNAI abgeriegelte Indianergebiet einschmuggeln:

*Tatunca Nara hatte ich mir als den Mann auserkoren, der mich
das letzte Stück aus der Zivilisation hinausbegleiten sollte, der
mir von seinen Erfahrungen abgeben und der mich am Waldes-
rand absetzen sollte. Ich hatte schon einiges Negatives über ihn
gehört, auch aus seriösen Quellen. Aber ich wollte mich selbst
überzeugen, ob es sich um Weizen oder Spreu handelte.*

Nehberg quartiert sich im *Oasis* ein. Schlangenfan und
Große Wasserschlange Hauck umringeln sich eine Zeitlang
argwöhnisch. Nehberg registriert in Tatuncas Bücherregal
Pflichtlektüre von v. Däniken bis Karl May. Tatunca bietet
Nehberg an, ihn durch einen unterirdischen Gang in ein Tal
zu führen, *das unserer heutigen Zeit zehntausend Jahre voraus sei*, berichtet *von Plantagen sich selbst erntender Sonnen-
blumen* und will im Urwald ein illegales Mohnfeld anlegen,
abgeschirmt durch Gammastrahlenfelder. Nehberg in den
Urwald begleiten kann er jedoch nicht. Sein alter Chronist,
der ARD-Mann Brugger, hat sich angemeldet, um mit ihm
unentdeckte Urwaldpyramiden aufzusuchen.

So läßt sich Nehberg noch ein paar Tage von Tatuncas
Schwiegereltern umsorgen und schließlich von Nachbarn des
Häuptlings im Urwald absetzen. Da schlägt er sich dann die
nächsten drei Monate durch, zu Missionsstationen und ver-
lassenen Indianerdörfern. Tief im Dschungel, nur mit einer
roten Badehose bekleidet, ernährt er sich diesmal u. a. von einer erschossenen Schildkröte und einem toten Schwein und
spielt Mundharmonika, um sich den Yanomami-Indianern
schon von weitem anzukündigen.

Die nehmen den Konditormeister freundlich auf und lassen ihn an ihrem Leben teilhaben.

Das ist zu Nehbergs hellem Entzücken Survivalprogramm
von morgens bis abends: Basteln, Jagen, Kampf ums Dasein, u.
a. gegen feindliche Stämme und weiße Goldsucher. Schweren
Herzens kehrt er per Floß und Kanu nach Barcelos zurück,
unterwegs fängt er noch rasch eine 6-Meter-Anakonda. Bei
Reibekuchen und Mokka von Mutter Katz klingt seine erste
Urwald-Mission beschaulich aus.

Sein erstes Yanomami-Buch inklusive kritischen Tatunca-Kapitel ist gerade erschienen, da entschließt er sich beim Abendessen mit seinem Hamburger Verleger dazu, von Garmisch-Partenkirchen nach Rom zu tippeln, um dem Papst eine von Prominenten unterzeichnete Yanomami-Petition der *Gesellschaft für bedrohte Völker* zu überbringen. Mit den Unterschriften von u. a. Willy Brandt, Hoimar v. Dithfurth, Prof. Grzimek erreicht er nach 4 Wochen im Mai '83 Rom. Noch hat er keine Vatikan-Einladung, doch notfalls will er sich beim Papst mit einer über den Petersplatz gespannten Hängematte bemerkbar machen. Willy Brandt hilft ihm, ruft beim Staatspräsidenten Pertini an – bald kann sich Nehberg ein Sakko überstreifen und dem Papst auf dem Petersplatz das Schreiben samt zwölf roten Baccara-Rosen zu stecken.

Danach zieht er sich mit Gattin Maggy die Toskana *privat rein* und dispensiert sich, abgesehen von einem kurzen Briefwechsel mit dem übers ihn portraitierende Buchkapitel erbosten Tatunca, für ein Jahr von der Problematik. Und veröffentlicht den Universal-Ratgeber *Let's fetz!* über Combat-Schießen, Zaubern und Feuerspucken, Boxhandschuhe aus überfahrenen Igeln plus *Tips für die Bewerbung* und *Liebe und Sexualität*. Das Gelände, auf dem ihn einst sein US-Ranger-Freund drillte, hat er inzwischen gekauft. Dort veranstaltet er nun Survival-Wochenenden für Jugendliche – Material für die 20teilige NDR-Fernsehserie *Abenteuer vor der Haustür*.

Auch Tatunca bleibt rege, schwärzt Nehberg bei der Indianerbehörde an und setzt, wie heimgekehrte deutsche Touristen Nehberg warnen, ein Kopfgeld auf ihn aus. Aber nicht Nehberg, sondern Tatunca-Freund-Brugger wird am Neujahrstag 1984 in Rio erschossen, nach Augenzeugenberichten von einem dilettantischen Straßenräuber.

Und noch ein weiterer Tatunca-Fan, der Schweizer Herbert Wanner, kehrt einige Zeit später nicht aus dem Urwald zurück. Seine Gebeine werden jedoch gefunden und anhand der Zähne identifiziert. Weil sich im Schädel eine Gewehrkugel fand, beginnen BKA und Schweizer Polizei, gegen den mutmaßlich einzigen Gewehrbesitzer der Gegend, Häuptling Tatunca, zu ermitteln.

Vernommen wird dabei auch Nehberg, der nun endgültig eine Story wittert. Angesichts der wirkungslosen Papst-Aktion will er im Auftrag der GEO-Film eh wieder zu den Yanomamis.

Kaum angekommen, kann er einem mit Tatunca zerstrittenen Waldläufer Verfängliches entlocken. Dessen Job sei gewesen, *an bestimmten Stellen im Wald kleine Affenschädel aufzuhängen. Sie bewirkten ohne Ausnahme, daß alle Touristen sofort umkehren wollten, weil Tatunca von dort an natürlich die Verantwortung ablehne, »Ich führe Sie gern weiter, aber Sie müssen mich von der Verantwortung entbinden«, sagt er dann seinen Kunden. Auf diese Weise verweigerte ihm auch niemand sein Honorar.* So habe man auch den alten Cousteau geblufft.

Wegen der Todesdrohung bleibt der mit Brille und Perükke getarnt den Amazonas herunterschippernde Nehberg in Tatuncas Wohnort lieber an Bord, lebt diesmal 5 Monate bei den Yanomamis und kann bei einer Totenfeier seinen Magen mit einem Gemisch aus Bananenbrei und menschlicher Totenasche überraschen. Zur selben Zeit, 1985, bekommt Christine Heuser, Leiterin eines Yoga-Centers im schwedischen Göteborg, Bruggers *Akakor*-Chronik von Freunden aus Deutschland zugeschickt. Schon beim ersten Anblättern wird der Deutsch-Schwedin angesichts von Tatunca-Fotos klar, daß dieser Indianer in einem früheren Leben ihr Mann war. So schnell wie möglich will die 47jährige zu ihm. Das ZDF zeigt inzwischen Nehbergs neusten Yanomami-Film 10 Mio. Zuschauern – für ihn zu wenig Resonanz. Dem brasilianischen Konsul in Hamburg kündigt er samt neuen Yanomami-Schreckensmeldungen an, nun werde er im Tretboot den Atlantik überqueren, um Brasiliens Staatspräsidenten eine Petition der *Gesellschaft für bedrohte Völker* zu überbringen.

Etwas geübt hat er schon. Mit seinen Survival-Jugendlichen ist er im Sommer 1986 mit einem selbstgebauten Sperrmüllfloß samt Klo und Hühnerstall elbabwärts gefahren. Nun trainiert er mit Kampfschwimmern weiter, während sich zwischen der Göteborger Yoga-Lehrerin und ihrem spirituellen indianischen Ex-Mann eine rege Brieffreundschaft entspinnt. 1986 besucht sie ihn erstmals für einige Wochen und fährt mit ihm auf seinem Boot *Anita II* in den Dschungel. Ihre stürmischen Briefe danach beantwortet er zwar nicht, lädt sie aber im Juni 1987 erneut ein. Diesmal hat das Paar, wie Zeugen beobachten, Streit. Christine Heuser kehrt nie nach Göteborg zurück.

Als Rüdiger Nehberg am 27. Oktober 1987 im afrikanischen Dakar mit Tretboot und Petition in See sticht, schwitzt Tatunca schon über entlastenden Briefen an ihre Angehörigen. Doch BKA-Beamte haben inzwischen seine wahre Identität ermittelt.

Nach der Landung in Brasilien am 29. Dezember, auf der *größten Pressekonferenz seines Lebens* wird Nehberg zwar nicht vom brasilianischen Staatspräsidenten empfangen, dafür haben am 23. Februar 1988 einmal mehr die ZDF-Zuschauer an ihm und seinem Tretboot ihre Freude.

Doch auch an Tatunca wendet sich jetzt das ZDF. Dieter Kronzucker braucht Stoff für die Serie *Abenteuer und Legenden*. Anfang 1989 wird die Episode *Wagnis am Rio Negro* gezeigt.*

Tatunca sieht man darin mit Kronzuckers Partner Franz Tartarotti agieren, Kronzucker selbst ließ sich, so Tatunca, nur für einen Tag für ein Statement vor der Dschungelkulisse einfliegen. Doch auch Nehberg ist da schon wieder vor Ort, diesmal als illegaler Goldsucher für sein Buch- und Filmprojekt *Yanomami – die letzte Jagd*. Er säuft diesmal u. a. den Urin eines zuckerkranken Goldgräberbosses und kündigt dann im Buch – Tatunca hat ihn mittlerweile beim BKA bezichtigt, in Rio Karl Brugger erschossen zu haben – *einen Kriminal-Tatsachenbericht und vielleicht einen ungewöhnlichen Film* über Tatunca an. Bald darauf – Goldsucher und Yanomamis

erfreuen Deutschlands TV-Gebührenzahler erneut via ZDF
– übereignet er sein Tatunca-Wissen der Presse. Wichtigstes
Resultat: BUNTE-Redakteure fliegen mit Haucks Nürnberger AOK-Liebe und nachmals erster Gattin Christa nach Sü-
damerika. Nehberg selbst lauert ihm kurz darauf in Barcelos
auf. Seine Frau und befreundete Filmer hatten den Häuptling vorher als Führer für einen Dschungelfilm angemietet.

Der Indianer aus Coburg und der Abenteurer aus Bielefeld unterwegs zur letzten Schlacht.
Gut bewaffnet scheinen beide

Der hielt dann u. a. fest, wie sich der Zweierpack auf einem
Bootssteg zankt, nachdem der wiederum mit Brille und Pe-
rücke getarnte Nehberg sich Tatunca zu erkennen gab – und,
tatsächlich glaubwürdig, eine verzweifelte Schwester John
Reeds, die den kurzzeitig überrumpelten Tatunca als Mörder
ihres Bruders anklagt. Die Dokumentation wird dank Kronzuckers Einflußnahme vom ZDF abgelehnt, im Frühjahr 1991
zeigt sie jedoch der WDR. Tenor: Tatunca habe höchstwahr-
scheinlich den amerikanischen Comic-Zeichner John Reed,
den Schweizer Herbert Wanner und die Yoga-Lehrerin Heuser im Urwald ermordet, ihre Konten geplündert und auch
Karl Brugger in Rio umbringen lassen. Hinter ihm stünden
Geheimdienstkreise, die ihn deckten, weil er ihnen früher als
Indianermörder zu Diensten gewesen und jetzt als Rio-Ne-
gro-Controletti immer noch nützlich sei. Ein Tatunca-Buch
gleichen Inhalts, angeschärft durch diverse Vermutungen und

Verdächtigungen der Hinterbliebenen, reicht Nehberg im gleichen Jahr nach, u. a. mit dem Vorwurf eines 4. Mordversuchs an dem Archäologen Roldão Brandão – *eine Räuberpistole*, so der Archäologie-Autor Wolfgang Siebenhaar, der einen Augenzeugen des Vorfalls, den Mitreisenden Ferdinand Schmidt, dazu befragte. Dem Ex-Swiss-Air-Piloten zufolge, den Tatunca ebenfalls mehrfach bis in die Nähe seiner sagenhaften Dschungelfestung Akahim geführt hatte, hatte sich Roldão beim ungeschickten Hantieren mit seinem Gewehr selbst in die Hand geschossen, während Tatunca abseits einen Lagerplatz herrichtete. Nehberg läßt danach, von einigen Interview-Beschimpfungen abgesehen, aber schlagartig vom hochangereizten Tableau ab.

Und wechselt erst einmal die Partnerin. In der deutschen Konditorei (!) von Manaus lernt er die 31jährige Survival- und Yanomami-Enthusiastin Christiane Haverkamp kennen. Mit ihr beschließt er, zum Kolumbus-Jubiläum auf einem mit Hartschaum gefüllten Bambusfloß den Atlantik zu überqueren, um nach diversen Zwischenstopps diesmal US-Präsident Bush Senior eine Indianer-Petition zu bringen. Für die der aber, als das Paar nach einem 5-Monats-Törn am 15. September 1992 in Washington anlangt, wohl keine Zeit hat. Wie auch Greenpeace sich diesmal aus der Sache heraushält und sogar das nibelungentreue ZDF nicht mehr mittun mag. Diverse Haverkamp/Yanomami-Umtriebe krönt dann 1995 eine Yanomami-Krankenstation. Technisch beraten läßt sich das Paar dabei u. a. von dem Itzehoer Bauingenieur Georg Krause, der nach einem Tatunca-Besuch im Januar '96 gegenüber der Lokalpresse aber auch auf den Coburger Chefindianer nichts kommen ließ: Tatunca habe zwar *stechende Augen*, ansonsten aber sei es entsetzlich, *daß jemand aufgrund von Mutmaßungen und ohne Gerichtsverhandlung zum Mörder gestempelt* werde. Diesen Mittelweg behielt Krause bei: Ca. einmal im Monat telefonierte er von Itzehoe aus mit Tatuncas Gattin Anita, blieb als permanenter Ansprechpartner aber auch Nehbergs Yanomami-Lady Haverkamp verbunden.

Ab Juli '96 dürfte das pikante Doppelspiel des Holsteiners aber ausgereizt gewesen sein: Nach Atlantik, Amazonas und Afrika nahm sich Nehberg jetzt die australische Kimberley-Steppe vor. Zu seiner *Human Race*-Tour traten dann zwar nicht, wie er es sich zu Jahresbeginn noch im STERN ausgemalt hatte, gemeinsam mit ihm Bill Gates und Präsidentschaftskandidat Al Gore an. Aber zumindest der amerikanische *Iron man* David Covey und der 75jährige Aborigine Jack Jugari stürzten sich mit ihm in die *600 Kilometer Tortur gegen Durst und Hitze, durch Wüstensand und Schlingpflanzen* (*Spiegel*), um auf die Situation von 300 Mio. Naturvölkerscharen weltweit hinzuweisen – wobei der alte Jugari gegen den schnell ausgepumpten Covey und den eine Woche nach dem Start mit Eiterblasen an den Füßen infizierten Nehberg überraschend klar gewann. *Ich komme nur sehr mühsam vorwärts*, funkte Nehberg nach Hause, *meist auf einen Ast gestützt*. Allerdings wohl auch beruflich gehandicapt, denn aus Zeitungsberichten nach seiner Heimkehr war zu erfahren: *Der während des Wettlaufs entstandene Film soll weltweit ausgestrahlt werden*. Zum 500. Staats- und Entdeckungsjubiläum Brasiliens im Frühjahr 2.000 kreuzte Nehberg nach einer dritten Atlantiküberquerung dann wieder vor der Copacabana auf, jetzt auf *The Tree*, einer riesigen Einbaum-Tanne – Vehikel nicht nur für einen weiteren ZDF-Exklusiv-Dokumentarfilm, sondern auch PR-Hilfskreuzer für Udo Lindenberg, der für den Abspann mit ihm die eigens komponierte Nehberg-Hymne *I'm on my way* anstimmte (*Yanomami und Stadtindianer gehören zusammen*). Bevor er endgültig im Magazin des Technischen Museums Speyer verschwand, war *the Tree*, samt reichhaltiger Nehberg-Buchauswahl davor, noch in Halle 9 auf der Expo in Hannover zu bestaunen. Eingemottet wurde seitdem weitgehend auch das sensationsthematisch stark verschlissene Yanomami-Repertoire; ihr rigoroser Mentor *verlagerte seine Aktivitäten* (O-Ton Nehberg) von Christine Haverkamps Lieblingen abrupt zugunsten einer Annette Weber und den bislang krass unterbewerteten Waiapi-Indianern. Und, einmal dabei, hakte der von Frau Weber Gemanagte gleich auch die bislang mitpropagierte *Gesellschaft für bedrohte Völker* ab und gründete seine ganz persönliche Menschenrechtsorganisation *target - für direkte Aktionen vor Ort*. Dieser moralische PR-Wanderzirkus (*target hat nur zwei Aktivisten, Rüdiger Nehberg und Annette Weber und fünf Vertrauensleute. Mehr nehmen wir nicht auf*) teilt sein Jahrespensum nun arbeitsteilig ein – d.h. in den *Aktionsmonate Januar/März und Juli/August* werden Anlässe angezettelt, geknipst und verfilmt, die für den Rest des Jahres deutsche Vortragssäle, Sendeplätze und neue Abenteuerbücher füllen.* Derzeit zielt der Selbstvermarktungs-Rummel hauptsächlich auf die Meinungsführerschaft bei einem großteils noch vakanten Brisanzpotential ab: Der in Teilen des muslimischen Afrika üblichen weiblichen Genitalverstümmelung. Die passende Schnittmenge aus neuartiger Problematik und vorhandenen Ortskenntnissen ergab sich für Nehberg mit der zuletzt 25 Jahre zuvor heimgesuchten Wüste Danakil, wo er vom 30. Januar bis 1. Februar 2002 über 1.200 Afar-Muslime als Staffage einer ersten *Wüstenkonferenz* aufmarschieren ließ. Auf Geheiß ihres geistlichen Oberhauptes Sheijk Darassa unterzeichneten sie ein Dokument, das die fürchterliche Prozedur sofort abschaffte. Wochen später, am 26. Februar 2002 sah es dann auch Bundespräsident Rau endlich ein, und ließ dem Menschenrechts-Mentor durch Ministerpräsidentin Simonis das Bundesverdienstkreuz zuerkennen.

Während all solcher Sperenzchen tuckert sein Widerpart Tatunca bis heute unangefochten auf der vielleicht ja doch mit Geldern seiner Opfer bezahlten *Anita II* den Rio Negro herunter und kann mit seinen mysteriösen Leichen sehen, wo er bleibt. Für das Nehbergsche Verwertungskalkül ist er offenkundig längst selber eine, und selbst, wenn er weitere nachproduzierte, käme dabei kaum mehr heraus als eine außerordentliche Herausforderung für brasilianische Suchmannschaften. Auch seine mythologische Investitionsruine *Akakor* führt auf New-Age-Websites von Portugal bis Polen ein längst abgekoppeltes Eigenleben, was Wunder, daß sich der Ausrangierte in den

Kalauer flüchtet – und sich seitdem auf kleine Fische spezialisierte. Neueste Tatunca-Berichte, die herüberkommen, sind durchweg enthusiastische Schilderungen von professionellen und Amateur-Aquarianern*: *Die Abenteuer auf unserer dreiwöchigen Bootsfahrt im Bundesstaat Amazonas mit unserem ausgezeichneten Motoristo Tatunca Nara auf dem Rio Negro und den Nebenflüssen auf den Spuren des roten Neon, Stachelrochen und Flußdelphinen bleiben unvergesslich,* schwärmen die Zierfisch-Händler vom österreichischen Firma *Brazil-Import.* Diesbezügliches Engagement dokumentiert auch ein unter Ziffer 2 im Annex 18 aufgeführte Vorfall, den die Distriktaufsicht Amazonien der brasilianischen Bundespolizei zum 2003er-Bericht einer brasilianischen Parlamentskommission (CPI) zum Stand von Biopiraterie und Artenschmuggel im Lande beisteuerte: *Die deutschen Hans Barte, Hans Remmling, Heinrich Traunhold, Hans Augustin Wolfgang Schmidt und Horst Paul Linke und ihr brasilianischer Führer Tatunca Nara,* heißt es da, *wurden auf frischer Tat an den Ufern des Rio Negro in der Umgebung von Paicebim mit einer Sammlung von 300 Zierfischen und Pflanzen gestellt.* Auf der Basis derartiger Bagatelldelikte scheinen die dortigen Strafverfolgungsbehörden und ihr Sorgenkind aber ansonsten gut miteinander zu fahren, auch eine im Sommer 2001 unter Führung von Michel Negrini und Dorian Lasca aus dem aquitanischen Mérignac in den Regenwald aufgebrochene Reisegruppe ist heil wieder nach Hause gekommen und überlieferte einen abgeklärten Urwaldmörder, der nach Dschungel-Feierabend mit seinen Gästen Dame oder Domino spielt und seine Tochter Angelie hauchzarte Pflanzenaquarelle tupfen läßt.

Die Welt als Wille und Vorstellung: Während der Coburger Indianer somit seine Kunstfigur immer hypothetischer konstruiert, stagniert Bäcker Nehberg in permanenten Selbstzitaten als der überall gleiche Sklave seines kruden Brutal-Hedonismus. Überlebens-Äquilibristen also, diese Boys of Brazil? Ach was, einmal mehr ist Gus Backus' »Häuptling der Indianer« recht zu geben: *Wild ist der Westen, schwer ist der Beruf!*

Dannemann, geh du voran

Die Wahrheit über
Jimi Hendrix

Auf einer – damals vielen Zeitschriften beiliegenden – Werbeschallfolie der Pop-Illustrierten *Poster Press* kam Anfang der 70er Jahre eine Frau mit ungewöhnlichem Anliegen zu Wort:

Ich bin Monika Dannemann. Ich war Jimis Freundin. Mir hat er gesagt, was er dachte und fühlte, wenn er seine Musik durch die Verstärker jagte, wenn Dutzende und Hunderte von kreischenden Groupies ihn verfolgten, ich weiß, wie Jimi wirklich war. Seitdem Jimi tot ist, wurden haarsträubende Lügen über ihn erzählt und viel Unsinn geschrieben. Ich bin es endlich leid, mir das anhören zu müssen. Ich habe alles aufgeschrieben, die ganze Wahrheit über ihn, und ich habe nichts ausgelassen oder beschönigt. Ehrlich! Vom Anfang bis zum Ende. Niemand kannte ihn besser als ich, denn mich hat er geliebt, so wie ich ihn geliebt habe und so, wie die ganze Welt Jimis unsterbliche Musik liebt. Mit diesem Song – »Hey, Joe« – begann 1967 Jimis unglaubliche Karriere.

Dem folgenden 30-Sekunden-Ausschnitt aus »Hey, Joe« schob Frau Dannemann noch eine kräftige Halbwahrheit nach: *Das war »Hey, Joe«. Viele, viele Hits und Welterfolge kamen danach. Ich habe alles vor und hinter den Kulissen miterlebt. Ich kenne die Wahrheit über Jimi Hendrix.*

Wie man's nimmt. Mit ihm zusammengelebt hatte Hendrix' Gefährtin etwa 5 Wochen, ihren seinerzeit in *Poster Press* und *Bild am Sonntag* erhobenen Alleinvertretungsanspruch hielt sie selbst als 50jährige eisern aufrecht. Noch 25 Jahre später, im September 1995, bekräftigte sie ihn mit einem Buch.*

Das wiederum trug ihr so massive Scherereien mit einer Rivalin ein, daß sie sich um Ostern 1996 zu endgültigen Konsequenzen gezwungen sah. Bis zu ihrem Tod wollte sie ihren Zeitgenossen vor allem eines nahe legen: daß das im September 1970 gestorbene Rockidol telepathische Kräfte und Visionen hatte, sich an frühere Leben und Astralreisen erinnern konnte und nur durch sein Ableben daran gehindert wurde, eine neue Religion zu stiften – um eine von seiner Musik, Frau Dannemanns Ölgemälden und intergalaktischen Besuchern inspirierte Menschheit dem Zeitalter eines neuen Atlantis entgegenzuführen.

Angesichts etlicher Dokumente der Ex-Eiskunstläuferin Dannemann wird die kühne These schnell triftig; Kernaussagen pflichten seriöse Hendrix-Biographen durchweg bei. Zweifelsfrei verbürgt ist auch Frau Dannemanns erstes Zusammentreffen mit dem afro-amerikanischen Gitarrenvirtuosen: am 13. Januar 1969 gegen 11 Uhr in der Lobby des Düsseldorfer Park-Hotels. Dorthin war die gerade bei ihren Eltern aufhältige 23jährige, beruflich sonst in Genf als Eiskunstlauflehrerin beschäftigt, geraten, weil sie ein befreundeter Diskotheken-Impresario, Baron Reiner von der Osten-Sacken, um einen Gefallen gebeten hatte: Da sie, als einzige aus seiner Clique einen Fotoapparat mit Blitzlicht beschaffen konnte (den ihrer Mutter), sollte sie Jimi Hendrix und seine »Experience«-Musiker für ihn fotografieren – ein Termin, den sie schnellstmöglich hinter sich bringen wollte.

Hendrix-Fan war sie zwar, seitdem sie »Purple haze« im Autoradio gehört hatte; auch sein Konzert in der Rheinhalle hatte sie am Vorabend besucht. Doch das kolportierte Hendrix-Image vom animalischen Wüstling stieß sie zunächst ab: Als der Baron sich nach dem Auftritt mit Hendrix im Club *Le Pirate* treffen konnte (dank einer Spanien-Urlaubsbekanntschaft mit Hendrix' Bassisten Noel Redding) war sie ihm deshalb strikt aus dem Weg gegangen.

Aber als Hendrix nun im Hotelfoyer auftauchte, war er direkt auf sie zugegangen und hatte sie angesprochen. (Einen frappierenden Anknüpfungspunkt – beide trugen Halsketten mit fast identischen grünen Jadestücken – konnte sie gerade noch in ihrer Bluse verstecken.) Höflich erkundigte er sich, ob sie einen Freund habe, und als sie verneinte, schlug er nach kurzem Überlegen vor, daß sie seine Freundin werden und *zum besseren Kennenlernen* bald zu ihm nach London kommen solle – schließlich habe er *schon lange nach ihr gesucht.*

Nach einer zweistündigen Unterredung, bei der Monikas Gefühle bereits schwankten, brach Road Manager Gerry Stikkels die zarte Entwicklung ab, weil vor dem Konzert in Köln noch etliche Pressetermine warteten. Hendrix' Bitte, ihn zu begleiten, kam sie zwar trotz eines ersten Abschiedskusses nicht nach; Baron von der Osten-Sacken mußte die Verwirrte dann aber umgehend nach Köln chauffieren, wo Hendrix im »Hotel am Dom« abgestiegen war.

Zusammen mit der gesamten Tournee-Entourage erreichten sie dann, durch Scharen begeisterter Fans hindurch, die Sporthalle, wo sich Hendrix hinter der Bühne interviewen, knipsen und filmen ließ – sie immer neben sich. Unmittelbar vor dem Auftritt hatte er sie dann erneut geküßt; nach dem Konzert und einer kurzen Jam-Session im *Club 66* mit ihr in einem China-Restaurant zu Abend gegessen (und ihr dazu bei einer alten Blumenfrau einen Schwung Rosen gekauft.)

Da sie sich für eine *physische Beziehung* dennoch nicht bereit fühlte, hatte Hendrix anschließend im Hotelzimmer die ganze Nacht Zeit, ihr aus seinem Leben zu erzählen: von seiner indianischen Großmutter, anderen Verwandten, bei denen er aufwuchs, weil seine Mutter sich nicht um ihn kümmerte, und von seiner Zeit als Fallschirmjäger bei der 101st Airborne Division in Fort Campbell/Kentucky. Ein Spaziergang am nächsten Morgen führte sie dann in den Kölner Dom, wo ein Priester Hendrix wegen allzu farbenfrohem Aufzugs hinauswarf (für den ein Indiz, wie weit sich die Kirche von den Menschen entfernt habe). Tags drauf stieg er in den Hubschrauber, der ihn zum nächsten Konzert nach Münster brachte und verblieb mit Frau Dannemann, bis zum Wiedersehen bei Tourneeschluß in London täglich zu telefonieren.

Schon das allein ein Stoff, aus dem die kleinen Rocklegenden sind. Doch nach dem Künstler gab sich ihr dann auch der Künder Hendrix zu erkennen, als sie Anfang Februar nach London flog. Zwar vertrieb sich das Paar in den nächsten Wochen vorwiegend mit Einkäufen, Spaziergängen im Hyde Park oder Kinobesuchen die Zeit (wenn Jimi nicht gerade im Olympic Sounds Studio neue Titel einspielte – oder, Frau Dannemann spart es aus, andere Damen erfreute); meist aber saß man in Monikas Hotelzimmer, wo Hendrix gerne dozierte.

Bei solchen Kollegs erfuhr sie etwa, daß ihn ein mystischer Traum zu »Purple haze« angeregt hatte, in dem er aus dem All auf die Erde sah und dabei einen auf seine Geburt wartenden Fötus und die Geister der Toten beobachtete, die die Erde verließen. Im selben Traum sei er auf eine Reise durch die Dimensionen und auf dem Meeresgrund herumgegangen. Hauchzarte, purpurfarbene Dunstschleier hätten ihn dabei umhüllt. Das sei eine traumatische Erfahrung gewesen, doch sein Glaube an Jesus habe ihn gerettet.

»Purple haze – Jesus saves« habe der Song darum ursprünglich geheißen (was das 20 Jahre später bei Sotheby's versteigerte Manuskript belegt) und über 20 Textseiten gefüllt. Sein skrupelloser Manager Mike Jefferey habe ihn jedoch gezwungen, das Werk zu einer kommerziellen 3-Minuten-Version zusammenzustutzen. Jefferey, ehemaliger Mitarbeiter des britischen Geheimdiensts und Angehöriger der Unterwelt von Newcastle, beute ihn ohnehin brutal aus, buche ständig neue Tourneen und zwinge ihn, die einträgliche Sex-Masche beizubehalten. Längst sei Erholung überfällig; Monika solle sich schon mal nach einem Ferienhaus am Schwarzwälder Titisee umtun.

Bau-Projekte wälzt das Paar ebenfalls: In der Nähe von Los Angeles soll Monika ein Haus »indianisch« einrichten, das andere soll auf Felsen unmittelbar am Pazifik liegen, kreisrund sein und ebensolche Zimmer haben, denn, so Jimi, nichts in der Natur sei eckig.

In diesen Londoner Tagen schlüpft Monika Dannemann erstmals in die Rolle der Hendrix-Sammlerin. Er überläßt ihr Songtexte, Zeichnungen, Kritzeleien und Notizen über Astralkörper, Karma, Wiedergeburt – und Monika beginnt zu malen. Von einem indianischen Totempfahl aus Hendrix-Köpfen ist Jimi so begeistert, daß er die Düsseldorferin eindringlich bittet, ihr Hobby zum Beruf zu machen: Er will beider Künste vereinen.

Vier Wochen später, kurz vor ihrer Abreise, kauft sie einen goldenen Schlangenring. Er erwirbt ein Gegenstück, tauscht mit ihr und bezeichnet sie als »unsere Verlobungsringe«.

Im Restaurant des Musikertreffs »Speakeasy« zeigt er sie anschließend herum und gibt das Ereignis bekannt – für die junge Deutsche unstrittig der Höhepunkt ihres London-Trips.

Im Verlauf der folgenden, in jeder besseren Rock-History nachlesbaren Etappen – ununterbrochene Tourneen, Heroinfunde in seinem Gepäck auf dem Flughafen von Toronto, Auflösung der »Experience« nach einem Festival in Denver, dazu eine Entführung durch die Mafia, Ärger mit Manager Jefferey und den Black Panthers – muß die junge Deutsche bei Hendrix tatsächlich einen nachhaltigen Eindruck hinterlassen haben: Als er drei Wochen vor Woodstock mit der aus alten Armee- und Tourneemusikerfreunden zusammengestellten Formation »Gypsy Suns & Rainbows« ein Repertoire einübt (auf dem luxuriösesten Anwesen seines Lebens, beim einzigen Ausritt wirft ihn das hauseigene Reitpferd auch prompt ab), ist unter den neuen Titeln auch der Song »Izabella«, auf dessen Textblatt er »Monika = Izabella« notiert hat. Der von ihr bezeugte Offenbarungsdrang tut sich nun auch öffentlich kund: In Dick Cavetts Talk-Show kündigt Hendrix die Gründung einer psychedelischen Erweckungsbewegung an, der »Electric Church« (»Der Glaube kommt durch Elektrizität zu den Menschen«).

Derweil sitzt sein Düsseldorfer Dornröschen an weiteren Ölgemälden und kann gelassen zu Werke gehen: Auch für den akribischen Hendrix-Biographen Shapiro ist sie zu diesem Zeitpunkt bereits eine der »drei wichtigsten Frauen« in Hendrix' Leben. Dessen bisherige Favoritinnen reagieren unterschiedlich. Die in den USA lebende drogensüchtige Devon Wilson (ein Rauhbein, von dem Monika später behaupten wird, sie habe von Manager Jefferey für ihre Hendrix-Betreuung ein festes Gehalt bezogen) versucht, ihn nachhaltig mit Heroin vollzupumpen; die britische Titelverteidigerin Kathy Etchingham, Hendrix seit seinem ersten Englandbesuch im September 1966 verbunden, heiratete dagegen einen Angestellten Eric Claptons, Ray Mayer. (Was Hendrix so empört, daß er ohne Monikas Wissen im März 1970 für ein paar Tage nach London fliegt, um Kathy diese Ehe auszureden; zeitweise quartiert er sich dazu sogar bei den Jungvermählten ein.)

Bei Monika meldet er sich erst im August 1970 wieder. Das Isle-of-Wight-Festival und eine Europatournee stehen bevor; Monika mietet ein Zimmer im Londoner Hotel Samarkand, 22 Lansdown Crescent, mit eigenem, nach hinten gelegenen Gärtchen. Als Hendrix am 27. August dort eintrifft, inspiziert er kurz die Örtlichkeit, erkundigt sich, ob sie ein Kind von ihm möchte (Wasami, Donner, soll es heißen, wie der Cherokee-Krieger, der Hendrix in einem früheren Leben gewesen sein will), schreibt ihr ein Gedicht (»Sun goddess weeping never mind/I'll be coming back another time«) und fliegt dann weiter zur Isle of Wight.

Gut 14 Tage muß Monika nun in London einhüten (bzw. sich von der mitangereisten Devon Wilson bepesten lassen, während Hendrix beruflichen Verpflichtungen nachkommt.)

Es folgen Auftritte in Göteborg, Aarhus, Kopenhagen (eine Kirsten Nefer präsentiert sich nach seiner Abreise als Hendrix-Verlobte), in Westberlin und zuletzt beim von Regengüssen beinahe weggeschwemmten »Love & Peace«-Festival auf der Ostseeinsel Fehmarn. Dort verprügeln Hell's Angels-Ordner seinen Road Manager Stickels, schießen einen Bühnenarbeiter an und rauben die Kasse aus. Bassist Billy Cox erleidet einen Kollaps, die Tour wird abgebrochen und Fehmarn auf diese Weise Hendrix' letzter Auftrittsort.

Am 6. September 1970 ist er wieder in London, bei seinem Fräulein meldet er sich aber nicht. Das merkt erst 4 Tage später, als ihr Bassist Cox im *Speakeasy* über den Weg läuft, daß Jimi im *Cumberland Hotel* wohnt. Am 15. September zieht er dann bei ihr ein – ohne sein im Cumberland verbliebenes Gepäck, aber voller Pläne.

Auf einer Pressekonferenz will er sich von seinem krakenhaften Manager Jefferey lossagen, ein Orchester gründen, das einen offenbar teutonisch geprägten Blues-Rock spielen soll (»Richard Strauß und Wagner werden den Hintergrund für meine Musik bilden«), und auch von seiner Hochzeit mit Monika sollen endlich alle wissen. (Was sie ihm aber ausredet, ihr Vater hat gerade erst einen Herzinfarkt überstanden.)

Ansonsten ist er ganz der alte. Er warnt seine Verlobte vor den Mächten des Bösen, dem Materialismus und dem Blendwerk des Fernsehens. All dem will er *Musik mit heilender Kraft* entgegensetzen, um *die Seele von Erde und Mensch zu heilen*, so nämlich habe man es seinerzeit *in Atlantis* praktiziert (siehe Dannemann-Text). Dies sei die Mission, wegen der er, Hendrix, auf die Erde gekommen sei, und Monika vor allem müsse ihm dabei helfen.

Andere Musiker, etwa Bob Dylan, würden sich hoffentlich anschließen. Etwas atlantisches Geheimwissen gibt er preis: *Er sagte, wenn Positives umgekehrt würde, würde es negativ. Um das zu demonstrieren, griff er sich einen Schreibblock und schrieb das Wort »God« und erklärte, wenn man das Wort umgekehrt buchstabiere, käme »Dog« heraus. Während er schrieb, sagte er, seit er dies entdeckt habe, vermeide er das Wort »God«. In der Mitte des Blattes schrieb er dann »Devil« und fügte darunter die Umkehrung (»lived«) hinzu. Da wußte ich, was er meinte. Dann schrieb er die Zahl 8 und* erklärte, daß sie oft für böse Zwecke benutzt würde, und die Zahl 5 und ein Gleichheitszeichen vor das Wort »Devil«. 15 sei der Teufel. Er sagte mir, das Gegenteil sei die Zahl 7, die eine ganz besondere und positive Zahl sei. Er sagte, die Zahl 7 sei voller Geheimnisse. Es sei die wichtigste Zahl, mit vielen verborgenen Bedeutungen. Geist und Erde sind mit der Zahl 7 verbunden. Außerdem findet alle 7 Jahre eine Veränderung im Körper statt. Es ist ein Kreis, und deshalb wandelt und verändert sich alles um ihn herum. Jimi erläuterte mir, daß in der Vergangenheit andere Zivilisationen durch diese mit der Zahl 7 verbundenen Zyklen hindurchgehen mußten, durch einen Höhepunkt, dann mußten einige Opfer gebracht, einige Anstrengungen vorangetrieben werden – was er darstellte, indem er ein Kreuz über jeden Kreisbogen zeichnete. »Auf diese Art und Weise geschieht die Evolution«, sagte er. Dann malte Jimi vier einander gegenüberliegende Siebenen – ein Hakenkreuz. Er erklärte, daß es von entscheidender Wichtigkeit sei, in welche Richtung die Siebenen zeigten, denn dies zeige, ob das Symbol eine gute oder böse Bedeutung habe. Auf dasselbe Blatt schrieb er die Wörter »Modern Man« und »Material« ... Darüber schrieb er die Zahl 6, anscheinend ohne es zu bemerken. Ich erwähnte, daß es in Deutschland als sehr unhöflich gilt, jemandem einen Strauß mit einer geraden Anzahl Blumen zu überreichen. Er sagte, daß es noch viele Sitten gäbe, die die Menschen noch beachteten, ohne den Grund zu kennen, denn viel Wissen sei über die Zeiten vergessen worden.

Nach diesem Exkurs erkundigt er sich telefonisch bei Monikas Mutter nach dem Befinden seines künftigen Schwiegervaters, sucht mit seiner blonden Braut eine Geburtstagsparty und den Ronnie Scotts Club auf (wo er mit Eric Burdons neuer Band »War« jammt, während Monika von der angereisten Devon Wilson mit Obszönitäten belästigt wird). Zurück im Hotel Samarkand, schläft man nach langen Gesprächen – Hendrix prophezeit u.a. das Eintreffen hilfreicher Aliens in ca. 30 Jahren – am frühen Morgen müde, aber selig ein.

Gegen Mittag sind beide wieder wach. Hendrix skizziert auf einem Schreibblock ein LP-Cover, das Monika malen soll: »Vier Rassen in einer« – ein Kreuz aus Menschenköpfen mit ihm selbst als Synthese in der Mitte. Zu seiner Linken will er die schwarze Rasse, rechts von sich die weiße dargestellt haben, über sich die gelbe und unter sich die rote. Abgebildet werden sollen die unterschiedlichsten Personen: Frauen, Babys, Prominente wie Martin Luther King, Kennedy, Buddha, Dschingis Khan, die Indianerhäuptlinge Geronimo und Crazy Horse – und, direkt neben Hendrix, Adolf Hitler.

Jimi, so Frau Dannemann, *war der Ansicht, daß Hitler ursprünglich nicht böse gewesen sei, aber sich aus Schwäche bösen Kräften geöffnet habe und dann selber böse geworden sei. Jimi erläuterte mir, daß Hitler das Hakenkreuz – ein altes, heiliges Symbol – für seine eigenen, niedrigen Zwecke mißbraucht habe und daß er auch schwarze Magie betrieben habe.*

Hitlers Kopf direkt neben Jimis zu malen, lehnt Monika jedoch ab; man einigt sich darauf, den Kennedys zwischen beiden zu plazieren. Dann fahren sie zum Shopping auf den Kensington Market. Hier hat der Tod bereits eins seiner diskreten Arrangements getroffen: Zufällig schlendert dort auch Monikas Vorgängerin Kathy Etchingham herum, die Hendrix seit dem Streit im März nicht mehr sah.

(Mrs Etchingham später: *Ich sah mir ein paar Sachen an, da stand er plötzlich hinter mir und sagte: »Ich bin im Cumberland Hotel. Komm später hin!« Ich ging nach Hause, aber mein Mann war schrecklich eifersüchtig und ich konnte nicht weg.*) Hendrix kauft etwas Kleidung, dann chauffiert ihn Monika weiter durch die Stadt. Im Passantengewimmel entdeckt er – Freund Hein ist wirklich gut präpariert – auch Devon Wilson mit einer Begleiterin. Während Monika im Auto wartet, wechselt er ein paar Worte mit Devon, die ihn zu einer Party am selben Abend einlädt. Im Cumberland Hotel sieht er dann den Posteingang durch und erledigt einige Telefonate (u.a. mit dem extra eingeflogenen Jefferey-Anwalt Steingarten, der ihn über die Vaterschaftsklage von Diane Carpenter, Mutter seiner Tochter Tamika, ins Bild setzt.) Während Monika sich die Haare wäscht, spricht Jimi über ihre Hochzeit in Deutschland und darüber, daß Jesus Maria Magdalena geliebt und *nach der Kreuzigung auch geheiratet* habe – eine Tatsache, die die Kirche heute unterdrücke, ihn aber spontan zu seinem letzten Song »The story of life« anregt: In einem Zug wirft er das Werk, in dem er sich und Monika mit jenem Paar vergleicht, aufs Papier.

Den Text überläßt er ihr mit der zweimaligen Beschwörung, wo immer sie auch sei, er werde stets in ihr sein; dann will er auf Devons Party gefahren werden. Monika holt ihn vereinbarungsgemäß nach einer Stunde wieder ab, beide fahren ins Hotel Samarkand. Dort legt sich Hendrix eine Kette mit einem Kruzifix um, bittet Monika um ein paar Schlaftabletten aus dem *Vesparax*-Vorrat, den sie wegen der schmerzhaften Nachwirkungen ihrer Rückenoperationen mit sich führt und legt sich schlafen. Längst ist der 18. September 1970 angebrochen. Um 0.20 Uhr wacht Monika auf und geht Zigaretten holen. Als sie sich rauchend neben den Schlafenden aufs Bett setzt, bemerkt sie ein kleines Rinnsal in seinem Mundwinkel.

Erlassen wir uns weitgehend die Einzelheiten des hiermit einsetzenden Durcheinanders – Monikas verzweifelte Anrufe bei Eric Burdon (der heute behauptet, weil *überall Stoff herumgelegen* hätte, habe *sie zunächst niemanden zu Jimi lassen wollen*); die von ihr verständigte Ambulanz, die ihn statt ins nächste ins weit entfernte St. Mary Abbots Hospital bringt; die sofort aufheulende Boulevardpresse, die das Geschehen zum Drogenexzess umfrisiert usw. usw. Die am Boden zerstörte Monika jedenfalls taucht während all dem zunächst im Gefolge einer Burdon-Tournee ab. Später, daheim in Düsseldorf, malt sie nachts heimlich im Keller am Bild von den *Vier Rassen in einer*.

Während andere Hendrix-Hinterbliebene in den folgenden Jahren sterben (Devon ein Jahr später durch Heroin, Manager Jefferey zwei Jahre später bei einem Flugzeugabsturz) oder sich vor Gericht wiedersehen, widmet sie ihr Leben ganz der ihr hinterlassenen Botschaft, bezieht ein Cottage im südenglischen Seaford und malt Hendrix-Ikonen: Jimi im Weltraum, Jimi auf dem Dach des weißen Hauses mit einer fliegenden Untertasse, Jimi mit Blick auf das erneut dem Meer entsteigende Atlantis. Bisweilen muß ihr die selbstauferlegte Mission selbst seltsam vorgekommen sein: Einem Bild, das Hendrix als ihr Spiegelbild in einem entrückenden Seerosen-Teich zeigt, fügt sie auch ein recht deutsches Bi-Ba-Butzemännchen* hinzu, das in einiger Entfernung im Wasser planscht.

Ihre Eremitenklause verläßt sie nur, um in Interviews zu orakeln und die reine Lehre wachzuhalten. Dabei fallen auch ein paar beiläufige Anmerkungen zu ihrer Vorgängerin Kathy Etchingham – Anmerkungen, die sie zuerst in den Gerichtssaal, dann unentrinnbar ins Verderben ziehen sollten: *Die Animosität zwischen den beiden Frauen begann in den 70er Jahren,* wußte die Times vom 3. April 1996, *als Frau Dannemann Frau Etchingham in Interviews beschimpfte. Sie gab Kommentare wieder, die Hendrix angeblich über Frau Etchingham gemacht hatte, z.B. »Kathy Etchingham war nur auch eins von diesen Mädchen, denen ich begegnete, als ich nach London kam und die für Geld logen und betrogen. Als ich auf Tour ging, ließ ich sie meine Wohnung beaufsichtigen, und als ich wiederkam, war dort alles und auch sie selbst verschwunden.« Eine maschinegeschriebene Darstellung, die auf diesen Interviews basierte, zirkulierte in Musikerkreisen 1990/91. Frau Etchingham glaubte, daß es von Frau Dannemann geschrieben wurde und strengte eine Zivilklage gegen sie an. Frau Dannemann hat immer bestritten, das Traktat verfaßt zu haben. Das Verfahren wurde 1992 beigelegt, und Frau Dannemann verpflichtete sich vor Gericht, ihre in Interviews gemachten Anschuldigungen nicht zu wiederholen und insbesondere Frau Etchingham nicht der Lüge zu bezichtigen.* Die aber nun ihrerseits nicht ruhte und – nachdem sie sich den verlotterten Dr. Bannister vom St. Mary Abbots Hospital verpflichtet hatte, der gern zu Protokoll gab, Hendrix sei beim Eintreffen dort *schon blau gewesen* und habe *alle Parameter eines schon mehrere Stunden Toten* gehabt – der Staatsanwaltschaft Mitte Dezember 1993 ein 34 Seiten langes Dossier übergab.

Tenor: Monika Dannemann habe den Krankenwagen erst fünf Stunden nach Hendrix' Tod gerufen. Damit lockte sie die Düsseldorferin nochmals aus der Reserve (längst war der Zank der beiden Endvierzigerinnen fester running gag der britischen Presse). Im September 1995 veröffentlichte sie ihren farbenprächtigen Gemäldeband »Die Innenwelt des Jimi Hendrix«, in dessen Nachwort sie Kathy als *Mrs. Marple-Type* und ihre *Schauergeschichte* als *pure Erfindung* charakterisierte – für Kathy der willkommene Anlaß sie wegen Zuwiderhandlung gegen ihre frühere Verpflichtung erneut vor Gericht zu zerren.

Der Ausgang war bitter. Am 3. April 1996 meldete dpa: *Ein Vierteljahrhundert nach dem Tod von Jimi Hendrix hat seine letzte Freundin, die Deutsche Monika Dannemann, Selbstmord verübt. Die Polizei fand die Leiche der 50jährigen gestern morgen um 9.40 Uhr in ihrem mit Auspuffgasen ge-*

füllten Auto vor ihrem Haus in Seaford. Erst am Mittwoch
war sie von einem Londoner Gericht wegen übler Nachrede
schuldig gesprochen worden. Schon 1992 war die Deutsche
deshalb zu Schadenersatz verurteilt worden. Diesmal blieb es
bei einer Verwarnung, aber die Prozeßkosten – rund 70.000
Mark – hätte sie nicht bezahlen können.

Seitdem liegt die Hendrix-Nachfolge auf Erden darnieder. Einen Geschmack von Mrs Etchinghams künftigem Walten vermittelte im selben Jahr die September-Ausgabe des deutschen *Rolling Stone*: Im Monat zuvor, so das Blatt, habe Mrs Etchingham eine perlmuttverzierte Drogenschatulle aus Hendrix Besitz bei Christies versteigern lassen und damit umgerechnet 10.000 DM erzielt. Mit anderen Worten, das alte Lied: Deutsche Treue, Britannias Perfidie.

Der Mythos von Atlantis
von Monika Dannemann

Als Jimi mir zum ersten Mal von Atlantis erzählte, wußte ich sehr wenig über dieses Thema und bat ihn, mir so viel wie möglich davon zu erzählen. Jimi zufolge existierte die Insel vor ungefähr 10.000 Jahren. In einem Traum hatte er gesehen, daß sie die Form eines abgerundeten Dreiecks hatte. Die Einwohner gehörten zu unterschiedlichen Rassen und sahen anders aus als heute lebende Menschen. (...) Unter ihnen lebten Seher, die in der Welt herumreisten, um ihr enormes Wissen und ihre Weisheit zu verbreiten. Die Atlanter kannten die verschiedenen Dimensionen der Geisterwelt und wußten von den guten und bösen Stufen. Sie waren eine hochtalentierte und begabte Rasse, die wußte, wie sie ihre Fähigkeiten positiv nutzen konnte. Sie lebten in Harmonie mit sich selbst und den Gesetzen des Kosmos. (...) Sogar die Insel selbst war von Mächten durchdrungen. Es war ein magischer Ort, voller Kraft und Energie, fast ein Lebewesen, das durch natürliche Zeichen warnte. Obwohl nicht der einzige bewohnte Platz auf Erden, war Atlantis der schönste und mächtigste von allen. Die größte Insel berührte die himmlischen Sphären mit ihrer Macht, wie ein riesiger Berg mitten im Meer – geistig im Einklang mit anderen gewaltigen Kräften darüber und darunter. Dies war das »goldene Zeitalter« – beinahe die Geisterwelt auf Erden. Für die Atlanter bedeutete Zeit etwas anderes als für uns heute. Sie kannten und richteten sich nach einer anderen Zeit, die Jimi »planetarische Zeit« nannte. Sie deuteten die Sterne und Planeten und waren sehr weit in diesen Bereichen des Wissens. Jimi glaubte, daß sie in Kontakt mit Außerirdischen aus dem Weltall standen und ihre Besuche empfingen.

Als ich Jimi fragte, ob die Menschen von Atlantis spirituell weiter entwickelt waren, als wir es heute sind, antwortete er, daß das eigentümliche an ihnen gewesen sei, daß sie nicht weiter entwickelt, aber stärker an Kräften und Wissen gewesen wären. Theoretisch hätten die Menschen heute dasselbe Po-

tential, doch ließen sie sich zu sehr von materialistischen Beweggründen leiten, während die Atlanter im wirklichen Sinne spirituell gewesen wären und einen Weg zu sich selbst gefunden hätten (...) Als ich wissen wollte, wie es möglich war, daß so ein spiritueller Ort verschwinden konnte, erzählte mir Jimi die Geschichte der endgültigen Zerstörung von Atlantis. Es war keine Atombombe, sondern eine Macht aus dem Weltraum, die das Verschwinden von Atlantis bewirkte. Doch bevor dies geschah, wurden die Atlanter von innen angegriffen.

Eine lange Zeit war die politische Macht von Atlantis immer weiter angewachsen, bis eines Tages die Seele der Rasse so etwas wie Krebs zu entwickeln begann. Weil sie allen anderen Nationen auf der Welt überlegen waren, begannen sie, sich für unbesiegbar zu halten. Als ihre Umsicht nachließ und ihr irdischer Einfluß wuchs, versäumten sie, die Warnungen, die sie erhielten, zu beachten. So zerbrach die Einheit der Atlanter trotz ihres Wissens und ihrer Kenntnis an der Existenz des Bösen, denn sie erwarteten nicht, daß es so angreifen würde, wie es das dann tat: von innen. Als das Böse Fuß gefaßt hatte, kämpften die konstruktiven und positiven Menschen nicht effektiv dagegen an – ganz genau wie heute. Die Insel Atlantis glich einem vom Krebs zerstörten Körper und der einzige Ausweg war der Tod. Wie alles Böse zog es die Zerstörung an, weil es seinen himmlischen Schutz verloren hatte. Das Karma klopfte an die Tür.

Am Ende stürzte ein Komet auf Atlantis und seine Inseln. Innerhalb eines einzigen Tages versank der ganze Archipel in den Tiefen des Meeres. Der Meeresspiegel aller Ozeane schwoll zu einer enormen Flutwelle an, die um den ganzen Planeten rollte (...) Ganze Kontinente bekamen einen anderen Umriß. Das war, was in der Bibel als »die große Sintflut« bezeichnet wurde. Einige Atlanter jedoch, die den bösen Mächten nicht verfallen waren, hatten die Warnungen rechtzeitig bemerken können. Als sie gewahr wurden, was passieren würde, segelten sie zu anderen Kontinenten. Manche gingen in die Berge Südamerikas, die Anden, manche siedelten im Himalaya, in Ägypten oder anderswo.

Der Startschuß

Benno Ohnesorg

Abgesehen vom Attentat auf Rudi Dutschke wohl das am stärksten strapazierte APO-Klischee: Die von der bundesdeutschen Mythologie längst restlos vereinnahmten Ereignisse rund um den Berliner Schah-Besuch am 2. Juni 1967.

Um 12.03 Uhr trifft der Schah vor dem Schöneberger Rathaus ein; eine Viertelstunde zuvor sind mit 2 Bussen der BVG ca. 80 bezahlte und zum Teil aus der Bundesrepublik eingeflogene »Jubelperser« mit Schah-freundlichen Transparenten herangeschafft worden. Der hohe Gast wird aus der wartenden Menge (nur ein Viertel der 3.000 sind Anti-Schah-Demonstranten, der Rest Schaulustige) mit Eiern und Rauchkerzen beworfen. Nachdem er das Rathaus betreten hat, sieht die Polizei zunächst zu, wie »Jubelperser« mit Latten, Schlagringen und Stahlruten wahllos in die Menge dreschen, dann eilt sie ihnen mit Reiterstaffeln und Gummiknüppeln zur Hilfe.

In den Tumult hinein langt nach absolviertem Damenprogramm auch Kaiserin Farah Diba dort an, trotz des allgemeinen Handgemenges kann auch sie noch mit Eiern und Buh-Rufen empfangen werden. Fünf Demonstranten werden anschließend wegen *Störung der öffentlichen Ordnung, Landfriedensbruch* und ähnlichen Delikten verhaftet.

Vorausgegangen war dieser Eskalation an der Freien Universität wochenlange politische Aufklärung über das Folterregime des Schah; polizeiintern die (seit dem 19. Mai auch von

Springer-Zeitungen) in Umlauf gebrachte Legende, in Berlin würde ein Attentat auf den Schah vorbereitet. Entsprechend angeheizt ist die Stimmung am selben Abend vor der deutschen Oper, in die Berlins Bürgermeister Heinrich Albertz die Staatsgäste zur *Zauberflöte* bittet. Wieder werden zunächst die »Jubelperser« herangekarrt, von den Demonstranten mit dem erprobten Wurf-Sortiment begrüßt. Später fliegen Steine, die 6 Polizisten verletzen.

Als der Schah, Farah Diba und Albertz in ihrer Loge Platz genommen haben und die Ouvertüre beginnt, gibt Polizeipräsident Duensing den Befehl, die Straße zu räumen – d. h. den sich bereits zerstreuenden Demonstranten hinterherzusetzen. Über die Absperrgitter hinweg drängen zwei Abteilungen die Menge mit dem Schlagstock zurück, die eine sperrt den Gehweg in Richtung Sesenheimer Straße ab, die andere schiebt Demonstranten und Passanten Richtung Krumme Straße vor sich her. Der sich dazwischen bildende Menschen-»Schlauch« wird mit Wasserwerfern traktiert, Zivilfahnder greifen sich Einzelne zum Verprügeln heraus.

Ein junger Mann wird von einem Polizisten in den Garagenhof des Hauses Krumme Straße 66/67 geschleift, dorthin folgen ihnen ca. 30 Schaulustige und Demonstranten. Dann riegelt Polizei den Hof ab, die eingeschlossenen werden z.T. krankenhausreif geschlagen. Um 20.30 Uhr feuert dann Polizeiobermeister Karl-Heinz Kurras 2 Pistolenschüsse ab, von denen einer den Studenten Benno Ohnesorg in den Hinterkopf trifft.

Der Sterbende wird noch gefilmt und fotografiert; eine im Garagenhof ebenfalls blutig geschlagene Krankenschwester bemüht sich dann trotz eigener Gehirnerschütterung noch beim Transport ins Krankenhaus um ihn. Sie wird am Moabiter Krankenhaus abgewiesen, weil sie dem diensthabenden Arzt ihre Peronalien nicht angeben will. Die Polizei verbreitet unterdessen über Lautsprecher, ein Polizist sei von einem Demonstranten erstochen worden…

Die Öffentlichkeit reagiert auf den Tod Benno Ohnesorgs mit einem – bis dahin – beispiellosen Schock. Womit der Auftritt des Braunschweiger Beamtensohns und angehenden Familienvaters in der Zeitgeschichte auch schon wieder beendet war. Was das harmlose Mitglied der evangelischen Studentengemeinde damals auf die Straße trieb, warum es ihn nach dem Abitur überhaupt nach Berlin verschlagen hatte, darüber verlautete nichts.

Erst gut 30 Jahre später, am 24. Januar 1996, erfuhren Zuschauer der WDR-Sendung *Wiedersehen* entscheidene Einzelheiten. Stargast der *Das ist ihr Leben*-artigen Revue war an diesem Tage Sängerin Katja Ebstein, die sich bei dieser Gelegenheit als seinerzeit dezidierte APO-Sympathisantin zu erkennen gab.

Noch als Primanerin Katja Wietkewicz aus der Epensteinstraße sei sie Stammgast im linken Café am Steinplatz gewesen, der dort ebenfalls häufig mit seiner Aktentasche voller Kladden anzutreffende Rudi Dutschke habe ihr damals den Marxismus erklärt. Und auch Benno Ohnesorg habe sie gekannt:

Sie und eine Freundin hätten nämlich – wie viele tausende anderer Berliner Kinder – die Ferien in den 50er Jahren in Wittdün auf der Nordseeinsel Amrum verbracht. 1963 und inzwischen 18jährig bemühten sich die Mädchen erneut um einen Amrum-Aufenthalt. Sie schrieben *Haus Wilmersdorf* und die direkt daneben liegende Wittdüner Jugendherberge an und erkundigten sich nach Ferienjobs. Bald darauf konnten die spätere Katja Ebstein im *Wilmersdorf*, ihre Freundin ein Haus weiter für Kost, Logis und 80,- DM Taschengeld anfangen.

Der Freundin fiel bald ein hochgewachsener, schüchterner Abiturient vom »Braunschweiger Kolleg« auf, der sich in der Jugendherberge einquartiert hatte. Auch dem jungen Herrn Ohnesorg gefiel die Ebstein-Freundin und bald zog man zu dritt über die Insel. Irgendwann rückte der junge Mann dabei mit seinem größten Problem heraus: Seine Einberufung zur Bundeswehr stünde unmittelbar bevor, und dorthin ziehe es ihn überhaupt nicht.

Die beiden Berlinerinnen wußten Rat, wiesen auf die Wehrdienstbefreiung für West-Berliner hin und rieten zu einem Studium in ihrer Stadt.

Schon zum nächsten Semester war Benno Ohnesorg an der FU für Soziologie immatrikuliert, später studierte er Romanistik und Germanistik für das Lehramt an Gymnasien.

Wenn auch die Beziehung zu Katjas Freundin im Sande verlief, hielt er doch weiterhin Kontakt zu Katjas Clique. Und genau das sollte ihm am 2. Juni 1967 zum Verhängnis werden.

Nicht der Schah hatte den sensiblen Hesse-, Brahms- und Dylan-Fan auf die Beine gebracht – obwohl er die politischen Absichten billigte, fühlte er sich bei den Massenaufläufen der Demonstrationen nicht wohl. Nein, ihm war es nur darum gegangen, Katja & Co. aufgrund einer *losen Verabredung* (Ebstein) nach der Demo abzupassen. Statt dessen wartete dann im Garagenhof Krumme Straße 66/67 Polizeiobermeister Kurras.

Frau Ebstein, die nach eigenem Eingeständnis noch *lange an der Sache geknackt* hat, vertrat schon 3 Jahre später die Bundesrepublik Deutschland beim *Grand Prix d'Eurovision* in Amsterdam und errang mit *Wunder gibt es immer wieder* einen beachtlichen 3. Platz. (Den sie 1980 mit einem 2. Grand-Prix-Platz für *Theater, Theater* sogar noch übertreffen konnte.)

Auf Amrum hat sie natürlich längst ein eigenes Ferienhaus, in das sie auch schon oft Berliner Ferienkinder einlud; zu Sitzblockaden gegen Raketenstationierungen, Veranstaltungen der *Ärzte gegen den Atomtod* oder Protesten gegen die Schließung der Rheinhausener Betriebe ist sie aber auch weiterhin gegangen.

Anmerkungen

Aus dem Leben eines Taugenichts: Rudolf Heß

(Erschienen in *Titanic* 9/10/11//97)

Der Schottlandflug von Rudolf Heß wurde wesentlich verursacht durch zwei mit dem Führer-Stellvertreter gut bekannte Erdkundeprofessoren: Vater und Sohn Haushofer. Beide gingen ihrem Beruf quasi nebenamtlich nach: Vater Karl Haushofer, am Ende des I. Weltkriegs General, zuvor lange Jahre Militärattaché in Japan, war führender wissenschaftlicher Exponent der sog. *Geopolitik*, d.h. geographisch verbrämter Theoreme zum Lebensraum, – die seinen jungen Studenten Heß so beeindruckten, daß er Hitler bei der gemeinsamen Abfassung von *Mein Kampf* während der Landsberger Haft darüber ausführlich referierte – und der, was ihm davon brauchbar erschien, gern in sein Werk einfließen ließ. Um Student Heß hatte sich Professor Haushofer umfassend gekümmert: Er bot ihm persönlich Ersatz für den ungeliebten Vater, indem er ihn quasi in seinen Familienkreis aufnahm (bei den japanophilen Haushofers hieß Heß *Tomodachi* – Freund), versteckte ihn nach dem gescheiterten Marsch auf die Feldherrnhalle und verschaffte ihm auch Zugang zur von ihm führend inspirierten, okkult-rassistischen *Thule*-Gesellschaft (viel aus Heß Verhalten erklärt sich daraus, daß er durch und durch Esoteriker war).

Haushofer sorgte auch dafür, daß Heß die vom Vater vorgesehene Kaufmannslaufbahn nicht einschlagen mußte – er vermittelte ihn zwecks Studienfinanzierung als Prokuristen an einen seiner ehemaligen Stabsoffiziere, der ein seltsames

209

Geschäft für Reformmöbel betrieb. (Fräulein Ilse Pröhl, später Frau Heß, wurde auf Heß' Betreiben Sekretärin dieser Münchner Wohnungskunst GmbH; sie erinnert sich, daß sie zu den ihren ewigen Backsteinkäsemahlzeiten stundenlang das Geschäft abschlossen – was aber kaum Kunden abhielt – *weil selten einer kam*; sie selbst aber *kamen und gingen, wie es uns paßte*).

Gelegenheit zur Revanche bot Heß die Machtergreifung 1933: Sohn Albrecht Haushofer – durch Ausbildung und zahlreiche Auslandsaufenthalte planmäßig auf die diplomatische Laufbahn vorbereitet – hatte sich Heß ebenfalls verpflichtet und sich mit dem auf Erweiterung seiner Sprachkenntnisse bedachten *Tomo* zu englisch geführten Gesprächen getroffen, meist – typisch Heß! – im Englischen Garten. Durch seine »halbjüdische« Mutter war Haushofer Junior die diplomatische Laufbahn nun verwehrt. Heß verschaffte ihm eine Geographieprofessur in Berlin, als außenpolitischer Berater des 3. Reiches wurde er außerdem stets in Reserve gehalten, so bereitete er z.B. das Münchner Abkommen mit vor – geriet dabei aber in zunehmenden Gegensatz zu den Nazis.

Sohn Albrecht konspirierte längst mit dem Widerstand, als der über den Bruderkrieg mit arischen Vettern jenseits des Ärmelkanals tief bekümmerte Heß seinen Vater Karl zu einem Beratungsgespräch aufsuchte. Durch einen Brief seines Vaters informiert, fand er sich aber sofort dazu bereit, sich mit Heß in dessen Urlaubsort Gallspach zu treffen, um mit ihm über die Möglichkeit eines Vermittlungsfriedens mit England, den er über seine Kontakte zu einflußreichen Engländern anbahnen solle – wie Heß betonte, ausdrücklich mit Zustimmung Hitlers.

Was dann einsetzte, war einerseits eine von Haushofer doppelgleisig betriebene Hintertreppendiplomatie im damaligen Agentenbabel Lissabon, z.T. auch ein gemeinsam mit dem ehemaligen Danziger Völkerbundkommissar Jacob Burckhardt via Schweiz betriebenes Antichambrieren, um mit britischen Stellen in Kontakt zu kommen. Dies, Briefe

Haushofers an seinen Freund Lord Hamilton mit Deckadresse via Lissabon und darüber hinaus Heß' Bemühungen, über Nazi-Auslandsorganisationen eine Fühlungnahme zustande zu bringen, machten den britischen Geheimdienst natürlich rasch aufmerksam. Wenn man der minutiösen Doktorarbeit von Rainer F. Schmidt folgt, die 1996 auch als Sachbuch erschien (»Botengang eines Toren«), so nutzte man von seiten des Empire dann die Gelegenheit, Heß hinüber zu locken. (U.a. indem man ihm verheerende Folgen der deutschen Bombenangriffe auf London, Coventry etc. mit völlig verwahrloster und verelendeter Bevölkerung vorgaukelte, was Heß entsetzte und in seiner Verhandlungsmission noch entschlossener machte). Letzte Klarheit kann es darüber aber erst im Jahre 2015 geben, bis dahin sind die britischen Akten noch unter Verschluß.

Zwischen Heß und Haushofer war vereinbart, daß Haushofer in der Schweiz ein Geheimtreffen mit britischen Abgesandten zustande bringen solle, zu dem Heß unter der Camouflage von Verwandtenbesuchen in der Schweiz, dann hätte hinzustoßen können. Zehn Tage vor Abflug traf Haushofer auch mit Burckhardt zusammen (vermittelte über ihn aber gleichzeitig auch Verhandlungsangebote aus Kreisen der späteren 20. Juli-Widerständler). Als Heß dann tatsächlich abgeflogen war, wurde Haushofer zu Hitler auf den Berghof nach Berchtesgaden zitiert, bekam Papier und Bleistift ausgehändigt und mußte einen Bericht schreiben. Nach einigen Wochen Gestapohaft setzte man ihn wieder auf freien Fuß und verhaftete ihn erst wieder im Zusammenhang mit dem 20. Juli; am 23. April 1945 wurde er von einem SS-Kommando zusammen mit 13 anderen Personen ohne Gerichtsurteil auf einem Trümmergrundstück in der Nähe des Lehrter Bahnhofs erschossen.

Ein gemeinsam mit ihm niedergeschossener Kommunist überlebte die Erschießung jedoch und stellte sich tot; als er nach einigen Wochen alliierten Soldaten die Stelle zeigte, wurde in einer Jackentasche Haushofers das blutverschmier-

te Manuskript seiner mit Bleistift auf 10 Din-A-4 Seiten geschriebenen *Moabiter Sonette* gefunden. (Zu Lebzeiten hatte Haushofer auch 3 Römerdramen in Blankversen verfaßt).
Als Dokumente des Widerstands erschienen die *Sonette* auf Initiative amerikanischer Offiziere schon 1945 in einem Privatdruck, in den 50er und 60er Jahren erreichten sie hohe Auflagen und wurden in über 20 Sprachen übersetzt. Vater und Mutter Haushofer kamen bis Kriegsende ins KZ Dachau. Beim Nürnberger Prozeß wurde Haushofer senior noch befragt, kurz darauf, am 14. März 1946 tötete Haushofer in Paehl bei Weilheim zunächst seine Frau und brachte sich dann – angeblich nach japanischem Harakiri-Ritual – selbst um, ein Abgang, den seitdem okkulte Gerüchte aller Art begleiten: Haushofer solle das zweite Gesicht gehabt haben, verbürgtermaßen vieles richtig vorhergesagt haben, kannte tibetische Geheimlehren usw. Den esoterischen Haushofer-Mythos genährt hat dabei vor allem das geheimnisvolle XXXVII. Sonett seines Sohns, überschrieben *Der Vater:*

Ein tiefes Märchen aus dem Morgenland / erzählt uns, daß die Geister böser Macht / gefangen sitzen in des Meeres Nacht, / versiegelt von besorgter Gotteshand // bis einmal im Jahrtausend wohl das Glück / dem einen Fischer die Entscheidung gönne / der die Gefesselten entsiegeln könne, / wirft er den Fund nicht gleich ins Meer zurück / Für meinen Vater war das Los gesprochen. / Es lag einmal in seines Willens Kraft / den Dämon heimzustoßen in die Haft // Mein Vater hat das Siegel aufgebrochen / Den Hauch des Bösen hat er nicht gesehen / Den Dämon ließ er in die Welt entwehen.

* S. 10 Einzelheiten dazu im Ernst-Udet-Artikel in diesem Buch, S. 75 ff.

* S. 12 »*Im privaten Briefwechsel der Familie Heß ist seit Jahrzehnten der Gebrauch einer sog. ›Lachlinie‹ üblich – handschriftlich durch eine flache Wellenlinie, mit der Schreibmaschine durch die Zeichen ›vvvv‹ ausgedrückt. Die Lachlinie bedeutet eine heitere Unterstreichung des vorangegangenen Satzes oder Wortes.*« (Originalanmerkung von Ilse Heß in dem von ihr herausgegebenen Briefband *Heß – Ein Schicksal in Briefen*).

* S. 29 Hitlers Zellennummer während der Festungshaft in Landsberg.

* S. 34 Albert Speer gibt an, in 20 Jahren Haft 6.000 Bücher gelesen zu haben. Mit seinen gut 25 zusätzlichen Jahren hat der manische Leser Heß insgesamt vermutlich das Doppelte geschafft.

* S. 43 Mit dieser Einschätzung erweist sich Spandau-Direktor Bird natürlich als sehr naiv. Fernsehversuche großen Stils begannen in Deutschland schon Mitte der 30er Jahre, der Höhepunkt dieser Entwicklung waren die Übertragungen der Olympischen Spiele 1936, die man in größeren Städten in der Post angeschlossenen Vorführstuben verfolgen konnte. Die Entwicklung von Empfangsgeräten für die private Nutzung wurde zu Kriegsbeginn zwar abgebrochen, weil man diese Kapazitäten der Elektro-Industrie nun für die Rüstung brauchte; diverse funktionstüchtige Prototypen haben sich aber erhalten. Es ist völlig undenkbar, daß ein technisch so Interessierter wie Rudolf Heß davon nichts mitbekommen haben soll..

* S. 45 Ex-V1-Spezialist Wernher v. Braun und die anderen Peenemünder Jungs in Houston einmal beiseite, ist dieser Enthusiasmus durchaus linientreu. Schon in einem Brief an seine spätere Frau Ilse Pröhl vom 18. 5. 1924 aus der Landsberger Festungshaft mit Hitler berichtet Heß, er sei mit Hitler *zwischen blühenden Sträuchern* im Hof herumgegangen, während der über die *Möglichkeit der Überbrückung von Weltraumentfernungen* doziert habe.

* S. 48 Charles A. Gabel, Verbotene Gespräche – Als Militärgeistlicher bei Rudolf Heß 1977 – 1986, München und Wien 1988.

Ludendorffs lustige Witwe, Hitlers vertauschte Braut

(erschienen in der *Titanic* 11/95)

* S. 58 Franz Karg von Bebenburg starb 2003 im Alter von 93 Jahren. *An Vaterlandstreue hat er sich gewiß von niemandem übertreffen lassen* (aus dem Nachruf von Gerhard Freys »Nationalzeitung«). Neben vielem anderem auf dem Kerbholz hat er zusammen mit Mathilde seinen Stiefsohn, den als Diogenes-Autor Walter E. Richartz bekanntgewordenen Walter Erich Freiherr Karg von Bebenburg, der sich im Februar 1980 das Leben nahm. (»*Mathilde Ludendorff pflegte ihren Enkel zu bestrafen, indem sie ihn, damit aus ihm eine deutsche Lichtgestalt werde, während der Mahlzeiten wie einen Hund unter dem Tisch sitzen ließ. Die Schilderung dieser Kindheitstraumata hat Walter E. Richartz in seinen*

Büchern vermieden. Aber sie sind das unsichtbare Bühnenbild, vor dem die nach Identität suchenden Helden seiner Bücher agieren.« – Harald Wieser. »Von Masken und Menschen«, Bd. 2, S. 13)

Nachsatz: Das Gespenst von Halle

(erschienen in der *taz* vom 21. Februar 1997)

Udets Ernst der Spaßpilot
Kriegsverbrecher und komischer Zeichner

(erschienen in der *Titanic* 2002)

*S. 102 Wer sich eine – entfernte – Vorstellung davon machen möchte, wie dieser Gesang geklungen haben mag, sollte sich die Doppel-CD »Das Konzert« verschaffen, die Hannes Wader, Reinhard Mey und Konstantin Wecker im Juli 2002 zu Ehren von Hannes Waders 60. Geburtstag in Bielefeld aufnahmen – auf CD 2 singen Mey und Wader als 13. Titel Zuckmayers alte Bellmann-Übersetzung »So trolln wir uns ganz fromm und sacht«, vermutlich ohne die leiseste Ahnung, wer dies als Duo mit Zuckmayer selbst seinerzeit gelegentlich anstimmte.

*S. 106 Der speziellen Udet-Popularität in den USA, begründet durch seine Tourneen, die ihn bis nach Hollywood und in den Swimming-Pool von Komiker Harold Lloyd führten, setzte noch 1974 der Spielfilm »Tollkühne Flieger« (»The great Waldo Pepper«) ein spätes Denkmal. Bester Freund des von Robert Redford dargestellten amerikanischen Sensations- und Weltkrieg-I-Fliegers Waldo Pepper ist sein ehemaliger deutscher Kontrahent »Ernst Kessler«, nunmehr selbst Luft-Artist und seinem ganzen fröhlich-draufgängerischen Charakter nach unverkennbar Udet gänzlich nachempfunden.

Udets Freund und Widerpart Erhard Milch weinte sich nach dem Krieg bei dem späteren Revisionisten und Auschwitz-Leugner David Irving aus; der in seinem Buch »Die Tragödie der deutschen Luftwaffe« bezüglich Udets denn auch zu verheerendsten Befunden kam:

General von Witzendorff beschrieb Udet als glänzenden Gesellschafter voller Witz und Charme, der jedoch wenig

Neigung zur Schreibtischarbeit zeige und sich ganz und gar auf seinen Stab verließe, dessen Macht schließlich größer war als die eigene. Gelegentlich ließ Udet es zu, daß Außenseiter wie Koppenberg Briefe entwarfen, die dann er oder Göring unterschrieben. Generalrichter Christian von Hammerstein schrieb über ihn: »Es fehlten ihm alle Eigenschaften für ein führendes Amt, es fehlte ihm vor allem an wirklichen Kenntnissen, an sittlichem Ernst und Verantwortungsbewusstsein.« Major von Pfistermeister, Heinkels Vertreter in Berlin, notierte Anfang Februar 1941, das durcheinander in Udets Amt sei jetzt komplett; und er zitierte Milchs angebliche Äußerung, das Udet an der mangelhaften Ausrüstung für die Luftschlacht um England schuld sei: »In Udets Hand wird alles zu Staub.«

Während seiner Amtszeit war Udets Mitarbeiterstab auf mehr als 4.000 Bürokraten angeschwollen – ein riesiger Kaninchenbau von Obersten, Beamten und Ingenieuren, die für alles zuständig, aber für nichts verantwortlich waren. Als Milch dies zweifelhafte Erbe zufiel, warnte ihn Göring: »Es steckt noch viel fauler Dreck darin…Da gibt es Abteilungen, von denen haben sie keine Ahnung, aber auf einmal tauchen sie auf, auf einmal passiert eine Sauerei. Dann heißt es: »Luftfahrtministerium – damit haben wir nichts zu tun!« – »Na, und ob!« wird gesagt. Und auf einmal entdeckt man; da lebt seit 12 Jahren eine Abteilung, und kein Mensch kennt sie. Da gibt es Leute, die hat man schon dreimal herausgeschmissen, und dann tauchen sie in einer anderen Abteilung wieder auf und werden immer größer.«

Ganz entspannt und hirnverbrannt
Johann Heinrich Schultz

(erweiterte Fassung des erstmals in *Kowalski* 2/93
erschienenen Artikels)

* S. 124 Kursive Zitate, wenn nicht anders angegeben, nach »Lebens-
bilderbuch eines Nervenarztes – Jahrzehnte der Dankbarkeit« von Prof.
Johannes Heinrich Schultz, Berlin 1964.

Bonn-Bayrische Boudoirs
Brandt und Strauß im Salon Sievers Sievers

(erschienen in der *Titanic* 12/94)

Hans Frederik und Ewald Zweig sind wohl insgesamt zwei der
übelst beleumdetesten – und m. E. gleichzeitig auch viel zu bekannten Herren fürs Grobe der bundesdeutschen Nachkriegs-
politik – ein ehemaliger politischer NS-Häftling und ein
ehemals jüdischer Gestapospitzel im Vichy-Frankreich, die
sich – wie im Falle Sievers – zeitweilig im Umfeld Kapfingers
auch noch arbeitsteilig zusammenfanden. Der österreichische
Matratzenschnüffler (R. Augstein) Frederik war vordem von
1919 bis 1959 Mitglied dortiger sozialistischer Organisationen
gewesen: der *Kinderfreunde,* der *sozialistischen Arbeiterju-
gend* und der SPÖ, hatte während der Nazi-Zeit lange Jahre
im Zuchthaus gesessen. Schon vor dem Sievers-Buch hatte
er in seinem Humboldt-Verlag zur Bundestagswahl 1961 ein
Brandt in trübes Licht rückendes Buch unter dem Titel *Die
Kandidaten* erscheinen lassen. Aufmerksam geworden, ließ
Fritz Heine, SPD-intern mit Abschirmung und Verschlußsa-
chen befaßt, dann die Wirtschaftsauskunftei Schimmelpfeng
über den seltsamen Widersacher Nachforschungen anstellen.
Mit Datum vom 2. Februar 1962 teilte man ihm mit:

*Hans Frederik ist am 26. September 1906 in Innsbruck/
Österreich geboren. Er ließ seinen früheren Namen Hans
Fritz mit behördlicher Genehmigung am 22.12.1948 in
»Hans Frederik« abändern. In erster Ehe ist er geschieden.
Am 24.1.1958 heiratete er die Apothekerin Anna Hammer.
Nach dem Besuch einer Handelsakademie in Österreich war
er bis 1929 kaufmännischer Angestellter. In der Folge arbei-
tete er dann selbstständig. Von 1934 bis 1938 war Frederik*

journalistischer Mitarbeiter des damaligen österreichischen Pressedienstes. Vom März 1938 bis Mai 1945 war er aus politischen Gründen inhaftiert. Etwa 1948 wurde Frederik Alleininhaber der Firma »Humboldt-Verlag Frederik & Co.« in Wien I, Schottenring 19. Diese Firma geriet um 1956 in Zahlungsschwierigkeiten. Am 3.10.1956 wurde über das Vermögen des Hans Frederik das Anschlußkonkursverfahren eröffnet. Diese Firma ist inzwischen erloschen. Am 30. Oktober trat Hans Frederik in die Firma »Humboldt-Verlag« Stuttgart Hans Hansen ein. Diese Firma wurde 1954 von Stuttgart nach Frankfurt/Main verlegt. Hansen schied im Mai 1955 aus der Firma aus. Hans Frederik wurde alleiniger pers. haftender Gesellschafter der am 8.3.1955 errichteten und ebenfalls im Handelsregister eingetragenen Firma »Brokat-Verlag Hans Frederik Co.KG.« Die Firmen »Humboldt-Verlag GmbH«, »Humboldt-Verlag Frederik & Co.KG« und »Brokat-Verlag Hans Frederik & Co.KG« erhielten in Frankfurt am Main, Industriehof 2, Personal- und Raumunion. Sämtliche Firmen mußten wegen finanziellen Schwierigkeiten ihren Geschäftsbetrieb einstellen. Diese Firmen sind inzwischen erloschen. Die so genannten »Humboldt«-Taschenbücher wurden von der Firma »Verlag lebendiges Wissen GmbH« in Frankfurt/Main übernommen. 1956 erlitt Frederik einen Herzinfarkt. Er mußte seine berufliche Tätigkeit bis etwa 1958 unterbrechen. 1957 übersiedelte Frederik nach Inning am Ammersee. Seit 1958 betätigt er sich freiberuflich als Publizist. Hans Frederik gilt als routiniert und unternehmend. Die Gesellschafterin Frau Anna Frederik, geb. Hammer, übt dem Vernehmen nach ihren Beruf als Apothekerin in München aus. Seit 1958 ist sie Inhaberin eines Verlages in Inning, der Werbemittel und Publikationen vertreibt. Es wird die nicht eingetragene Firmenbezeichnung »Werbeverlag Brokat« verwendet. Eine besondere Bedeutung hat dieses Geschäft bis heute nicht erlangt.

Und unter der Rubrik Vermögen und Zahlweise hieß es:

Lt. Gewährsleuten verfügt die Gesellschaft mit beschränk-

ter Haftung über kein Liegenschaftseigentum. Die Geschäfts-
räume befinden sich in der Wohnung des Hans Frederik in In-
ning-Ammersee, Am Schorn 40. Wie bekannt wurde, hat Frau
Anna Frederik in Inning mit Hilfe eines Bauspardarlehens
ein Wohnhaus errichtet. Näheres war jedoch hierüber nicht
zu erfahren. Die finanziellen Verhältnisse des Geschäftsfüh-
rers Hans Frederik gelten schon seit Jahren als beengt. Hans
Frederik hat wiederholt den Offenbarungseid geleistet. Zu-
letzt geschah dies am 13.3.1961. Für eine Kreditverbindung
besteht unter den derzeitigen Verhältnissen begreiflicherwei-
se keine Meinung.

Nach den Sievers-Kabalen tauchte er noch einmal in der
Presse auf, weil er einem FIBAG-Widersacher von Franz Josef Strauß, Hans Herrschaft, vor seinem Auftreten vor dem
FIBAG-Ausschuß diverse Verhaftungs- und sonstige Drohungen Straußens telefonisch und auch persönlich übermit-
telt haben soll. Offenbar durch Erfahrungen mit der eigenen
Kumpanei gewitzigt, verlegte er sich während der Großen Ko-
alition dann, wie gesagt, auf ein unberechenbares Querschie-
ßen auf SPD- und CDU-Politiker, nach Brandts Regierungsantritt hielt er ein abermaliges Einschwenken auf Rechtskurs
dann aber für wohl einträglicher und war fortan nur noch von
zweierlei besessen: Herbert Wehner als Knecht Moskaus zu
entlarven, und die dubiosen Zusammenhänge beim Übertritt
des Verfassungsschutzchefs Otto John in die DDR 1954 auf-
zuhellen. Insbesondere sein Wehner-Pamphlet (»Gezeichnet
vom Zwielicht seiner Zeit«) wurde tatsächlich zum Top-Seller
des reaktionären Undergrounds, für seine John-Recherchen
mußte ihm sogar der SPIEGEL Respekt zollen. (Und wirklich
finden sich in beiden Broschüren, z.B. was die Persönlichkeit
Wehners anlangt, etliche dem sozialliberalen Meinungsklima
damals äußerst unliebsame Wahrheiten, allerdings fast durch-
gehend desavouiert durch den billigen Denunziationston und
die wohl seiner vorausgesetzten Lesererwartung entgegen-
kommende Manier, aber auch alle Faktenfunde auf eine von
Moskau gesteuerte Weltkonspiration hinzutrimmen. (Inso-

fern wird's einem KGB-Oberst namens Karpow im Sommer 1969 eine besondere Delikatesse gewesen sein, den alten »Feind« und stillen Bewunderer in bei einem Treffen in Ost-Berlin mit etlichem Info-Material über den für den Osten nun nicht mehr relevanten John auszustaffieren – wie sich nach 1989 herausstellte, war Dauerpleitier Frederik als »IM Fredy« natürlich auch jahrzehntelanger Teilzeitmitarbeiter der Stasi. Was zusammen mit den Stasi-Verwicklungen von Susanne Sievers seitdem (IM »Johanna« bzw. »Lydia«) einer gewissen Bereinigungsmentalität entgegenkommt, die die politische Changierware rund um die beiden, Brandt, Strauß, Kapfinger und Friedmann endgültig als eindeutig ost-gesteuerte Groß-Intrige ablegen möchte. Derart polit-hygienisch fertigt etwa Peter Merseburger in seiner Brandt-Biographie die Vorgänge ab, seinen Helden so als lupenrein legitimationstaugliches Fertigpräparat dem Selbstverständnis der neuen Berliner Republik zu übereignen; ebenso erblickt Hubertus Knabe in seiner Großbilanz von Stasi und Westmedien (»Der diskrete Charme der DDR«) in Frederiks Wirken nur noch den langen Arm Pankows – statt notorisch-gewohnheitsmäßigem Durchwursteln.

Berufen können sich beide auf die Memoiren von Markus Wolff (»Spionagechef im geheimen Krieg«), der auch diese Materie dankenswerterweise ganz auf's Konto seiner Dienststellen entsorgte. Ob der Stasi-Auslandsspionagechef, von der Wende wie alle DDR-Repräsentanten existenziell verfremdet und gefährdet, damit nun allerdings mehr tat, als die nun erwünschten Bewältigungsregelungen zu bedienen, die, stillschweigend längst allgemeinverbindlich festgeschrieben, der geheimdienstlich rückständigen Bundesrepublik kompensatorisch sämtliche Buketts an moralischen Meriten zuschanzen, den alten Stasi-Ganoven und ihrem Mastermind dafür fachmännisch-sportliche Anerkennung für top-intrikate Fädenzieherei und das Selbstbild von Perfektion und hermetische Korpsdisziplin, sei hier mal dahingestellt: Eine –wünschbare – Groß-Studie zum Thema Kompetenzrangelei, Abteilungsrivalitäten, Pfusch, Pleiten, verpaßte Chancen, Eitelkeiten, Unsinns- und Größenwahnprojekte bei der Stasi wird bei dieser Gesinnungslage jetzt leider ja eh keiner mehr schreiben.)

Über das Vorleben Ewald Zweigs vor 1945 schrieb Alexander Rado, während des Krieges Mitglied der Schweizer Sektion der Untergrund-Organisation *Rote Kapelle,* nach dem Krieg ungarischer Geheimdienstchef, in seinen Memoiren »Deckname Dora« (dt. 1970) u.a. (Zweig hatte ihn überraschend in der Schweiz zuhause besucht):

Meine Schwiegermutter führte den Herrn in mein Arbeitszimmer, wo ich ihm einen Platz anbot. Er aber blieb stehen und sagte plötzlich mit ironischer Heiterkeit: »Lieber Monsieur Rado, erkennen Sie mich denn nicht?« Ich blickte den breit lächelnden Mann an. In der Tat kam er mir bekannt vor. Mir begann etwas zu dämmern. (Ich muß bemerken, daß ich Gesichter nicht gut behalte) »Yves Rameau bzw. Ewald Zweig, Journalist. Haben Sie mich denn schon vergessen?« – fragte er lachend. »Paris, Kurt Rosenfeld, ihre berühmte Inpress!« Ja, das war er. Yves Rameau bzw. Ewald Zweig, der Aspirant, dieser Abschaum, den unserer Überzeugung nach die Gestapo geschickt hatte, damit er versuche, sich bei uns einzuschleichen. Das wußte ich seit langem. Was konnte ich anderes tun, ich machte gute Miene zum unerwarteten Auftauchen des »alten Freundes«.

Wir benahmen uns wie Leute, die sich nach langer Zeit wiedersehen, sprachen von belanglosen Dingen, und dabei nahm ich Rameau genauer in Augenschein.

Er hatte sich nicht verändert, seit ich ihn vor dem Krieg in Paris kennengelernt hatte. Ein untersetzter, pausbäckiger Mann in ausgezeichnet geschneidertem Anzug, das schwarze Haar glatt angeklatscht. Eine selbstsichere, arrogante Figur, mit der die Unterhaltung unangenehm war. Er schlug seine dicken Beine übereinander, flegelte sich in den Fauteuil und schwatzte drauflos. Zum Beispiel behauptete er, er habe zwei echte Freunde, Josef Stalin und Allen Dulles. Sicherlich hielt er seine Aufschneiderei für geistreich und wollte mich in Rage bringen. Lächelnd hörte ich ihm zu, obwohl mir die Galle überlief. Dieser Mann konnte mich mit nichts mehr überraschen, ich wußte, wieviel Niederträchtigkeiten er begangen hatte.

Ewald Zweig war in Deutschland geboren. Er war ein Verwandter Kurt Rosenfelds (USPD-Mitbegründer, Strafverteidiger Rosa Luxemburgs und Carl von Ossietzkys; C.M.), mit dem ich in Paris die antifaschistische Nachrichtenagentur Inpress gegründet hatte. Rosenfeld erzählte mir, womit sich sein Verwandter daheim, in Deutschland beschäftigte. Er hatte ein Blättchen, sammelte verschiedenartige kompromittierende Nachrichten und Dokumente über bekannte Persönlichkeiten, um sie im geeigneten Moment erpressen zu können. Das Geschäft blühte, Zweig wurde reich, denn die um ihre Reputation bangenden Opfer zahlten und schwiegen. 1933, als die Nazis die Juden zu verfolgen begannen, floh Zweig nach Frankreich.

Hier stürzte er sich in neue Abenteuer. Dieser über eine gute Feder verfügende, bestechliche, unmoralische Reporter fand bald Förderer. Er bekam die französische Staatsbürgerschaft. Der einstige deutsche Ewald Zweig nahm den Namen Yves Rameau an. Kurt Rosenfeld stellte mir 1934 diese Type vor. Damals war Zweig-Rameau bereits ein bekannter Mann in Paris. Er heiratete eine schöne emigrierte ungarische Opernsängerin. Rameau verfügte immer über Geld, lebte auf großem Fuß und gab in seiner Pariser Wohnung glänzende Diners. Ich jedoch machte einen Bogen um Rameau – und sogar Rosenfeld tat es –, denn die Luft um ihn war nicht sauber. Eine gewisse geschäftliche Verbindung mußten wir jedoch mit ihm aufrecht erhalten. Rosenfeld lernte durch ihn jenen reichen, antinationalsozialistischen Franzosen kennen, den Eigentümer des Bürohauses Elysée Building, der Inpress zu bequemen Räumlichkeiten in dem großartig eingerichteten Bürogebäude verhalf, in dessen Halle wir über Fernschreiber die frischesten Nachrichten der Agentur Havas aus aller Welt

bekamen. Das Leben des Journalisten Rameau-Zweig spiel-
te sich vor unseren Augen ab, aber von seiner geheimen Tä-
tigkeit wussten damals wir, Emigranten nichts, hatten nicht
einmal eine Ahnung davon. Später dann kam mir gerüchte-
weise zu Ohren, daß Rameau mit den Agenten der französi-
schen Geheimpolizei kollaboriere. Rameau war zweifellos ein
bezahlter Denunziant. Das Geld, das er stets reichlich hatte,
floß wahrscheinlich aus der Kasse des Geheimdienstes in seine
Tasche. Nach der Besetzungs Frankreichs bot er seine Dien-
ste den neuen Herren des Landes an. Die Deutschen verzie-
hen Rameau-Zweig alles, die antifaschistischen Artikel, seine
Zusammenarbeit mit dem französischen Nachrichtendienst,
sogar in bezug auf seine jüdische Abstammung drückten sie
ein Auge zu und nahmen seine Dienste an. Rameau wieder-
um war es einerlei, für wen er arbeitete, wenn man ihn nur
gut bezahlte. Rameau-Zweig tauchte bereits im Frühjahr
1942 als Gestapo-Agent der Schweiz auf. Hier verbreitete er
unter Diplomaten, Journalisten und Emigranten lautstark,
er sei Mitglied der illegalen Widerstandsbewegung, ein An-
hänger De Gaulles, und manchmal behauptete er rundheraus,
daß er Kommunist sei. Er suchte den Weg zu unserer Gruppe,
erzählte Legenden von seinen Heldentaten, prahlte, wie ge-
schickt er sich in Paris den Krallen der Gestapo entwunden
habe. Ich hatte ihn seit 1936 nicht gesehen, beinahe sieben
Jahre, seit ich aus Paris nach Genf übergesiedelt war. Freilich
hätte ich mir denken können, daß er früher oder später mich
»besuchen« würde. Aber die Gestapo und der SD warteten
vorsichtig, bis sie ihre Trumpfkarte ausspielten. Rameau lebte
bereits ein Jahr in der Schweiz, doch doch noch hatte er sich
nicht bei mir blicken lassen.

Als neutralen Beleg für seine Einschätzung zitierte Rado
zudem den Schweizer Jounalisten Kurt Emmenegger, der
auf Seite 93 seines 1965 erschienenen Buches »Q. N. wusste
Bescheid« eine Meldung des schweizerischen Agentenring-
Leiters J.C. Meyer vom 28. Juli 1944 an seinen Vorgesetzten
in Luzern wiedergab:

Aus verläßlicher Quelle weiß ich, daß ein gewisser Yves Ra-
meau im Dienste der Schweizer Bundespolizei (Bupo) steht. Ra-
meau ist im Besitz eines Gefälligkeitspasses der (Vichy-)fran-
zösischen Behörden. Rameau heißt in Wirklichkeit Zweig, ist
deutscher Staatsangehöriger und steht im Dienste der Gesta-
po. Uns (die Schweizer Nachrichtenbeschaffung) warnt man
nachdrücklich vor diesem Mann. Rameau hält sich in Genf
auf. Jede Aktion ist bisher am Widerstand von Bundesrat von
Steiger persönlich (Innenminister) gescheitert.

Unter seinem Alias *Dora* gab Rado seine Einschätzung nach
dem Besuch an die Zentrale weiter, die ihm seinen Verdacht
bestätigte, beide Funksprüche wurden von den Deutschen de-
chiffriert, der erkannte Zweig-Rameau auf Rado nicht weiter
angesetzt. Nach der Befreiung von Paris traf Rado ihn dort im
November 1944 auf einer Libération-Groß-Versammlung wieder: als mit Notizblock durch den Saal wedelnden Journalisten
– Rado sorgte dafür, daß er verhaftet wurde, später kam er durch
Intervention der Amerikaner wieder frei. Über Zweigs Rolle als
agent provocateur der CSU, die mit der »Spielbankenaffäre«
in den 50ern ihre lästige Konkurrenz Bayernpartei ausschalte-
te, gibt es ein ganzes Buch: »Glück ist machbar« von Heinrich
Senfft. Darin taucht Zweig, nunmehr Journalist der Münchner »Abendzeitung« als so gut wie von allen Seiten bezahlter
Zuträger auf. Während des kurzen CSU-freien Regierungs-
Interims der Viererkoalition aus SPD, FDP, Bayernpartei und
»Bund der Heimatvertriebenen und Entrechteten« (BHE) von
1954 bis 1957 hatten es sich nämlich etliche Herrschaften an-
gelegen sein lassen, sich eine der Konzessionen für die neuen
Spielbanken in Bayern zu verschaffen und führende Vertreter der Bayernpartei dabei in eine schnell florierende Günst-
lingswirtschaft hineingezogen: Was die CSU noch heimlich
schürte, um die Bayernpartei um so effektvoller erledigen zu
können. Zweig diente sich den Spielbank-Aspiranten v. Richthofen und Gembicki dabei zunächst als U-Boot und Lobbyist
in Politkreisen an (von Gembicki allein hatte er dafür 70.000
DM Darlehen erhalten), Richthofen sagte später aus:

Er war mir in vielen Dingen ein nützlicher Informant ... andererseits mußte ich auch feststellen, daß die journalistische Phantasie und Kombinationsgabe sich bei Herrn Zweig auch nicht immer mit den realen Möglichkeiten und Gegebenheiten deckte ... Er schätzte mich, ich schätze ihn auch mit allen seinen Wenn und Aber, und er war immer bereit mir zu helfen, auch wenn er für mich, was ich zugeben möchte, ein sehr teurer Helfer und Ratgeber war ... Ich glaube, daß ich Herrn Zweig im Laufe der Jahre ungefähr 25.000 bis 30.000 DM gezahlt habe.

Am 14.6.1958 trat Zweig mit seinem »Abendzeitungs«-Artikel »Spielbank-Machenschaften« die Spielbankenaffäre dann öffentlich los, die die Bayernpartei dann politisch ruinieren sollte. Der STERN rollte Anfang der 70er Jahre die Angelegenheit noch einmal auf, CSU-Zimmermann erstattete Anzeige. Im Prozeß nahm dann auch Zimmermanns nunmehr geschieden Frau zu Zweig noch einmal kurz Stellung. Sie berichtete, ihr Mann habe Ewald Zweig durch Vermittlung seines Sozius Oehl kennengelernt. Ihr Mann und Zweig hätten ziemlich viel Krach miteinander gehabt, da Zweig ununterbrochen – auch in ihrer Gegenwart – für seine Mitwirkung an der Spielbankensache Geld verlangt habe. Einen ganz großen Krach habe es nach dem Spielbankenprozeß gegeben: Zweig habe damit gedroht, sein Wissen anderswo zu verkaufen, falls er nicht wieder Geld erhalte.

* S. 139 Kursive Zitatpassagen, wenn nicht anders angegeben nach: Claire Mortenson, »... da war auch ein Mädchen«.

* S. 152 Letzteres insbesondere von Helmut Schmidt im Bundestagswahlkampf 1961 in Passauer und anderen Bierzelten lautstark verbreitet.

* S. 157 Es war der in Wunderwaffe Witzkanone 2 noch ausführlich zu behandelnde Pitt Seeger.

* S. 162 Die Rolle des Ost-CDU-Mitbegründers und Kapfinger-Schwiegervaters Lemmer hätte eigentlich eine gesonderte Behandlung verdient: Während Kapfinger die Ehe mit seiner Tochter mehr oder weniger ruhen ließ, eine Wohnung im Verlag bezog und sie die Kapfinger-Villa allein bewohnen ließ, freundete sich der Berliner CDU-»Gummilöwe« Lemmer immer

mehr mit Willy Brandt an, fuhr seinen Kabinettskollegen und Adenauer gelegentlich zu seinen Gunsten mit seiner Berliner Zeitung an die Karre und ging auch ost-politisch unorthodoxe Wege; so kam er bspw. schwer in die Bredouille, weil er jahrelang vertuscht hatte, daß er eine eigentlich noch in Ost-Berlin wohnhafte Sekretärin als Bürochefin beschäftigte.

* S. 169 Die Verlagsgruppe Passau ist heute ein Milliarden-Unternehmen: Unter der Ägide von Frau Edith Kapfinger, ihrer Tochter Angelika aus erster Ehe und deren Gatten, dem Ex-Zahnarzt Dr. Axel Diekmann kaufte sich der Lokal-Konzern insbesondere nach der Wende 1989 in der Presselandschaft Tschechiens, Polens und der Slowakei ein veritables Imperium zusammen, zusammen mit großen Titeln in Oberösterreich und Italien ein Konsortium von insgesamt 27 überregionalen Blättern.

Die drei Fragezeichen hinter Tatuncas Leichen:
Rüdiger Nehberg im Dschungel des Dualismus

(aktualisierte Fassung des in *Titanic* 8/96 erschienen Artikels *Killt der Häuptling den Bäcker?*)

* S. 187 Wie die Serie hieß dann auch Kronzuckers Buch, das neben einem Tatunca-Kapitel auch eine Landkarte mit angeblichen Urwaldruinen aufweist. Und einen kleinen relativierenden, unters Kapitelende gedruckten Absatz: *Nach unserer Rückkehr werden wir in Deutschland erfahren, daß Tatunca Nara möglicherweise ein Deutscher namens Günter Hauck ist, der sich in den sechziger Jahren in die Wildnis Lateinamerikas abgesetzt und als Führer der Indios gegen weiße Siedler, Baumfäller und Goldsucher gekämpft haben soll. Die Frage, wer Tatunca Nara wirklich ist, ob »sein Volk«, die Ugha Mongulala, einer Märchenwelt, einer Phantasie beziehungsweise einem Alibi für eine neue Identität entsprungen oder aber ob das »Volk der Götter« im Reiche Akakors tatsächlich existierte und Tatunca Nara wirklich ein Sohn des letzten Häuptlings ist, werden wir wohl nie erfahren. Aber die Legende wird weiterleben, und – wer weiß, eines Tages vielleicht eine neue Expedition auf ihre Spuren ziehen.* Daß Bruggers Chronik Humbug war, hätte die Kronzucker-Redaktion übrigens schon dem 2 Jahre zuvor dem von Hans Peter Duerr herausgegebenen Suhrkamp-Band »Authentizität und Betrug« entnehmen können. Autor Ralf Sonneberg weist Brugger dort etliche Plagiate anderer Urmythen nach. Auch Nehberg zitiert daraus, ohne zu bedenken, daß seine Hypothese, Brugger hätte bis kurz vor seinem Tod an Tatunca geglaubt, damit hinfällig wird.

* S. 191 Buchen kann man Nehberg auf Wunsch allerdings auch mit dem Führungskräfte-Vortrag Survival im Management (Näheres auf Anfrage) Abzuwarten bleibt, ob er sich während einem der nächsten Aktionsmonate zur Abwechslung mal bei den Ureinwohnern der Chefetage der Deutschen Bank blicken oder von den Inkasso-Gorillas eines Sofort-Kredit-Unternehmens verfolgen läßt.

* S. 192 Gern an Interessenten weitergegeben sei der Tip des Reiseveranstalters Pacific Island Travel: *In Barcelos the Nara family offers accommodations and good food to visitors who are going on the jungle tours. Run by Tatunca Nara, a local native, they take you deep into the forest where there's a better chance of spotting wildlife than there is closer to Manaus. Contact Tatuncas wife, who speaks English, in advance: Dr. Anita Nara c/o Unidade Mista, Barcelos, Amazonas G 9700 (tel. 092/721-1165).*

Dannemann, geh du voran
Die Wahrheit über Jimi Hendrix

(leicht gekürzt erschienen in *Titanic* 5/97)

Hendrix' Atlantis-Kosmogonien lassen sich natürlich leicht damit abtun, daß im US-Bildungssystem für deklassierte Schwarze nicht gerade viel Allgemeinbildung abfällt und dem Gitarristen vermutlich irgendwelche obskuren Broschüren zu Händen gekommen sein dürften, die die Vorwelt-Phantasmagorien des Politikers Ignatius W. Donelly aus Minnesota, aufgestellt 1881 ff., in seinem Buch »Atlantis: The Antedeluvian World«, allgemeinverständlich darlegten. Allzu hochmütig sollte man da aber nicht sein, ein ebenso engagierter Atlantisgläubiger war z. B. Gottfried Benn, der über die Spekulationen des Paläontologen Edgar Dacqué, bzw., dessen Buch »Verschollene Kulturen« zu ähnlichen Ansichten kam – wer's nicht glaubt, lese es im Kapitel »Provoziertes Leben« in Dieter Wellershoffs berühmter Benn-Studie »Phänotyp dieser Stunde« ruhig mal nach: Der Glaube an *Geschlechter, die einmal mehr Fisch waren, einmal mehr Beuteltier, einmal mehr Affe waren, aber immer Menschen* und die vor Jahrmillionen, z. T. mit der Kraft des dritten Auges begabt, die Urkontinente Gondwanaland und Atlantis bevölkert und die urzeitlichen Mondstürze nicht überlebt hätten, ließ Benn z.B. zum Ende seines sarkastischen Radiovortrags »Die neue literarische Saison« 1931 behaupten, *Luna, die Busch und Tal füllt, ist der vierte Mond, in den wir sehen* und schon 1928, in der Totenrede für seinen Jugendfreund und Dichterkollegen Klabund die Trauergemeinde auf die *rätselhaften Leute vom Fremdboottypus* hinweisen, die die Erbmasse des Urgesichts gerettet hätten.

Die Darstellung folgt weitgehend Monika Dannemanns Buch, ergänzend hinzugezogen wurden u.a. Shapiro/Glebecks Biographie »Electric Gypsy« sowie diverse Presseberichte.

* S. 196 Monika Dannemann: »The inner world of Jimi Hendrix«; St. Martin's Press, New York, 1995.

* S. 205 Siehe Umschlagrückseite.

Der Startschuß
Benno Ohnesorg

(erschienen in der taz vom 26. August 1997)

Ursprünglich für die »Wahrheits«-Seite der »taz« zum 30. Jahrestag des 2. Juni 1967 geschrieben (u. ca. 4 – 6 Wochen vorher eingereicht.) Einen Tag vor Erreichung des fatalen Datums bekam das für die Jubiläumsseiten eingerichtete Ressort jedoch Wind vom Artikelinhalt, so daß mich gleich zwei Anrufe erreichten: Einer vom verzweifelten und offenbar brachial an die Wand gedrückten Urlaubsvertreter der damaligen »Wahrheits«-Redakteurinnen, der die Vorgänge schilderte, der andere von einem der Sonderseiten-Sachbearbeiter, des Inhalts, ob ich den Text nicht auf zehn bis zwölf Zeilen für seine gleißend relevanten Spezialseiten zusammenkondensieren könne. Ein Profi, zweifellos, der's, als ich dies ablehnt, dann selbst erledigte, so daß sich Katja Ebstein schließlich als Randnotiz links oben neben den einmal mehr breit ausgemährten Götter- und Heldensagen wiederfand, besonders frappierend darunter der Essay des damals bekanntlich führenden Aktivisten und – noch künftigen Bundesaußenministers – Joseph Fischer. Kurzum – und Kollegen bestätigen's gern und ächzend – man glaube nur nicht, daß dergleichen Autorenmißachtung nicht auch und gerade bei derlei Karrieresprungbretterblättern im Zweifel reibungslos durchgehe. Der komplette »Startschuß«-Text erschien dann irgendwann nachträglich, ohne aktuellen Bezug.

Nachwort

Die hier vorliegenden Aufsätze erschienen – in redaktioneller Bearbeitung – in den Satiremagazinen *titanic* und *Kowalski*. Da sie durchweg grotesk-farcenhafte Aspekte von Kultur- und Zeitgeschichte beleuchten, sicherlich keine verkehrten Adressen.

Genau deshalb hätten sie, trotz Thematik und sichtlicher Belegstärke, vor Redakteuren zünftiger populärhistorischer Zeitschriften aber auch kaum eine Chance gehabt. Durchweg ignorieren sie nämlich, was allseits als strengste Chronistenpflicht gilt: Tragisch, fragwürdig, auch monströs katastrophal dürfen abzuhandelnde Vorgänge ruhig sein bzw. ausgehen – aber niemals dämlich, vermurkst, windschief – und wenn's für diesbezügliche Rubriken an Vorkommnissen auch noch so wimmelte.

Blockierfunktionen, die Publikumserwartung wie Autorenselbstverständnis für Seriosität erachten, grenzen das hier abgesteckte Amok-Spektrum statt dessen von vornherein aus: Der Drang zum Gediegen-Repräsentativen und die stillschweigende Garantie, daß die Erzählposition sicher hinter einem unverwüstlichen Bezugssystem prästabilisierender Sicherheitstandards verschanzt bleibt; auch verfahrenste Vorgänge so keinesfalls kompletter Bodenlosigkeit preisgegeben scheinen. Wenige Forscher darum, die für sich die Reputation anpeilten, Biograph eines kulturhistorisch noch so interessanten Knallkopfs zu werden, geschweige denn eine Leser-

229

schaft, die sich z.B. gern von dem nicht unwesentlich durch Oberbefehlshaber Ludendorffs Basedow-Schrullen bewirkten Humbug der deutschen Westfront-Strategie gegen Ende von Weltkrieg I beunruhigen ließe.

Ganz können diese massiven Normkonstanten Faktor X, will sagen, oft genug mit elementarster Wucht durchschlagenden Aberwitz, Quatsch, Klamauk zwar nicht niederbügeln. Dafür schieben sie ihn aber zumeist umso entschlossener in die gängigen Verharmlosungsreservate Kuriosa, Anekdote oder »Treppenwitz der Weltgeschichte« ab. Wie wenig dies aber derartigen Fanalen gerecht wird, wie komplett Klio oft aus den Pantinen kippt, dazu liefert gerade Joachim Fests Essay »Der Untergang« ein glänzendes Beispiel; Bernd Eichingers von Großthemen-Gier und hochgepokerter Paradigmen-Revolte diktierte Kitsch-Adaption konnte gar nicht anders, als mit diesem Nachklapp das eigentliche Finale zu unterschlagen, sollte der ambitiöse Impetus nicht im letzten Moment restlos versaubeutelt werden.

Fest schildert da, wie nach dem Selbstmord Hitlers die im Führerbunker verbliebenen Getreuen beratschlagten, was nun zu tun sei. Nach einigem Hin- und Her wurde schließlich Wehrmachts-Generalstabschef Krebs (weiland Militärattaché in Moskau und als solcher von Stalin öffentlich umarmt) als Parlamentär zu Verhandlungen ins Hauptquartier des sowjetischen Befehlshabers Tschuikow entsandt. Fest weiter: *Gegen zwei Uhr brach Krebs auf und war rund anderthalb Stunden später am Schulenburgring, wo Tschuikow in einer Privatwohnung Quartier genommen hatte. Überrascht, wie der sowjetische Kommandeur von dem unvermittelten Gesprächsangebot war, hatte er keine Zeit gefunden, seinen Stab zusammenzurufen und deshalb beschlossen, die zwei Schriftsteller, mit denen er sich gerade zu Tisch setzen wollte, sowie seine Adjutanten und einige untere Chargen als seinen engsten »Kriegsrat« auszugeben. Unter den Gästen befand sich auch der Komponist Matwej I. Blanter, der von Stalin beauftragt worden war, eine Sinfonie über die Erobe-*

rung Berlins zu verfassen. Als sich aber herausstellte, daß
Blanter keine Uniform besaß und daher nicht als Offizier
der Roten Armee vorgestellt werden konnte, hatte der rabi-
ate General ihn kurzerhand in den Schrank des Sitzungszim-
mers gesperrt und ihm befohlen, nicht den geringsten Laut
von sich zu geben.

Krebs erschien und versuchte zunächst, eine Sonderverein-
barung zwischen Deutschland und der Sowjetunion zu erreichen. Tschuikow hielt dann wiederum Krebs hin, weil er zunächst seine Vorgesetzten Marschall Schukow in Straußberg
und Generalissimus Stalin in Moskau über dieses unerwartete
Angebot informieren und deren Weisungen abwarten mußte,
so daß einige Stunden vergingen. *Wie in jeder Tragödie – so*
Fest – fehlte auch in dieser der komödienhafte Einschuß nicht.
Denn nach einigen Stunden fiel zu aller Überraschung der
vergessene Blanter, der starr und wie angenagelt in seinem
Versteck ausgeharrt hatte, polternd aus dem Schrank und der
Länge nach in der Sitzungsraum. Nachdem man den Ohn-
mächtigen versorgt und in einen Nebenraum geschafft hatte,
ging die Verhandlung ohne jede Erklärung zu dem Zwischen-
fall weiter. (Wobei Fest entweder ausspart oder nicht wußte,
daß es sich bei Blanter nicht nur um den Komponisten des
russischen Gegenstücks zu *Lili Marleen*, dem Lied von der
treuen Soldatenbraut *Katjuscha* handelte, nach der wiederum
die Raketengeschosse der Stalinorgel benannt wurden, nein,
mit Matwej Isaakovič Blanter plumpste makabrerweise gleich
auch noch ein sowjetischer Jude bewußtlos aus dem Schrank.)
Ich für mein Teil möchte jedenfalls nicht nur Blanters Berliner Eroberungsinfinie zu gerne einmal hören, sondern den
Mann im Schrank vehement als Gewährsmann und metapo-
litischen Patenonkel beanspruchen.

Wunderwaffe Witzkanone: Denn ob's nun Zufallskunstwerk
oder transzendierende Fügung ist, was in solchen Augen-
blicksscharaden und menetekelnden Blitzmerkern explodiert
– als Indizienkette für einen spezifisch-absonderlichen Zwangs-
charakter lesen läßt sich der hier versammelte Bilderbogen

allemal: Dafür nämlich, daß dem deutschen Furor, wann immer der im klirrendstem Harnisch drauflos stiefelt, notorisch ein gewiefter Gnom hinterherflitzt, wenigstens die manischsten Exaltationen mit passenden Grimassen zu relativieren: Nicht umsonst war es die *Ludendorff*-Brücke, die den Amerikanern den Rhein-Übergang von Remagen ermöglichte.

Exemplarisch vorgemacht wurde uns das Phänomen im letzten Sommer, als hinterm reinen Thor prompt der unvermeidliche Kunkel ins Quickborner Altersheim unterwegs war, um dort die letzte noch lebende Beteiligte an unter obskurer NS-Regie entstandenen *Sachsenwald*-Pornofilmen aufzustöbern. Entstanden womöglich in Rufweite der von Fontane so gesinnungsstark gerühmten Bismarck-Fürstengruft, waren diese Produktionen natürlich schon rein belletristisch schwer in semifiktiven Brutalkitsch abzubiegen – geschweige denn medienbrisant als großdeutscher Grauensreißer loszuschlagen. Hoffnungslos fehlverwertet schrammte die vermurkste Hybridschweinerei so nur kurz an den Feuilleton-Frühwarnsystemen entlang, völlige Absenz adäquater Kategorien endete in Total-Havarie und belemmertem Stereotypen – will sagen: außerstande, eine derartig ambigue Empirie sachgerecht zum Anlaß gründlicher Ausleuchtung einer bis dato völlig unberücksichtigten Subkultur zu machen, vermochten Autor und Verleger nur noch einen extrem rollentreuen Branchenplattler hinzulegen, markierte einer den bio-nihilistischen Aufrichtigkeits-Frondeur, der andere den edelskrupulösen Bedenkenträger und verschenkten über dem Klamauk die Gelegenheit zu einer hoch verdienstvollen NS-Milieustudie. Nur Dolly-Buster-Gatte Dino Baumberger behielt dankenswerterweise die Übersicht und sicherte zwei erhaltene *Naturfilm*-GmbH-Kopien dem hauseigenen DVD-Repertoire.

Daß Hitlers Schatten wiederum so vielen Seiten dieses Buches abdunkelt, kommt auch nicht von ungefähr. Einmal gibt es im hier traktierten Zeitraum fast nichts, was nicht mit irgendwie ihm zusammenhinge. Darüber hinaus: Deduzierbar ist er bis weit in unsere Tage immer noch aus unzähligem, was uns

umgibt: Schweinchen Dick-Synchronsprecher Walter Gross
(*Und immer schön fröhlich bleiben!*) saß einstmals mit Julius
Leber, Kabarettist Werner Finck und Carl von Ossietzky im
Moorsoldaten-KZ Esterwegen, die mit dem späteren ABBA-
Girl Anni-Frid schwangere Synni Lyngstad ließ der deutsche
Unteroffizier Alfred Haase als verhaßte Besatzerbraut in Nor-
wegen zurück, das *fördernde* SS-Mitglied Hugo Boss entwarf
für seinen Verein die passende Uniform.

Eine Kindheit als Tochter eines lange Jahre im KZ inhaftier-
ten Kommunisten brachte auch Trude Herr (*Ich will keine
Schokolade!*) hinter sich wie auch Ilja Richter Sohn eines
KPD-KZ-Häftlings ist, der als von den Russen eingesetzter
Berlin-Reinickendorfer Nachkriegsbürgermeister zufällig
eines Tages die werweißwie durch die vorangegangenen Jahre gekommene jüdische Schauspielerin Eva Eppens in seiner
Amtsstube als Bittstellerin vor sich hatte – Ilja Richter hat
sein Elternpaar samt 3 Geschwistern später durch seine Kin-
derstar-Karriere zeitweilig hauptsächlich ernährt.

Seine kürzlich durch BILD et al. öffentlich gemachte Liaison
mit der Schlagersängerin Marianne Rosenberg wurde dabei
insbesondere dadurch als bizarr charakterisiert, daß er ihr
ständig Tucholsky vorgelesen habe. Was aber vollkommen
einleuchtet, wenn man weiß, daß Marianne das fünfte von
sieben Kindern des Auschwitz-Überlebenden und langjäh-
rigen Vorsitzenden der Sinti in Berlin-Brandenburg, Otto
Rosenberg ist – insofern ein beklemmender Moment, als Ilja
Marianne zum Schluß einer »Disco«-Sendung mal einen »Ro-
sen-Berg« überreichte, noch beklemmender allerdings, daß sie
in einem Film-Portrait von Rosa von Praunheim Mitte der
70er jegliche Verfolgung ihrer Familie in der Nazi-Zeit nur
knapp verneinte, als von Praunheim sie wegen ihres »jüdisch
klingenden« Nachnamens danach fragte.

Selbstverständlich mußte vor einem solchen empirischen
Hintergrund auch der Arzt Dr. Martin Goldstein in der NS-
Zeit erst einmal eine Jungend als »Halbjude« durchmachen
(z.T. in Zwangsarbeitslagern) und nach dem Krieg eine evan-

gelische Katecheten-Ausbildung absolvieren, bis er dann von 1969 bis 1984 als »Bravo«-Sexualberater »Dr. Sommer« amtieren konnte. Und selbst Hamburgs *Richter Gnadenlos* Schill konnte im Wahlkampf mit seinen am 14. Februar 1944 im KZ Neuengamme hingerichteten KPD-Großvater Kurt antifaschistisch punkten – erhängt, weil er dem während der Bombenangriffe kurzfristig KZ-beurlaubten Parteifunktionär Walther Bohne Gewehr und Pistole verschafft hatte, mit denen der sich einer erneuten Festnahme durch *scharfes Feuergefecht* entzog. Helmut Kohl führt mit Braut Hannelore ausgerechnet eine Tochter des Konstrukteurs der Panzerfaust zum Altar, Chansonnier Georges Brassens, 1941 zum Monteur in den Basdorfer BMW-Flugzeugmotorwerken bei Berlin zwangsverpflichtet, nutzt den Rüstungs-Feierabend in der Lagerbaracke zur Uraufführung der ersten jener Chansons, die dann als kernfranzösische Bohème-Gesänge nach dem Krieg nach Deutschland zurückkehrten.

Kurt Vonnegut muß, bevor er zu Amerikas Spitzensatiriker avanciert, erst noch während der Ardennen-Offensive in deutsche Kriegsgefangenschaft geraten, im Schlachthauskeller die Dresdner Bombenapokalypse überstehen und dann beim Aufräumen helfen; der urbritische *Jeeves & Wooster*-Romancier P.G. Wodehouse, 1940 in Frankreich festgesetzt, dann in Schlesien interniert, läßt sich zu launigen Übersee-Ansprachen für's reichsdeutsche Radio breitschlagen, die ihn daheim für Jahrzehnte desavouieren: Winkelzüge der beiden Paul Schmidts in Ribbentrops Ministerium – Paul Otto, dem Chefübersetzer und Paul Carl, Pressesprecher und nachmals *Unternehmen-Babarossa*-Paul »Carell«. Marlene Dietrich, den alliierten Truppen nach Deutschland hinterhergeeilt, hat alle Hände voll zu tun, Schwester Elisabeth bei den Engländern rauszuboxen – die mit ihrem Mann nämlich ausgerechnet in der Nähe des KZs Bergen-Belsen eine Art Kino-Kantine für die Wachmannschaften betrieb. Und wer das Foto vom trostlosen Marktplatz des ostpreußischen Landstädtchens Insterburg auf dem Umschlag von Hans Graf Lehndorffs 45er

Arzt-Tagebuch betrachtet, wird vielleicht etwas frohgemuter hinschauen, wenn er weiß, daß die vorne rechts abgehende Straße zur Foto-Drogerie Wetzger führte – Ingo, jüngster Sohn des Geschäftsinhabers, benannte später nicht nur sich, sondern seine ganze Blödeltruppe nach seinem Heimatort.

Dieser Tatsachenlogik entsprechend geht es in diesem Buch zu: Rudolf Heß begeistert sich für Weltraumfahrt, Boris Becker und Beatles-Musik, ein jüdischer Ex-Gestapospitzel und ein ehemaliger SPÖ-KZ-Häftling basteln aus einer verfahrenen Amour Willy Brandts 1961 gemeinsam schäbige CDU-Wahlkampfmunition zusammen, des Teufels General Udet wirft über deutschen Seebädern Reklamebälle für Rotbart-Rostfrei-Rasierklingen ab. Der Führer selbst tritt, höchst ungewohnt, als Heiratskandidat, Micky-Maus-Filmfan und Damenimitator auf, irrlichtert aber auch noch durch die Science-Fiction-Fantasien des Coburger Indianerhäuptlings Tatunca Nara und die Welterklärungs-Gespräche von Jimi Hendrix mit seinem deutschen Groupie – das natürlich – Wunderwaffe Witzkanone – nach Jimis Ableben gar nicht anders kann, als in einem ihrer edelelegisch umflorten Trauergemälde ein winziges Bi-Ba-Butzemännchen zu verstecken. (siehe Rückumschlag) Ernst Udets afrikanisches Schnitzerei-Souvenir und J-H. Schultz/ Hiob-Prätorius Taktstock eint zum Schluß stilles Beisammensein in Heinz Rühmanns Arbeitszimmer, all dieser Partikularitäten vermutlich sehr eingedenk.

In Udets Nähe ist deren wesentlichstes Ingredienz übrigens auch mal jemandem aufgefallen, der amerikanischen Schriftstellerin Anne Morrow Lindbergh, als sie am 25. Juli 1936 gemeinsam mit ihrem Ozeanflieger-Gatten Gast der deutschen Luftwaffenführung im Fliegerklub am Wannsee war. *Schließlich brechen wir auf und gesellen uns zu den Herren,* vermerkt sie in ihrem Tagebuch. *Udet zeichnet Karikaturen. General Milch zeigt mir alle Zeichnungen, die Udet in seinem (General Milchs) kleinem Notizbuch verewigt hat. Immer wieder vergesse ich, daß die Deutschen auch Humor besitzen. Jedesmal*

überrascht er mich neben ihrer Ernsthaftigkeit, ihrer Gründ-
lichkeit, ihrem feierlichen Gehabe und ihrer Sentimentalität;
und doch existiert er, als ein rascher Sinn für das Groteske.
Milch jedenfalls besitzt ihn in hohem Maße.

Ein ordentliches Quantum davon bekam Mrs. Lindbergh – im
Nachhinein und vermutlich, ohne es zu wissen – ja später
selbst ab: In Gestalt der 7 Kinder u.a. der Hutmacher-Schwe-
stern Brigitte und Marietta Hesshaimer, mit denen Gemahl
Charles ihre Entführungs-, Flieger- und Isolationisten-Ehe
samt »Muscheln in meiner Hand« - Brevier dann nach dem
Krieg in München paraphrasierte.

Wie die Witzkanone auch ansonsten zuverlässig weiter-
funktioniert: Scharpings Gräfinnen-Vermittler, der Künast-
, Fischer-, Westerwelle-Spender Moritz Hunzinger war laut
Spendenjongleur Schreiber nicht nur eigentlicher Inspirator
des notorischen Baumeister/Schäuble-Hunderttausenders damals im Bonner Hotel Königshof, sondern hat natürlich auch
einen Zwillingsbruder Max, der aber außerhalb seines eigenen
Unternehmensgeflechts wohl gerade noch als Honorarkon-
sul der Republik Seychellen unterzubringen war. Und während Chanteuse Katja Ebstein sich unverlangt als Involvierte
beim Tod Benno Ohnesorgs outet, holt die Vergangenheit das
ehemalige Apo-Anwaltskollektiv Mahler-Schily-Ströbele auf
unterschiedliche Weise ein: Erstere in einem bizarren Sänger-
krieg vorm Bundesverfassungsgericht, egokratischer Lust-
gewinnler contra NPD-Hegelianer, letzteren im Tor, Toor!-
Gebrüll seines Reporter-Onkels Herbert Zimmermann beim
Wunder von Bern 1954, dessen Tantiemenrechte er mit seinen Geschwistern geerbt hat (und damit wohltätig spendet).
Jörg Haider eröffnete, wie nur kurzzeitig durchsickerte, Sad-
dam Hussein oder einem seiner Double bei der letztmögli-
chen Vorkriegs-Audienz, daß er eigentlich maurisch-saraze-
nische Vorfahren habe; der alte Siegfried (»Kongo«-)Müller,
bewährter Schwarzen-Schlächter aus Lumumba/Tschombés
Katanga-Kampfzeiten und »lachender Mann« aus dem DDR-
Propaganda-Repertoire, räumt gegenüber Besuchern auf sei-

ner südafrikanischen Besitzung völlig unerwartet seine Erfahrungen als zeitweilig Mitwirkender der 50er-Jahre-FDP ein, wobei ihm auch zwei junge DDR-Flüchtlinge (als LDPD-Ostliberale gemeinsam durchs Fenster getürmt) über den Weg gelaufen seien, Wolfgang Mischnick und Hans-Dietrich Genscher … – derweil die geschäftsführende Direktrice und Abwicklungs-Bevollmächtigte von Axel Springers One-nightstands natürlich nicht anders als Hulda Seidewinkel heißen kann, der Hauptwidersacher von Porno-Girl Gina Wild nicht anders als Hans Moser und der letzte Chef von Hitlers Leibwache selbstverständlich nur Rattenhuber, Johann. Meint: Im Zeichen der U-Boot-Insignie von Laboe rummst es weiterhin gewaltig. Ein zweiter Band wird dies weiter erhärten.